新编21世纪远程教育精品

• 经济与管

领导力

（第二版）

祁凡骅　编著

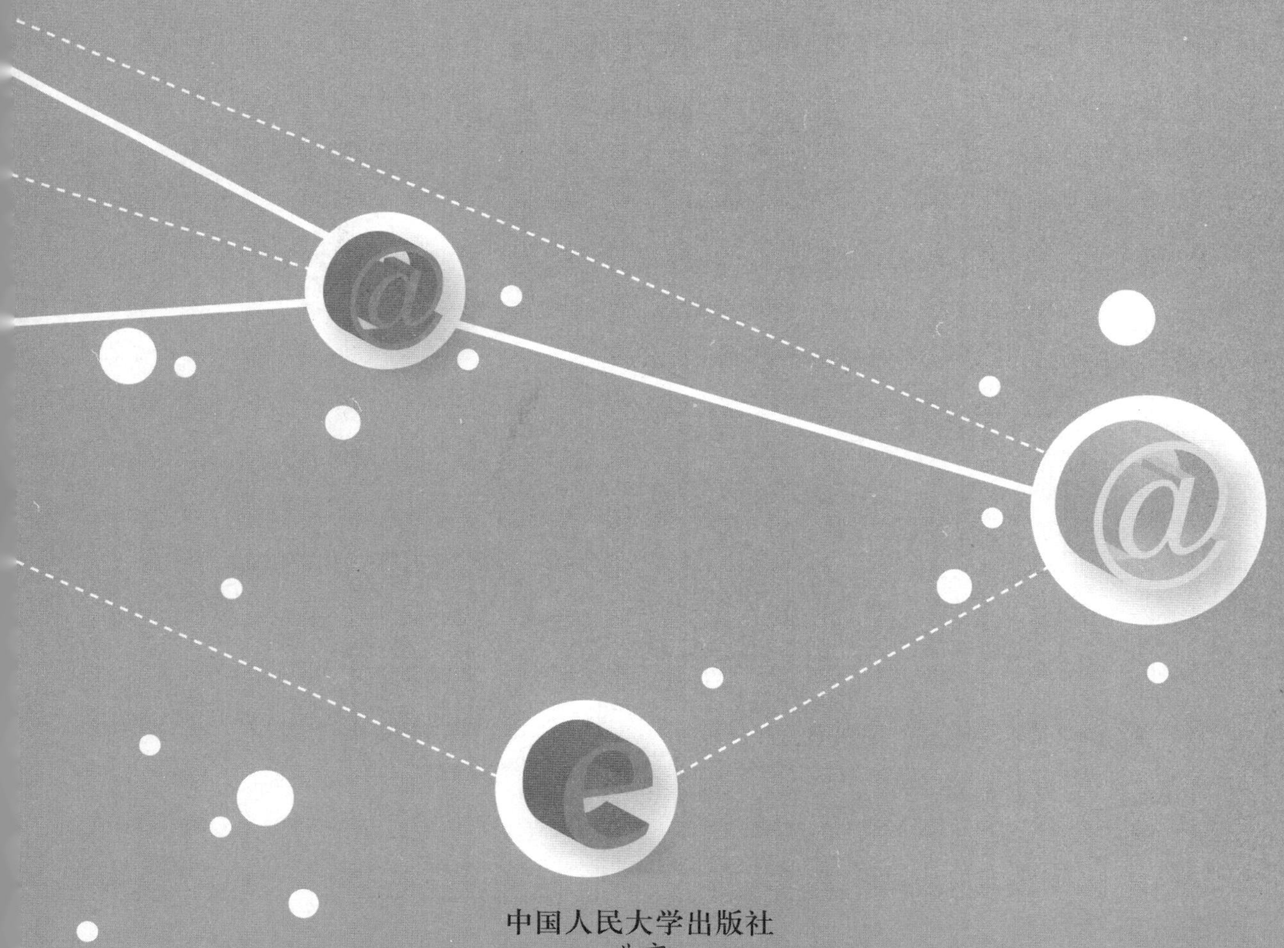

中国人民大学出版社
·北京·

作 者 简 介

祁凡骅 管理学博士，教授，中国人民大学宣传部副部长、行政管理系主任，国家发展与战略研究院（国家级智库）国家治理研究中心主任。主要研究领域为领导力、人力资源管理、政府治理。出版《平衡：构筑和谐领导力》《领导力》《胜任能力：公共部门人力资源管理新聚焦》等多部专著、教材，发表各类论文 100 余篇。为中央党校、中信集团、阿里云等近 300 家大型企事业单位、党政机关授课或提供咨询服务。

内 容 简 介

本书在汲取国内外领导学研究成果的基础之上，从领导的概念和特点入手，介绍了领导力基础、领导模式、领导行为与艺术方面的内容，阐述了在现代社会怎样成为一个好的领导者、一个好的领导者应该具备什么特性以及应该怎样行动等。本书体系新颖，分析得当，理论与实践紧密结合，可作为管理相关专业的教材，也可供组织、团体和政府的领导以及有关人员在实际工作中自学和借鉴。

总　序

我们正处在教育史，尤其是高等教育史上的一个重大的转型期。在全球范围内，包括在我们中华大地，以校园课堂面授为特征的工业化社会的近代学校教育体制，正在向基于校园课堂面授的学校教育与基于信息通信技术的远程教育相互补充、相互整合的现代终身教育体制发展。一次性学校教育的理念已经被持续性终身学习的理念所替代。在高等教育领域，从1088年欧洲创立博洛尼亚（Bologna）大学以来，21世纪以前的各国高等教育基本是沿着精英教育的路线发展的，这也包括自19世纪末创办京师大学堂以来我国高等教育短短一百多年的发展史。然而，自20世纪下半叶起，尤其在迈进21世纪时，以多媒体计算机和互联网为主要标志的电子信息通信技术正在引发教育界的一场深刻的革命。高等教育正在从精英教育走向大众化、普及化教育，学校教育体系正在向终身教育体系和学习型社会转变。在我国，党的十六大明确了全面建设小康社会的目标之一就是构建学习型社会，即要构建由国民教育体系和终身教育体系共同组成的有中国特色的现代教育体系。

教育史上的这次革命性转型绝不仅仅是科学技术进步推动的。诚然，以电子信息通信技术为主要代表的现代科学技术的进步，为实现从校园课堂面授向开放远程学习、从近代学校教育体制向现代终身教育体制和学习型社会的转型提供了物质技术基础。但是，教育形态演变的深层次原因在于人类社会经济发展和社会生活变革的需求。恰在这次世纪之交，人类社会开始进入基于知识经济的信息社会。知识创新与传播及应用、人力资源开发与人才培养已经成为各国提高经济实力、综合国力和国际竞争力的关键和基础。而这些仅仅依靠传统学校校园面授教育体制是无法满足的。此外，国际社会面临的能源、环境与生态危机，气候异常，数字鸿沟与文明冲突，对物种多样性与文化多样性的威胁等多重全球挑战，也只有依靠世界各国进一步深化教育改革与创新，促进人与自然的和谐发展才能得到解决。正因为如此，我国党和政府提出了“科教兴国”、“可持续发展”、“西部大开发”、“缩小数字鸿沟”以及“人与自然和谐发展”等战略和思想。其中，对教育作为经济建设的重要战略地位和基础性、全局性、前瞻性产业的确认，对高等教育对于知识创新与传播及应用、人力资源开发与人才培养的重大意义的关注，以及对发展现代教育技术、现代远程教育和教育信息化并进而推动国民教育体系现代化，构建终身教育体系和学习型社会的决策成为教育界和全社会的共识。

在上述教育转型与变革时期，中国人民大学一直走在我国大学的前列。中国人民大学是一所以人文、社会科学和经济管理为主，兼有信息科学、环境科学等的综合性、研究型大学。长期以来，中国人民大学充分利用自身的教育资源优势，在办好全日制高等教育的同时，一直积极开展远程教育和继续教育。中国人民大学在我国首创函授高等教育。1952年，校长吴玉章和成仿吾创办函授教育的报告得到了刘少奇的批复，并于1953年率先招生授课，为新建的共和国培养了一大批急需的专门人才。在20世纪90年代末，中国人民大学成立了网络教育学院，成为我国首批现代远程教育试点高校之一。经过短短几年的探索和发展，中国人民大学网络教育学院创建的“网上人大”品牌，被远程教育界、媒体和社会誉为网络远程教育的“人大模式”——面向在职成人，利用网络学习资源和虚拟学习社区，支持分布式学习和协作学习的现代远程教育模式。成立于1955年的中国人民大学出版社是新中国建立后最早成立的大学出版社之一，是教育部指定的全国高等学校文科教材出版中心。在过去的几年中，中国人民大学出版社与中国人民大学网络教育学院合作策划、创作出版了国内第一套极富特色的“21世纪远程教育精品教材”。这些凝聚了中国人民大学、北京大学、北京师范大学等北京知名高校学者教授、教育技术专家、软件工程师、教学设计师和编辑们广博才智的精品课程系列教材，以印刷版、光盘版和网络版立体化教材的范式探索构建全新的远程学习优质教育资源，实现先进的教育教学理念与现代信息通信技术的有效结合。这些教材已经被国内其他高校和众多网络教育学院所选用。中国人民大学出版社基于“出教材学术精品，育人文社科英才”理念的努力探索及其初步成果已经得到了我国远程教育界的广泛认同，是值得肯定的。

2005年4月，我被邀请出席《中国远程教育》杂志与中国人民大学出版社联合主办的“远程教育教材的共建共享与一体化设计开发”研讨会并做主旨发言，会后受中国人民大学出版社的委托为“21世纪远程教育精品教材”撰写“总序”，这是我的荣幸。近几年来，我一直关注包括中国人民大学网络教育学院在内的我国高校现代远程教育试点工程。这次，更有机会全面了解和近距离接触中国人民大学出版社推出的“21世纪远程教育精品教材”及其编创人员。我想将我在上述研讨会上发言的主旨做进一步的发挥，并概括为若干原则作为我对包括中国人民大学出版社、中国人民大学网络教育学院在内的我国网络远程教育优质教育资源建设的期待和展望：

● 21世纪远程教育精品教材的教学内容要更加适应大众化高等教育面对在职成人、定位在应用型人才培养上的需要。

● 21世纪远程教育精品教材的教学设计要更加适应地域分散、特征多样的远程学生自主学习的需要，培养适应学习型社会的终身学习者。

● 在我国网络教学环境渐趋完善之前，印刷教材及其配套教学光盘依然是远程教材的主体，是多种媒体教材的基础和纽带，其教学设计应该给予充分的重视。要在印刷教材的显要部位对课程教学目标和要求做明确、具体、可操作的陈述，要清晰地指导远程学生如何利用多种媒体教材进行自主学习和协作学习。

● 应组织相关人员对多种媒体的远程教材进行一体化设计和开发，要注重发挥多种媒体教材各自独特的教学功能，实现优势互补。要特别注重对学生学习活动、教学交互、学习评价及其反馈的设计和实现。

● 要将对多种媒体远程教材的创作纳入对整个远程教育课程教学系统的一体化设计和开发中去，以便使优质的教材资源在优化的教学系统、平台和环境中，在有效的教学模式、学习策略和学习支助服务的支撑下获得最佳的学习成效。

● 要充分发挥现代远程教育工程试点高校各自的学科资源优势，积极探索网络远程教育优质教材资源共建共享的机制和途径。

中华人民共和国教育部远程教育专家顾问
丁兴富

前　言

欢迎阅读这本《领导力》教材。本教材是我多年领导学教学与研究的梳理与总结。我的授课对象包括中国人民大学的在校本科生、研究生；国有、民营的企业管理者；事业单位、政府机关、军队的在职干部。所以，本教材的适应对象广泛，既可以为大学高年级学生作走向社会前的领导学知识铺垫，也可以为各领域的领导者的行为选择提供理念与指导。

本教材以习近平新时代中国特色社会主义思想为指导，全面融入党的二十大精神，始终把提高学生的思想道德素质与专业素养融为一体，培养学生诚实守信、爱岗敬业等优秀品质，为中国式现代化建设提供高技能人才支撑。本教材与市面上的其他领导学教材相比，呈现出以下明显的特点：

● 与国际接轨。作为教材，最为重要的是为读者提供规范化的学科知识，这是教材与专著的最大不同之所在。在本教材撰写过程中，参考了美国高校领导学教学中采用频率相对较高的五本教材，提取了各教材共同关注的经典内容，以此作为本教材的核心知识点。这就保证了本教材知识点与国际接轨，保证了学生的领导学知识与国际学生处在同一起跑线上。

● 本土视角。首先，文化环境不同，领导行为的选择存在显著的不同。所以，与国际一致的知识点仍需要本土文化的解读，即本教材中想尽力做到的本土化视角，虽然这方面肯定还需要不断地深化。其次，我国有着悠久的历史，历史中积淀下来的领导理念不但是中国也是整个世界的财富。美国的一本领导力教材——*Leadership That Matters*，每一章的开始都引用了中国古代思想家老子的至理名言。我们的文化中有许多值得传承的领导理念，我们在本教材中有所体现，特别是在领导用人的环节。当今中国的文化环境也独具特色，领导者的行为选择也必然受其影响和限制，本教材在“文化与领导力”“决策与领导力”两章中对此都有深入的探讨。

● 站在时代前沿。教材中的知识点应当反映学科研究的最新成果，确保教材内容体现时代特征，这是优秀教材的共同特点。在本教材知识点中，引入了当前胜任力的研究成果；在“现代领导模式”一章中，介绍了五级经理人、极客与怪杰、平衡领导模式、量子物理视角下的领导模式等最新的学科内容。在“用人与领导力”“沟通与领导力”等章中也反映了该领域中的最新观念。这些内容都是现有领导学教材中所没有的。所以，可以自信地讲，这是一本站在时代前沿的领导学教材。

● 注重行为。认识到和按照认识到的去做，这之间有一个巨大的鸿沟，这就是古人常说的“知易行难”。解决“行”的问题是领导力提升的关键之所在。因此，本教材的重点不是经院派的哲学理念，而是领导行为的选择建议与方案。本教材从领导职能与过程的角度，阐释了战略管理、决策、用人、激励、沟通、定位等环节的领导行为选择策略，为读者做到知行合一提供了颇具价值的行为参考。

● 案例互动。案例教学被公认为传播实践和应用知识的有效方法。在本教材的大部分章节中都提供了相应的案例，授课老师可以在此基础上进行加工，以此作为案例教学的素材，通过与学生的互动，增强学生对领导力知识的感知与把握。

基于以上五个方面的特点，有理由相信，本教材将会成为许多优秀教员的助手，将会成为莘莘学子腾飞的动力，将会成为领导者行为与艺术选择的智慧工具。期待着你们成功的喜讯，也期待着你们对本教材的反馈。你们的建议将是进一步完善本教材撰写的最有价值的参考。

本教材中包含了许多老师、朋友、学生的智慧，这里表示由衷的谢意。潘娜、王浩、郑浩、赵儒超、吴芳芳参加了教材的撰写、资料整理工作，感谢他们的勤恳。感谢吴雪敏、李丽虹二位老师对教材出版所做的一切努力。还要感谢我的家人，尤其是我的妻子罗丽华女士，他们为我的工作提供了全方位的支持。当然，最不能忘记要感谢的是正在阅读此书的您！

祁凡骅

目 录

第一章　领导力概述 ······ 1
第一节　领导力的基本概念与内涵 ······ 2
第二节　领导角色范畴 ······ 9
第三节　领导力的研究路径 ······ 13
第四节　本书的逻辑与框架 ······ 18

第二章　文化与领导力 ······ 23
第一节　文化的维度与圈层 ······ 24
第二节　中国领导者与文化挑战 ······ 32

第三章　胜任力与领导力 ······ 37
第一节　胜任力概述 ······ 38
第二节　领导者的特质 ······ 41
第三节　领导者胜任力模型 ······ 45
第四节　领导者胜任力的测评 ······ 48

第四章　影响力与领导力 ······ 55
第一节　领导影响力概述 ······ 56
第二节　权力与影响力 ······ 62
第三节　行为策略与影响力 ······ 70

第五章　传统领导模式 ······ 78
第一节　领导行为模式 ······ 79
第二节　权变领导模式 ······ 83
第三节　情境领导模式 ······ 88

第六章　现代领导模式 …… 94
第一节　魅力型领导模式 …… 95
第二节　变革型领导模式 …… 97
第三节　五级经理人模式 …… 100
第四节　极客与怪杰领导模式 …… 103
第五节　平衡领导模式 …… 105
第六节　量子物理视角下的领导模式 …… 108

第七章　战略管理与领导力 …… 113
第一节　战略管理与战略领导 …… 114
第二节　愿景与使命 …… 118
第三节　领导战略管理的关键 …… 122
第四节　领导组织变革 …… 127

第八章　决策与领导力 …… 134
第一节　政治价值与领导决策 …… 136
第二节　法律价值与领导决策 …… 139
第三节　管理价值与领导决策 …… 142
第四节　多元价值平衡与领导决策 …… 145
第五节　领导决策的优先权 …… 147
第六节　决策的四大悲剧 …… 151
第七节　危机决策的四大误区 …… 155

第九章　用人与领导力 …… 161
第一节　领导用人理念 …… 162
第二节　领导察人之术 …… 165
第三节　领导用人误区 …… 173
第四节　团队管理 …… 177

第十章　激励与领导力 …… 181
第一节　领导激励的内涵 …… 182
第二节　激励的基本理论 …… 186
第三节　领导激励的一般原则 …… 191
第四节　领导激励的方法与艺术 …… 194

第十一章　沟通与领导力 …… 201
第一节　沟通视角下的领导力 …… 202
第二节　领导者沟通有效性的影响因素 …… 207

第三节　沟通行为与沟通有效性 …… 214
第四节　冲突管理与沟通 …… 218

第十二章　领导定位与领导力开发 …… 226
第一节　领导定位 …… 227
第二节　领导力开发 …… 231

参考文献 …… 242

第一章

领导力概述

别忙着管理了，赶快领导吧！

——［美］杰克·韦尔奇

知识结构

领导力概述
- 领导力的基本概念与内涵
- 领导角色范畴
- 领导力的研究路径
- 本书的逻辑与框架

内容简介

随着领导学的兴起及领导者对领导力知识需求的增加，学者对领导与领导力的研究也在不断深化。由于研究角度的差异，不同研究者对领导力的内涵、领导者的角色有不同的解读。本章主要对领导力的内涵、研究路径等进行梳理，内容包括：领导与领导力的概念、领导风格、领导角色、领导与管理、领导力的研究路径。

学习重点

- 领导力的内涵
- 正式组织与非正式组织的区别
- 领导风格
- 领导角色
- 领导与管理
- 领导力的研究路径

学习目标

学完本章之后，你要能够：

- 掌握领导及领导力的内涵
- 了解领导风格的类型及特征
- 理解各研究学派对领导角色的解读
- 明确领导力的研究路径

“领导”是人们生活中极其熟悉的一个词，但是如何领导却是大多数人所不了解的。在过去的中国，领导之道是一种潜学，是秘不外传的。领导者获取领导知识的途径主要有三条：一是通过自己“悟”。这需要有丰富的领导实践作为悟的基础，并且，不同的人判断事物的价值标准存在差异，悟的能力高低也有不同，其所悟出的道也可能南辕北辙。二是通过模仿。有不少领导者通过观察、模仿自己身边的领导者来获取领导之道。假如幸运地遇上优秀的领导者，那么，模仿者就可以获得领导真经；否则，模仿者得到的只是斜道、歪经。三是通过阅读史书和传记。通过史书和传记的确可以管窥成功名人的领导方略，但是，这些方略往往带有浓厚的个性化色彩，同时，这些方略也可能仅仅是作者的方略而不是领导之规律。这三种认知途径都存在较高程度的或然性，这就造成了现实中领导者领导知识的稀缺。而领导学的兴起为这一局面的改进点燃了希望。“如何做领导”由潜学转为显学，并借助现代研究手段，为我们展示了领导行为选择的规律与艺术。

第一节 领导力的基本概念与内涵

一、领导与领导力

（一）领导

生活中我们经常使用“领导”一词，有时泛指处于领导岗位的管理者，有时代指具体的领导行为。从学科规范的角度来看，领导首先指领导者（leadership，leader），指处于领导岗位的人；其次指领导者的行为或从事领导活动的过程。所以，对领导一词的理解要依据具体的语境而加以判断和区分。

西方的领导学教科书多以“leadership”来命名。而“leadership”又包含领导能力的意思，所以在中文翻译中出现了“领导力”一词，颇为形象妥帖，符合人们提升自我能力的诉求和期待，因此，本书也广泛使用了“领导力”的表述。

有多少位哲学家就会有多少个哲学的概念。领导力研究领域也是类似的情景，不同的学者对领导的内涵有着不同的解读。纵观领导学的沿革，对领导内涵的解读可归纳为六种类型：

（1）研究焦点是群体行为过程。从这个角度来看，领导是群体变革和行动的中心，是群体意愿的代表。

（2）研究焦点是个体特征。从这一视角来看，领导者是特质与特征的综合，这些特征能够激励和诱导其他人致力于任务的完成。

(3) 研究焦点是行动或行为。领导的内涵是为组织带来变革与革新。

(4) 研究焦点是权力关系。其关注的是领导者和追随者之间的权力关系。领导者拥有权力并通过权力运用来有效地改变他人。

(5) 研究焦点是转变过程。领导者激励追随者去实现超越追随者自己期望的成就。

(6) 研究焦点是技能。这一观点强调实施高效领导所需要的能力，包括知识和技能。

典型的领导内涵表述有以下几种（见表 1-1）。

表 1-1　领导内涵

观点	代表人物
领导是“个人指导一个团体朝着一个共同目标努力的行为”	亨普希尔 & 孔斯（Hemphill & Coons），1957
领导是“对组织日常活动的机制性的影响”	卡兹 & 卡恩（D. Katz & Kahn），1978
当个人运用制度的、政治的、精神的和其他的资源去激起、促使和满足追随者的动机时，就实行了领导	彭斯（Burns），1978
领导是“影响一个有组织的团体朝着既定目标活动的过程”	劳奇 & 贝林（Rauch & Behling），1984
领导是一个给予集体努力目的（意义指导）的过程，是激起达到目的之意愿并为之努力的过程	雅各布斯 & 贾克斯（Jacobs & Jaques），1990
领导是“运用外界文化提升适应变化的能力”	薛恩（E. H. Sehein），1992
领导是给人们共同工作赋予意义的过程，因而人们能够理解它并为之献身	德拉特 & 普劳斯（Drath & Plaus），1994
领导就是在能实现的事情中阐明愿景、赋予价值和创造环境	理查德 & 恩格尔（Richard & Engle），1986
领导是“个人影响、鼓动和促使其他人奉献于组织的效能和成功的能力”	豪斯（House），1999

资料来源：［美］加里·尤克尔. 组织领导学. 丰俊功，译. 北京：中国人民大学出版社，2015.

领导内涵的多样化解读使我们了解到，不同学者的研究角度不同，其关注的焦点自然不同，所得出的领导概念也存在着差异。我们认为，领导是指运用个体、群体、环境中的各种资源有效地影响他人实现战略目标的艺术行为和过程。

关键术语

领导是指运用个体、群体、环境中的各种资源有效地影响他人实现战略目标的艺术行为和过程。

首先，领导者应具备资源整合能力，能够成功地组织环境中的各种资源，包括领导者个体的资源、群体的资源、外部环境中的资源，高效地利用这些资源来实现群体和组织的目标。缺少资源就无法达成组织的目标，也无法给组织成员带来令人满意的利益，因此，也就难以成为领导者。

其次，领导者实现领导过程的方式是影响他人，而不是控制他人、迫使他人。通过各种有效的方式来影响他人的目标设定和行为选择，使其实现个体原本所无法达到的目标。

再次，领导者应当关注的是长远战略目标的制定和实现，而不仅仅是眼前、短期的利益。这既是领导者所应有的职责，也是领导者和管理者区别的关键之所在。领导者应当帮助追随者认识到环境的未来变化，明确未来的发展战略，进而为战略目标的实现而努力、奉献。

最后，领导是一门艺术，也是一个过程。这正像亨利·明茨伯格（Henry Mintzberg）在中国人民大学的一次演讲中所谈到的，组织中行为分为技术（technique）、管理（manage）、艺术（art）三类，艺术行为高于技术行为和管理行为（见图1-1）。随着社会的演进和发展，艺术行为将得到更多的认同。所以，我们说领导是艺术。正因为此，我们在现实中才得以发现，不同的领导者有着迥异的领导风格，但都是深受追随者认可和追捧的领导者。

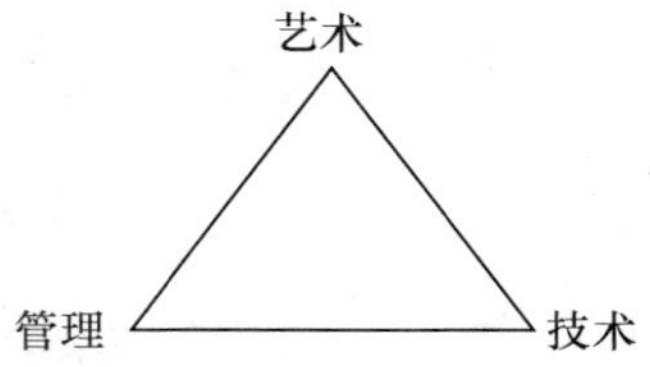

图1-1 组织中行为种类

（二）领导力

领导力指从事领导工作的能力。沃伦·本尼斯（Warren Bennis）认为，领导力包括以下四种能力。

1. 吸引关注的能力

吸引他人的能力是领导者身上最为明显的特征之一。领导者通过愿景、梦想、目标、计划、参照系等将他人吸引到自己的周围。预期将拥有更加美好的未来是他人追随领导者的驱动力。否则，领导者将失去他人的追随，自然也就失去了作为领导者的基础。从这个角度看，领导者和明星具有相同之处。

2. 管理意义的能力

领导者不仅拥有愿景，还需传达愿景；不仅要解释或澄清意义，还要创造意义。组织越广泛、越复杂，对意义的管理能力就越关键。领导者应当能够让概念传达到组织的各个层次，不管距离多么远、反对者的干扰多么强。这对领导者的表达能力、沟通能力有着较高的要求。

3. 管理信任的能力

追随者的持续信任是领导力的基础。首先，信任来自领导者对组织未来发展的战略定位。成功的定位能够为组织的发展带来光明的未来，在外部竞争中赢得比较优势。其次，领导者通过关心他人的命运、支持他人来获得信任；通过信守诺言、真诚来赢取信任。嬗变的领导无法赢得追随者的信任。领导者任职时间越长，人们对其可信度的认知越清晰。例如，一些政治人物刚上台时许诺得很美好，但在实践中无法兑现，也就逐渐失去了民众的信任。

4. 管理自我的能力

首先，管理自我的前提是认识自我，领导者必须有清醒的自我认识，知道自己的才智之所在，了解自己的不足。发挥才智、避免不足是有效领导的基本智慧。特别是身处高位，周围充满赞扬和掌声的时候，领导者的正确自我认知是避免出现低级失误的防火墙。

其次，领导者要对自我进行管理，否则领导者就可能成为“带有病菌的医生”，在给追随者“看病”的过程中将“病菌”传染给追随者，进而给群体和组织的发展带来障碍和损害。

领导力是领导者在特定的环境中与追随者之间互动的能力。领导力的影响因素（见图 1－2）包括：领导者特征，比如知识、性格、艺术等；追随者特征，比如成熟度；组织内外环境特征，比如发生公共危机、经济危机时，对领导力的要求和常态下的环境有很大区别，再如制造业企业与互联网企业的组织文化不同，其领导风格也会有较大的差异。

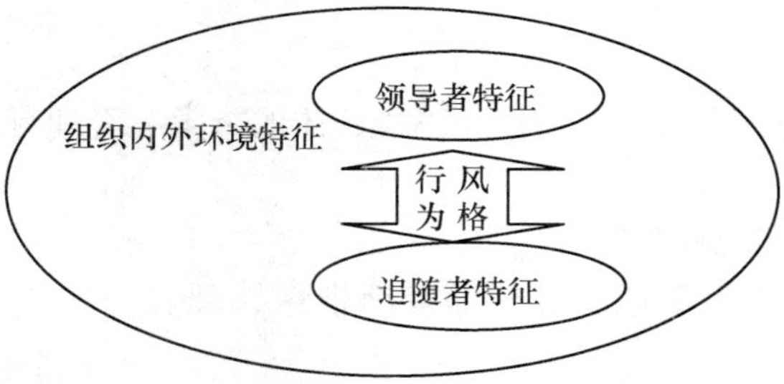

领导力架构图

图 1－2 领导力的影响因素

记一记

领导力的内涵及影响因素。

二、组织与领导

正式领导与非正式领导的区分源自正式组织与非正式组织的差异。了解非正式组织的功能与作用是了解非正式领导的基础。

（一）正式组织与非正式组织

非正式组织是一种相互适应、相互叠加的社会结构。它是行为、互动、规范、个体和职业关系等因素的整合。共有的组织关系是整合的基础。人际关系、社会网络、利益群体等是非正式组织动态体系的重要组成和激励源泉。非正式组织的关键特征为：不断演进、变化，草根化，动态回应，善于激励，要求具备可见的圈内知识，待人个性化，非等级的、流动的，靠信任和互惠来凝聚，难以界定，在快速变动或不明朗的情形下十分重要。

与非正式组织相对应，正式组织的关键特征为：持久性（除非有意改变），自上而下，传道式的，静止的，善于结盟，清晰可见，将人看作角色，等级的，通过成文的规则联系在一起，易于理解和解释，善于应对已知的、始终如一的情势。

记一记

正式组织与非正式组织的特征。

非正式组织被认为是正式组织的副产品，即在正式组织作用不够充分的时候，非正式组织就应运而生了。政治学家玛丽·帕克·弗雷特（Mary Parker Follett）提出：应当认识到非正式组织和正式组织各有所长，应当对正式组织和非正组织进行整合。所谓整合就是突破非正式组织是冲突之源的表象，审视其基本要素，寻找新的解决之道，既非统治也非妥协。

（二）非正式组织的功能

基斯·戴维斯（Keith Davis）认为，正式组织架构中的非正式组织至少有以下四方面的功能。

1. 传承群体的文化和价值观

在非正式组织群体中，常常已经存在共有的价值观。日常互动能够强化特定生活模式的价值观，保持群体的一致性和整合。

2. 可以提供从正式组织中所不能获得的满足感和社会地位

大型组织的普通员工可能感觉自己仅仅是一位无名小辈，但在非正式组织中，大家同喜同乐，一起放松、一起工作，形成良好的友谊。这就有利于个体的自我实现、自我满足和成就感。

3. 增进成员之间的沟通

非正式群体可以发展一种新的沟通管道或体系，使非正式群体成员了解管理行为将以什么样的方式对他们产生何种影响。

4. 通过影响和规制群体内外行为实现社会控制

内部控制诱导群体成员保持一致的生活风格。外部控制指像管理者一样进行直接控制。

（三）非正式组织的积极作用

1. 与正式组织相融合协调

正式的计划、政策、程序和标准并不能解决组织变化中的所有的问题，因此，正式组织必须与非正式组织相协调来解决问题。比如，新冠肺炎疫情危机中一些非正式组织所提供的援助关爱服务。政府机关和社会非正式组织、非营利组织相互协调融合，才能更好地达到治理的目标。

2. 减轻管理的负担

当非正式组织发挥作用时，领导者可以减少对员工的检查和监督，并鼓励代理和分权。优秀的员工也会更加支持领导者，进而带来绩效和生产效率的整体提升。

3. 填补管理能力的鸿沟

当员工经历挫折、紧张，与其他员工或组织管理之间存在情绪问题时，非正式群体可以提供感情的慰藉，像朋友之间开诚布公地探讨所存在的问题。比如，灾后重建中的心理帮助，许多是由非正式组织提供的。

4. 鼓励管理实践的改进

非正式组织存在的一个明显的益处是，鼓励领导者去认真准备、计划、组织，以更为职业的方式来控制。非正式组织的领导者应懂得以“制约与平衡”（check and balance）的方式行使自己的权威，懂得三思而后行，知道非正式组织也能够让一个计划内的项目流于失败。当然，在创新管理中，非正式组织是创新最活跃的形式，比如阿米巴型组织。

5. 有利于理解和应对环境危机

传统的等级组织在了解组织环境危机、找到应对之策方面存在诸多障碍，非正式组织的广泛社会网络在这方面拥有得天独厚的优势。非正式组织具有灵活性，可打破正式组织的局限，弥补正式组织的不足。比如，新冠肺炎疫情危机中，社交媒体中的非正式组织在信息传递中发挥了重要的作用。

（四）非正式组织的消极作用

1. 抗拒变革

非正式群体在传承文化和价值观的同时，容易过分保护自己的文化，进而抗拒变革。

因为，变革会给非正式群体的文化带来冲突。所以，非正式组织可能会是正式组织变革的障碍之一。此外，非正式组织还可能演化为团团伙伙的山头。

2. 角色冲突

非正式组织的需求有可能与正式组织的目标相去甚远。非正式组织所渴望的东西不一定是正式组织所需要的。比如，将工间休息时间延长，可能正是非正式组织所希望的，但这是正式组织所不愿意做的事情。对正式组织和非正式组织的利益、目标、方法、评价体系进行整合，是解决这类角色冲突的有效途径。

3. 谣言

小道消息既传播事实，也传播谣言。信息匮乏的员工传播未经证实、不真实的信息可能会对员工造成伤害，可能使员工士气降低、态度恶化，导致行为异常甚至暴力。比如，一个单位拿出一部分中层管理职位进行公开竞争上岗，但事前传出消息：所有的职位已经被各种关系内定，公开竞争仅仅是程序上的作秀。那么，许多有意参加竞聘的员工就会感到无比沮丧，进而认为努力工作没有价值，关系更重要，其工作必然逐渐懈怠。

4. 一致性

社会控制提倡和鼓励非正式成员之间的一致性。而过度的管制会造成一系列的负面影响，如会使成员工作懈怠，放弃对高绩效的追求，或因反对多元化而消减创新的元素。比如，在一些工厂里，假若某位员工行为"出格"，他的工具就会被藏起来，他的汽车轮胎就会突然撒气，其他员工可能不愿搭理他。这就是非正式组织一致性给企业带来的伤害。优秀员工要么被此类一致性同化，要么选择离开。

（五）正式领导与非正式领导

正式组织的领导者我们称之为正式领导；非正式组织的领导者我们称之为非正式领导者。正式领导是被组织正式任命的、拥有职位权力的领导者；非正式领导是没有正式职位权威的群体领导者。虽然非正式领导和正式领导的权威基础不同，但是二者都对群体负责，为群体做出决策，对群体的决策具有较大的影响。

在一个组织之中，如果正式领导和非正式领导是同一个人，这就是一种理想状态。领导者可以同时兼用正式权威和非正式权威的优势，对组织实行领导和管理。但在大多数情况下，这种正式领导与非正式领导合二为一的情况是不存在的，领导者需要解决正式组织和非正式组织之间所存在的冲突。其应对之策主要有以下几点。

1. 承认非正式领导的客观存在

从组织理论上来讲，超过 6 个人的团队就会分解为小的团队。所以，非正式组织大量存在，非正式领导的产生自然也不足为奇。同时要认识到并不是所有的非正式领导者都会挑战正式领导者的权威。只有政治性非正式组织领导者才最有可能挑战正式领导者的权威，其他性质的非正式领导者目标是满足成员政治之外的欲望和需求，对正式领导者的权威不构成威胁。

2. 获取非正式领导者的合作

一定程度上讲，非正式组织的领导者类似于网络"大 V"，虽然没有正式的组织权威，但是他们对非正式组织的成员有着较大的影响，有时候其影响力比正式领导者还要大。这就需要正式领导者尊重非正式领导者的权威，重要事项事先同非正式领导者进行沟通，了解其意见、建议，获取他们的合作，这会减少或消除正式组织政策推行的障碍。否则，正式组织领导者忽视非正式领导者的影响力，就极有可能为政策的推行带来阻力和障碍。

3. 鼓励与正式组织目标一致的非正式组织

非正式组织可以成为正式组织的补充，为组织的目标服务。例如，企业中的创新团队，其常常需要跨部门人员的参与，员工自发地为某项技术的改进或创新走到一起，形成非正式组织。美国德州仪器公司的“疯子团队”（lunatic fringe）就是这类组织的典型。它与正式组织的目标和利益完全一致，正式领导者需要对这类组织提供各类资源支持。同样，近几年兴起的学习型组织许多也是以非正式的形式出现的，正式组织的领导者同样需要给予积极的鼓励和支持。

三、领导风格

领导风格（leadership style）指一位领导者进行指导、执行计划、激励他人的路径和方式。领导风格是领导者价值观、个性特征、经历等因素共同作用的结果。

（一）领导风格的类型

科特·雷文（Kurt Lewin）率领的研究团队，于 1939 年对领导风格进行了研究和区分。其研究成果至今仍是领导风格的主要区分标准。他们将领导风格分为三类：专制或独裁（authoritarian or autocratic）风格；参与或民主（participative or democratic）风格；委托或自由（delegative or free rein）风格。

1. 专制或独裁风格

专制或独裁风格指领导者告诉下属应该干什么、如何干，不需要下属的任何建议。这一领导风格适合的条件是，领导者拥有解决问题所需要的所有信息，时间紧迫，下属已被充分激励。由此看来，这一领导风格被采用的概率应该是很小的。假如你拥有足够的时间，需要增强下属的责任感和积极性，你就不能采用专制或独裁的领导风格。

需要指出的是，对下属大喊大叫，用藐视、贬低的语言斥责下属，凭借权力甚至滥用权力来进行领导等行为方式不属于专制或独裁的领导风格，那是非职业的行为，可以称之为“颐指气使”的领导。领导风格中没有颐指气使的位置。

2. 参与或民主风格

参与或民主风格指在决策过程中，有一位或多位下属参与，领导者仍保留最终的决策权。当领导者仅拥有一部分信息，下属拥有另一部分信息时，参与或民主的领导风格更为适合。需要提醒的是，领导者并不需要懂得一切。这可能正是领导者雇佣知识、技能员工的原因之所在。采用参与或民主的领导风格，既可以让下属感觉自己是团队中的一员，又可以使领导者的决策更为优化。

3. 委托或自由风格

委托或自由风格，亦称为自由放任的（laissez faire）领导风格，指领导者放手下属做决策，但是领导者仍然对决策的制定负责。当下属有能力对情势做出分析，并能够决定应该做什么、如何做时，适合采用此领导风格。要使用这一领导风格，需要领导者明白自己无须包揽一切。领导级别越高，越是需要更多地委托下属进行决策。是否懂得放权是判断领导者水平高低的重要标准。

（二）领导风格的选择

领导者的领导风格并不是一成不变的，需要根据具体的情境来选择自己的领导风格。

下面是领导风格选择的参考：

（1）采用专制或独裁风格的情境：对于见习期的新员工；领导者具备良好的胜任能力，并且是一位优秀的教练；员工渴望学习新的技能；对员工来讲是一个全新的环境。

（2）采用参与或民主风格的情境：对于熟悉自己工作的团队成员；领导了解问题，但并不拥有全部的信息；员工了解他们的工作，并希望成为团队的一员。

（3）采用委托或自由风格的情境：对于比领导者更了解工作的员工；领导者可以去做其他更重要的事情。

（4）三种风格并用的情境：告诉员工，现在的工作流程面临问题，必须重新构建（专制或独裁风格）；征询他们的建议，并应用到新流程构建之中（参与或民主风格）；委派员工任务，执行新的工作流程（委托或自由风格）。

（三）领导风格的影响因素

通常情况下，影响领导者风格选择的因素包括领导者自身、下属和情景三方面因素，其具体包括：

（1）时间的紧迫程度。紧急情况下需要集权来快速行动。

（2）双方的关系是尊重信任还是相反。信任度越高越适合分权。

> **记一记**
>
> 领导风格的概念、类型及影响领导者风格选择的因素。

（3）谁掌握信息——领导者、下属，还是双方共同掌握。谁掌握信息，谁说了算。让"听得见炮声的人"具有话语权。

（4）下属是否受过良好的训练，领导者自己对任务的了解程度。下属熟练程度越高越适合分权。外行领导内行时，应当多采用委托和分权。

（5）内部冲突。内部存在冲突时，领导风格需灵活多样。

（6）任务类型——结构化的还是非结构化的、复杂的还是简单的。对于简单任务，领导者无须干涉，仅在下属需要时出现。

（7）法规、程序。现代社会，领导者必须尊重法律的权威，不可恣意妄为。

第二节　领导角色范畴

一、领导角色

领导角色就是领导者在组织中应当起什么作用、承担什么职责、采取什么行为。这就像戏剧中的人物一样，应当扮演其相应的角色。在领导和管理角色没有区分的时代，人们对管理者角色的研究包含了领导者角色的相应内容。不同的研究学派对管理者角色有着不同的解读。

（一）古典学派中的管理者角色

古典学派代表人物之一的卢瑟·古利克（Luther Gulick）将管理者角色总结为

“POSCDRB”：P（planning）代表计划；O（organizing）代表组织；S（staffing）代表人事；C（coordinating）代表协调；D（directing）代表指挥；R（reporting）代表汇报；B（budgeting）代表预算。他认为不懂得授权是组织失败的主要因素之一。

亨利·法约尔（Henri Fayo）认为，管理者有五项基本功能：计划、组织、协调、命令和控制。法约尔的理论偏重于高层管理。

卡内基理论家们则认为，管理者是非程序决策的制定者，管理者使其他人的工作程序化。

查理斯·林德布鲁姆（Charles Lindblom）认为，管理者使人们远离病态，而不是朝向目标。目标是弹性化的、不断调整的。管理者的变革是逐步的、渐进的。但是，依据经济学家的观点，管理者的行为是理性的，是追逐利润最大化的。决策始于问题和目标，然后是行动过程，接着结果便呈现在管理者面前。林德布鲁姆揭示了领导工作的复杂性，认为领导工作很难达到最佳状态。

（二）领导效能学派中的领导者角色

20 世纪 60 年代的人文主义者关注管理者的风格，抨击独裁的、任务导向的领导风格，提倡参与式的、以人为导向的领导风格。之后的社会心理学者们探讨了情景领导理论和权变理论下的领导效能。

（三）领导权力学派中的领导者角色

梅尔维尔·多尔顿（Melville Dalton）对中层管理者的研究久负盛名。他的研究结论是官僚组织中的非正式社会力量主导个体的行为选择。

理查德·诺伊斯塔特（Richard Neustadt）在其著作《总统的权力：领导政治学》一书中写到，总统权力的有效性依赖于其领导风格和做事方式。

重点提示

> 了解不同研究学派对管理者角色的诠释，有助于更全面地认识领导者的角色和职能。

达尔文·卡特赖特（Darwin Cartwright）在其《组织手册》中讲到，弗伦奇和雷文将权力分为五种，即报酬、强迫、参考、合法、专家。

（四）领导行为学派中的领导者角色

乔治·霍曼斯（George Homans）从威廉姆·F. 怀特（William F. Whyte）关于街头帮派团伙的研究中得出了领导者特征的结论，即领导者是群体中最有知识、消息最灵通的人，并且存在一个领导权威等级体系。行为学派近年来异军突起，2017 年，行为经济学研究者理查德·塞勒获诺贝尔奖。随之，在社会科学领域，行为科学研究的地位更为突出。

（五）明茨伯格提出的管理者工作典型特征

明茨伯格在其《管理者工作的本质》中对管理者工作的典型特征进行了透彻的剖析。

1. 工作量和工作节奏持续不断、永无休止

其主要原因是：他们的工作没有尽头；管理者对整个组织的成功负责；没有明确的信号告诉管理者工作完成了，管理者无时无刻不需要全神贯注。

2. 活动短暂、多样、琐碎

管理者的日常事务极为多样，需要召开没完没了的会议来解决大量、复杂的问题。某

种程度上，管理者需要容忍被不断地打断，尽管其并不情愿。管理者被工作现实激励前行，这些工作现实包括发展特定的个性特征、超负荷工作、应对突如其来的事情、尽力不浪费时间、在确定有价值的时候进行参与、避免过度卷入任何议题。

3. 偏好实景真人

管理者对工作中的活动更为偏好当前的、具体的、明确的、非墨守成规的活动。管理者渴望拥有及时的信息，期待及时的沟通和反馈。

4. 管理者喜欢语言媒介

他们喜欢面对面的会议和电话交流。会议日程中包括三类活动：仪式、战略制定和协商。

5. 管理者处于组织和互动网络的中间

管理者需要保持三个群体之间的沟通关系，这三个群体是高层管理者、组织外部和下属。为了获得外部信息，管理者需要构建一个信息网，一个类似于自主设计的信息系统，系统中包括同事、朋友和共同责任人。

6. 管理者是权力和职责的混合体

管理者可以通过制定一系列的决策来界定长期的使命。他拥有发展自我信息渠道的权力，但是不能够控制每天流向自己的信息都是什么样的；管理者通过控制或其他活动来尽力实现自己的意愿。他必须全身心投入这些活动，以从中获得收益，维持自己的地位。

（六）明茨伯格提出的管理者角色

在对管理者工作特质研究的基础上，明茨伯格提出了著名的管理者角色理论。他认为，尽管不同的人有不同的解读，但是管理者的角色像演员的角色一样，都是提前约定好的。他认为管理者有人际关系方面、信息方面和决策方面三大模块角色，这三大模块角色又可分为 10 个更为细化的角色。

1. 人际关系方面的角色

（1）名义首脑（figurehead）。管理者是组织的象征，对大量的职责负有义务。

（2）领导（leader）。管理者界定和塑造工作氛围。利用魅力和职位权力来进行信息的传递，制定战略决策，整合个人需求与组织目标，将个人需求和组织需求协调一致。领导角色就是通过管理权力来彰显合法、正式的权威。

（3）联络者（liaison）。管理者维持与外部群体、个体之间的良好关系，维护重要的人际关系网络。

2. 信息方面的角色

（1）检测器（monitor）。管理者不断寻求信息，甚至被信息轰炸。这能够使管理者明白组织和环境中正在发生什么，包括内部运作、外部事项、分析报告、理念与趋势、压力等。

（2）传播者（disseminator）。管理者将外部信息传播给组织内部，将内部信息从一个下属传播给另一个下属。信息内容包括事实和价值两种。事实指发生了什么；价值指价值观层面的判断。

（3）发言人（spokesman）。管理者代表组织，将组织的内部信息传播给外部环境。管理者是官方声音。官方声音缺失，谣言随之四起。

3. 决策方面的角色

(1) 企业家（entrepreneur）。管理者担当组织变革的发起者和设计者。通过检测器的角色，管理者寻找机会，发现问题，发起行动改进局面。管理者的改进计划设计涉及三个层面：委托（将责任委托给他人）；批准（委托设计，保留选择权）；监督（保留项目设计和决策的监督权力）。企业家精神注重冒险和魄力。

(2) 困扰的处理者（disturbance handler）。管理者需要处理恼人的情势，应对超出控制的局面，比如危机、紧急事件等。

(3) 资源的分配者（resource allocator）。作为正式的权威，管理者必须监督组织资源分配。资源分配的三个基本要素是时间安排、工作程序和授权行动。资源分配需做到兼顾效率与公平。

(4) 协商者（negotiator）。管理者参加各类协商活动。

明茨伯格对于管理者角色的分析相当经典，其角色内容与我们研究中的领导者角色没有什么区别。当人们困惑到底领导者应该做什么时，明茨伯格给出的答案值得我们借鉴。有的学者将明茨伯格所讲的“managerial work”翻译为“经理工作”，这就回避了领导者和管理者范畴之间的纠结。

二、领导与管理

约翰·科特（John Kotter）认为，管理和领导有许多相似之处，两者都需对所要做的事情做出决定，建立一个能够完成任务的人际关系网，并尽力保证任务能得以完成。领导和管理存在着以下差异：

(1) 领导和管理都是完整的行为体系，而不是属于对方的一部分。他指出，那些认为管理是领导行为执行过程中的人，忽略了一个事实，即领导行为本身有自己的执行过程，即组织群众奔向一个发展方向，并激励群众实现目标。同样，那些认为领导是管理的执行过程中激励部分的人，忽略了领导过程中确定经营方向的特征。

(2) 管理关注短期、微观，而领导则关注长期、宏观。领导者应当关注组织的长期发展，拥有宏观视野、大局意识，着力解决整体性问题，根本上讲就是解决组织的可持续发展问题。而管理者是长期战略的现实执行，关注阶段性的、短期的议题，与领导者相比，管理者更为注重微观层面的问题。

(3) 领导带来变革，管理维护秩序。

“管理过分，领导不足”所带来的结果为：组织强调短期框架，关注细枝末节；注重消除风险，重视理性；较少注重长期、整体、冒险的战略；不看重人的价值观念层面的东西。管理强的组织重视专业化，能够做到人尽其职、遵循规则，但忽略综合性、联盟性和全身心的投入；强调抑制、管理和预算，忽略扩展、授权和激励。最终的结果是组织僵化，缺乏革新，难以应对市场、竞争、技术环境的变化。处于有利市场地位的组织会逐渐恶化，而处于不利市场地位的组织则会迅速衰败。

“管理不足，领导过分”所带来的结果是：组织极为重视长期远景，忽视短期计划和预算；文化单一，专业化不足，结构体系和制度缺乏；组织最终会出现失控的状态，无法如期达到预算和实现承诺，进而危及组织的生存。

大型企业中的管理与领导的差异见表 1-2。

表 1-2 大型企业中的管理与领导的差异

	管理	领导
制定议程	计划、预算过程——确定计划实现的详细步骤和日程，配置实现计划所必需的资源	确定经营方向——确定将来，通常是远期目标，制定相应的变革战略
发展完成计划所需要的人力网络	企业组织机构和人员配置——依据所要完成的计划，建立组织机构，配备人员，赋予完成计划的职责和权力，制定政策和程序，对人们进行指导，并创建监督系统，采取合适的方式监督计划的执行	联合群众——通过言行将所确定的企业经营方向传达给群众，争取有关人员的合作，并形成影响力，使相信愿景目标和战略的人们形成联盟，并得到他们的支持
执行计划	控制、解决问题——认真监督计划的完成状况，若发现偏差点，则制订计划、组织人员解决问题	激励和鼓舞——唤起人们未被满足的基本需求，激励人们战胜变革过程中遇到的制度和资源方面的主要障碍
结果	在一定程度上实现预期计划，维持秩序，并具有能够持续满足利益相关者主要期望的潜力（如顾客总是要求准时，而股东们则要求实现预算）	引起变革，通常是剧烈变革，形成较为积极的变革潜力（如生产出顾客需要的新产品，制定新的劳资关系协调办法，增强企业竞争力等）

资料来源：［美］约翰·科特. 变革的力量：领导与管理的差异. 方云军，张小强，译. 北京：华夏出版社，1997.

沃伦·本尼斯也认为管理和领导之间存在着深层次的区别，但两者都非常重要。“管理”意味着“带动、实现、负责、指挥”；而“领导”是“影响、指引方向和道路、行动、提出意见”。管理者是把事情做正确的人，而领导者是做正确事情的人。管理和领导之间的区别可以说就是熟练于日常事务（追求效率）与愿景和决断（追求效果）之间的区别。

由此我们可以得出结论，领导和管理存在着明显的区分，但二者都不可或缺。二者的区分是职能或功能上的区分，并不一定是人与人之间的区分。对于规模较小的组织，领导者和管理者的职能常常是集于一身的。对于大型组织中的中基层来讲，领导者的职能和管理者的职能也常常是赋予一个人的。

凯恩斯认为：粗糙的正确胜过精确的错误。所以，领导正确更为重要。

第三节 领导力的研究路径

尽管领导力在中国受到关注仅仅是近 40 年的事情，但是，在世界范围内，对领导力的规范研究已经有 100 多年的历史。对领导力研究的路径进行梳理是我们了解领导力、研究领导力的基础。

重点提示

了解领导力的研究路径，有助于读者更清晰地认识领导力研究的脉络及延展。

一、“伟人”路径

“伟人”（great man）论流行于1900年之前。在历史的变迁中，领袖式的伟大人物对历史的转折和变化起着关键的作用。如世界历史上的拿破仑·波拿巴、乔治·华盛顿、马丁·路德·金等，中国历史上的秦始皇、刘邦、李世民等，都是改写当时历史的关键人物。对伟人的关注是领导力研究的起点。而成为伟人又没有固定的模式，所以人们认为领导者是天生的。

伟人论更关注领导者天生的自然属性。中国传统文化中的生辰八字、相面等察人之术就是通过人的天生的、自然的要素来判断一个人成为领导者的潜质。同样，西方的占星术也是试图通过人与天体之间的对应关系来揭示人的命运的天定。

领导者天生论否定了人们后天的作用，随着自然科学的发展，伟人论遇到了越来越大的挑战。但是，人们对伟人生平传记的浓厚兴趣一直持续至今，特别是怀揣鸿鹄之志者往往喜欢阅读伟人传记。

现代自然科学的研究成果证明，伟人论并不是完全虚无的。来自英国、美国和新西兰的研究者在分析了两个大型研究项目的数据后，得出结论：3岁时自控能力差的孩子，长到32岁时更有可能出现健康和财务问题，甚至会有犯罪记录。

伦敦精神病学研究所教授卡斯比发表报告认为，3岁幼童的言行就可预示他们成年后的性格。1980年，卡斯比教授同伦敦国王学院的精神病学家对1 000名3岁幼儿进行了面试，每名幼儿都被问了22个行为特点方面的问题。根据面试结果，这些幼儿被分为充满自信（占28%）、良好适应（占40%）、沉默寡言（占8%）、自我约束（占14%）和坐立不安（占10%）五大类。2003年，也就是当这些孩子26岁时，卡斯比等精神病学家再次与他们进行了面谈，并对他们的亲戚朋友进行了相关调查。结果发现，当年被认为“充满自信”的幼儿，小时候活泼、热心、性格外向，成年后开朗、坚强、果断、领导欲较强；被归为“良好适应”类的幼儿，小时候自信、自制、不容易心烦意乱，26岁时，他们的性格依然如此；当年被列入“沉默寡言”类的幼儿，成年后，他们比一般人更倾向于隐瞒自己的感情，不愿意去影响他人，不敢从事任何可能导致自己受伤的事情；被列为“坐立不安”类的幼儿，小时候表现为行为消极、注意力分散，长大后，与其他人相比，这些人更为敏感、过度反应、易于苦恼和愤怒，熟悉他们的人对其评价多为：不现实、心胸狭窄、容易紧张和情绪对抗；“自我约束”型幼儿长大后的性格也和小时候没有太大的变化。

这些研究证明，人的先天因素是一个人能否成为优秀领导者的基础。那么，什么才是成为优秀领导者的决定因素呢？随着时代的发展，不同的研究路径给出了不同的答案。

二、特质路径

特质（trait）路径指通过研究领导者不同于常人的特质，来揭示领导者炼成的原因之所在。特质路径的盛行时期为1900—1945年期间。特质路径研究者认为，只要找到使领导者与众不同的特质，就可以解开领导力的奥秘。

20 世纪早期的科学氛围促使人们去探究领导力的基础。领导者们究竟拥有哪些共同的特质？这是这一时期的研究者所关注的焦点问题。研究者通过大量的性格测试、相互比较来得出领导者所具备的共同特质。20 世纪初，美国军队应用特质理论来挑选具有潜力的军官。军队心理学家根据特质理论，选择一些通用的情感特征来选拔军官，这个计划被称为“军队阿尔法”（Army Alpha）测试。这是最早的领导测试。但是，随着研究的增多，研究者所列出的特质也越来越多，到底哪些特质才是领导者的核心特质？这直接带来了科学层面的挑战。

20 世纪 20 年代，一些学者开始探究领导特质预测的科学性。美国俄亥俄州立大学的年轻学者拉尔夫·斯托克迪尔（Ralph Stogdill）对 100 多个关于特质研究的报告进行了梳理，试图发现一些共同点，并对领导特质给出明确的界定。他发现，领导者的智力平均水平仅仅略高于普通人，并且智力的差异不足以造成事业和能力的明显不同，更不能用来预测领导潜力的高和低。同时，领导者比普通人更具创新精神、更积极，甚至平均身高更高、体重更重，但这些因素没有一项可以帮助你辨别和确认谁更具领导潜力。

对特质论研究路径的怀疑并不是说特质论就是完全非理性的。相反，随着 20 世纪心理学研究的发展，人们对特质有了新的认识。许多素质测评的要素都包含特质研究的理念。如智商（IQ）的测量能够提供一个人从事某种工作的潜在能力。这一点已经被人们广为接受。

三、行为路径

既然特质的区别不足以解释领导者与普通人之间的差异，于是，研究者开始尝试一种新的研究路径——行为（behavior）研究来试图解释领导者和不同人之间的行为的差异。行为路径研究盛行于 1945—1965 年。

对特质论提出挑战的不只有斯托克迪尔，还有美国密歇根大学的社会研究团队和哈佛大学的研究团队。

密歇根大学的社会研究团队将研究聚焦于行为战略，其关注的是与绩效密切相关的领导行为。密歇根大学的研究者们通过对领导行为的观察和对下属的调查得出结论，认为可以从两个维度对领导者的行为做出评价：一个维度是以员工为中心（employee-centered）；另一个是以任务为中心（task-centered）。一位以员工为中心的领导者在面对进步缓慢的员工时，他可能会询问员工：“我可以为你提供哪方面的帮助？”或者先讲：“十分感谢你们的努力！”然后再来剖析存在哪方面的问题。相比较而言，以任务为中心的领导者在发觉绩效方面存在问题时，有可能采取不同的行为，他可能告诉员工其效率不够高，或者督促他们更加努力地工作，或者亲临一线给员工更为具体的指导。研究结果证明，以员工为中心的领导者比以任务为中心的领导者绩效更高。

斯托克迪尔团队于 20 世纪 50 年代初期，对国际收割机制造厂的员工进行了观察和研究，同样发现，有些主管是以员工为中心的，他们更倾向于给员工以鼓励和支持。俄亥俄州的研究者将这类主管行为归类为“体谅”；将那些更喜欢发布命令、严格管理的主管行为归类为“启动结构”（initiating structure），即为员工提供结构化的指导。俄亥俄研究团队对行为的不同分类，实质上是为了显示与密歇根大学研究的不同，并没有本质上的差异。那是不是两个团队的研究就完全一样了呢？也不是。密歇根大学的研究团队认为，主管的行为是非此即彼的两个极端。而俄亥俄研究团队却认为，二者可在一个领导者身上并存，也就是说，一个领导者可以既“体谅”又“启动结构”。研究结果显示，采用两种领导行为的领导者能够获得最佳的绩效。相比之下，仅仅采用一种领导行为的领导者的绩效要差一些，而两种行为都不采取的领导者则很难获得成功。得克萨斯大学的教授罗伯特·布莱克（Robert Blake）和其助手简·莫顿（Jane Mouton）认为，应当教给领导者如何成为既高度关心人又高度关心绩效的领导者，以此来实现最佳的工作业绩。20 世纪 60 年代早期，布莱克和莫顿设计了一套简单的方法来鉴别和测量领导者的行为类型：是关心工作、关心人还是二者都关注，或者二者都不关注，以及关注的程度。此外，他们还开发了一套培训项目，成立专门的咨询机构，提供这方面的培训和咨询服务。

行为路径的第三个研究团队是哈佛大学的弗雷德·贝尔斯（R. Freed Bales）所带领的团队。贝尔斯的兴趣点是团队领导。密歇根大学的研究对象是铁路员工，俄亥俄研究团队的观察对象是工厂的工人，而贝尔斯的研究对象则是哈佛大学的本科生。之所以选择本科生作为研究对象，主要的原因是样本选取方便。因为当时规定每一位学生都必须参加三个小时的社会心理学实验。贝尔斯将学生分为三四个人的小组，每一个小组讨论一些事先列好的问题，比如“战后经济将会怎么发展?”等类似问题。小组没有指定的小组领导。贝尔斯将小组讨论安排在一个小的房间里，房间有一面巨大的镜子，能够将学生讨论的情况折射到另一个房间，贝尔斯研究团队在另一个房间观察学生的讨论情况。讨论完后，研究者再通过面谈或小问卷对学生的讨论进行回顾。贝尔斯得出了与密歇根大学研究团队、俄亥俄研究团队类似的结论。只不过贝尔斯的研究对象是学生而不是雇员，所以，贝尔斯对领导行为的分类名称有所不同。他将“雇员中心”称为“社会情感”型（socio-emotional）行为；将另一类行为直接称作“任务中心”型行为。有趣的是，贝尔斯还发现了另一类行为，即有的学生只想引起别人的注意或者想将讨论引向歧路，属于个人导向。贝尔斯将这类行为称为“自我中心”型行为。由于这类行为会给群体带来负面的影响，所以，贝尔斯没有将其归纳规范的领导行为。值得一提的是，哈佛大学研究中的小组是无指定领导小组，每一个小组的领导者都是自然产生的。对讨论主题的兴趣和所拥有的相关知识是成为领导者的决定因素。领导者需要确保每一个成员都有合适的发言时间，确保讨论友好地进行下去。小组成员对领导者的身份也普遍认可。

行为路径与特质路径最大的不同点在于，特质难以后天养成，而行为则是可以通过训练而获得的。布莱克和莫顿、俄亥俄研究团队都开发了自己的培训项目，帮助领导者养成既关心工作又关心人的行为习惯。但是，培训的结果并不完美。首先，有的领导者培训完，回去之后，又恢复了原来的行为习惯。这种失败的确令人沮丧。原因是复杂的，有些培训项目参与者将培训看作是一种休闲和放松，甚至是一种休假，回去之后自然回归原型。其次，受训之后，又回到了原来的环境之中，周围人没有变化，自己就难以有大的改变。最后，重大变革并不一定总是受人欢迎的。但是，的确有的领导者经过训练之后有了较大的变化，员工工作更积极了，事故率降低了，绩效明显地得到了改善。

四、情景路径

假如领导本质上既不是简单地拥有什么特质，也不是采取什么正确的行为，那么，领导就可能是在正确的时间做正确的事情。遵循这一逻辑的研究路径被称为“情景”（situational）或“权变”（contingency）理论，盛行于1969—1978年。这一研究路径的假设是，领导者的行为是否正确由当时的情景来决定。有时候需要聚焦于“任务”，有时候需要聚焦于“体谅”，有的情况需要领导者对二者都关注，但也有的时候领导者的最佳选择是什么都不做。

情景路径研究的代表理论有两个：一个是沃顿商学院的罗伯特·豪斯（Robert House）教授的路径-目标（path-goal）理论。豪斯的路径-目标领导理论形成于20世纪70年代初期，其理论的基本逻辑是：

当任务明晰，并且员工清楚如何去完成这项任务时，只有愚蠢的领导者才会去给员工大量的指导。领导者需要表达的是：“我知道，你明白如何完成任务，我相信你能够胜任。假如你需要什么帮助，尽管说。”然后，让员工独立来完成。

假如是一项复杂的任务，员工的能力、经验相对不足，那么，领导者就应提供清晰的、一步一步的指导。

假如任务复杂，但员工技能突出，那么，领导者可以提供一些建议，并随时准备协助员工解决问题。

假如任务简单，但员工经验不足，那么，领导者需要给予一些指导，但更多的是给予鼓励。

在后来的演进中，路径-目标理论增加了领导风格和情景因素的相关内容。

另一个代表理论是俄亥俄大学的保罗·赫塞（Paul Hersey）教授及其助手肯尼斯·布兰查德（Kenneth Blanchard）所提出的情景领导理论。这一理论的早期名称为“领导生活周期理论”（life cycle theory of leadership）。他们将情景界定为员工技能与动机的组合。这一组合起初称为“成熟度”（maturity），后改称为“准备状态”（readiness）。

当一位员工没有完全准备好，即完成工作的技能、动机不足时，按照赫塞-布兰查德的理论，领导者应当详细指导。

当员工具有一定的准备状态，具有完成工作的动机但是技能不足时，领导者就是教练，给员工提供具体的指导和鼓励。

当员工处于较高的准备状态，具备完成工作所需的技能和知识，但是缺乏信心时，领导者应当提供相应的支持，即关心、解释、指导。

当员工处于完全准备状态，乐于接受工作挑战且能力充分时，那么，高效的领导者应当选择委托、不予干涉。

20世纪70年代末，赫塞-布兰查德的理论被正式称为情景领导理论。这一理论在20世纪80年代最为流行。

情景领导理论应用效果同样并不十分乐观，既有支持的证据，也有不支持的证据。总的来讲，豪斯的路径-目标理论和赫塞-布兰查德的情景领导理论对领导者是具有指导价值的，特别是对新走上领导岗位的领导者、基层领导者具有明显的价值。

随着时间的演进，对领导力的研究也在不断精进，涌现出一系列的领导力模式。但追根溯源，都是在以上研究路径基础上的深化和改进。

第四节 本书的逻辑与框架

本书的逻辑架构分为三个大的模块，共 12 章（如图 1－3 所示）：一是领导力基础，包括领导力概述、文化与领导力、胜任力与领导力、影响力与领导力四章，通过这一模块的介绍，使大家了解领导力的角色内容与领导力的来源，以及文化环境对领导力的影响。二是领导模式，包括传统领导模式和现代领导模式两章，目的是向读者介绍过去、现在领导力的经典模式。这一部分中现代领导模式中的主要内容都是本书首次总结、引入到领导学教材之中的，旨在为读者传递最新的领导学知识。三是领导行为与艺术，包括战略管理与领导力、决策与领导力、用人与领导力、激励与领导力、沟通与领导力、领导定位与领导力开发六章，旨在为读者提供领导过程中不同环节的行为和艺术选择。

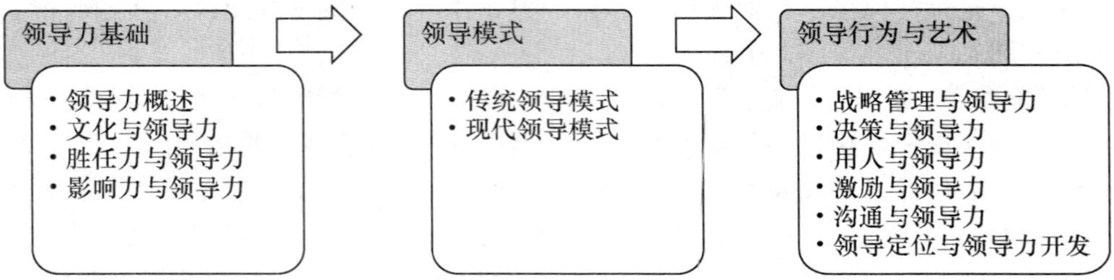

图 1－3　本书框架

一、领导力概述

教材第一章是关于领导及领导力基础知识的概括介绍。通过对领导内涵的多样化解读、对领导力概念的梳理，使读者领会领导力的影响因素及领导这一行为过程的特征。对三种领导风格的介绍，使读者对不同情境下领导风格的选择有了初步的认识。文中关于不同研究学派对管理者角色的不同解读，有助于读者理解领导者的角色和职能。对领导与管理的异同分析，更是解开了不少读者心中关于领导与管理如何区分的困惑。对领导力研究路径的梳理则为读者畅游领导力研究世界提供向导，激发读者思考领导力研究的新奥秘。

二、文化与领导力

不同文化下，领导者的行为取向有所不同，追随者对领导者的行为期待也有所不同。文化要素对领导者与追随者的作用不像其他要素的作用那么直接和明晰，但它却影响着领导者与追随者的行为选择，其作用更具有本原性。教材第二章对文化与领导力的关系进行研究。通过对文化的概念与维度、文化的类型与圈层的解释，使读者对文化有更深入的了解。对文化与领导行为的关系进行分析，有助于读者理解不同文化下的领导行为取向，启发读者思考我国领导者所面临的文化困境。关于当前文化对中国领导者的挑战及应对策略的探讨，本章结尾部分为我国领导者的行为选择提供了有益的参考。

■ 三、胜任力与领导力

成功领导者一般都拥有一套特别的胜任力，领导者胜任力是组织绩效与组织目标实现的关键因素。教材第三章研究胜任力与领导力。通过对胜任力的概念、要素、特点、意义的阐释，便于读者厘清胜任力的内涵及胜任力与领导力的关系。从领导力与胜任力的定义，作者找到两者的交集——特质，并对领导特质的基本理论和领导者的特质类型进行了全面介绍。关于领导者胜任力的维度与标准要项、领导者胜任力模型的常见类型、领导者胜任力的测量方法的分析，为领导者胜任能力模型的构建提供维度、类型、要素及方法基础。

■ 四、影响力与领导力

领导的有效性与领导者的影响力息息相关，影响力是领导活动必不可少的前提与保障。教材第四章研究影响力与领导力。通过对影响力内涵的多角度解读及相关因素分析，探讨领导影响力转化为领导有效性的条件，使读者更清晰地认识到影响力的作用。文中关于权力运用方式、权力边界、授权技巧等的论述，有助于领导者恰当运用权力影响追随者，提高追随者的积极性。对影响策略类型、影响策略实施的效果和顺序的介绍，可促进领导者根据情境选择合适的影响策略类型组合，达成满意的影响效能。

■ 五、传统领导模式

在世界范围内对领导力的规范研究中，逐渐形成了不同理论与模式。教材第五章介绍传统领导理论与模式。行为领导理论与模式、权变领导理论与模式、情境领导理论与模式，皆是在第一章领导力研究路径分析基础上的进一步阐述。其独特之处在于，对每种理论或模式下的具体分支做了进一步的详细介绍。诸如行为领导理论与模式下的领导行为四分图、管理方格理论、利克特的四种领导体制等，多角度地对各种领导行为的特征进行分析；权变领导理论与模式下的菲德勒权变领导模式、路径-目标模式、领导者参与模式以及情境领导理论与模式，尽管内容各有侧重，但它们对领导风格与情境匹配的强调可以为领导者提供一定的现实指导。

■ 六、现代领导模式

在第五章对传统领导模式研究的基础上，教材第六章介绍现代领导理论与模式。魅力型领导和变革型领导的内涵、特征和实现路径的介绍，有助于我们全面认识这两种现代领导模式，促进领导者领导力的提升。“五级经理人”领导模式中的第五级经理人的修炼，极客与怪杰领导模式的赤子心态、熔炉之境，平衡领导模式的追求多元平衡，量子物理视角下的领导模式的重视关系、参与管理的论述为我们理解领导力、研究领导力提供了全新的现代视角。

■ 七、战略管理与领导力

战略管理是领导者的首要职责，教材第七章研究战略管理与领导力。本章对构成战略领导的内容——愿景、使命、战略进行介绍，对战略管理的实质与过程做了分析。对战略领导的本质、作用、战略领导的方法、SWOT分析模型、组织变革等内容进行了阐释。战略构建指南引导领导者根据长期目标、当前状况及核心能力制定具有挑战性的、可实现的战略规划。

八、决策与领导力

决策是领导者的重要职责，但领导者的决策选择并非由单一价值因素决定，而是通常受到多元价值的影响和制约。教材第八章研究决策与领导力。本章从政治、法律、管理的角度分析领导决策，导引领导者于决策过程中寻求多元价值的平衡。关于决策的次序安排，文中指出领导者应掌握决策的优先权，做到举重若轻。强调领导者在决策中应尽力避免认识和思维误区，学会用系统理念进行思考，远离决策悲剧。面对危机，领导者应尽力避免危机决策的四大误区，科学决策。本章关于决策与领导力的思考，不仅为领导者决策提供了价值标准，也为领导者提升决策水平提供了颇具价值的指导。

九、用人与领导力

用人是领导者的基本职责，是事业成败的关键。教材第九章研究用人与领导力。文中关于用人理念的阐述，为不同风格的领导者提供用人方面的价值和理念指导。对领导察人之术的精辟解析，既教给领导者识人、选人的多种方法，同时也教会当代大学生如何将自己打造成符合用人单位要求的人才，激励大学生提高能力和德行、不断上进。通过对领导用人误区的分析，强调领导者用人应注重忠诚和贤能的平衡，切忌陷入心理误区、彼得误区。团队管理核心要素的提出，为领导者锻造强有力的团队提供指导，有助于我们理解和把握增强团队凝聚力、提高团队竞争力的方法。

十、激励与领导力

激励是领导艺术的核心，是领导者的重要职能与活动，是帮助实现组织目标、愿景的重要保证。教材第十章研究激励与领导力。本章探讨了激励对组织的良好运转、人员工作激情及工作绩效的提高、组织环境和组织文化的打造、领导力的塑造与提升等方面所起的重要作用。关于激励的五大基本理论的介绍，对领导激励工具选择给予不同的启示。领导者应遵循领导激励的一般原则，选择与运用合适、有效的激励方式，调动团队及个体的积极性和创造性，展现领导者的激励与领导艺术。

十一、沟通与领导力

有效的领导离不开有效的沟通。教材第十一章研究沟通与领导力。对沟通视角下的影响力、沟通特征进行诠释，强调在沟通过程中应考虑文化背景的差异。文中关于通过改变领导沟通影响因素以提高沟通有效性的论述，以及领导者应根据对象的不同而选择相应的沟通行为的分析，既可以为领导沟通提供指导，促进领导者提高沟通影响力，也有助于我们改进日常沟通方式，了解与人沟通的艺术。

十二、领导定位与领导力开发

领导定位对领导者的职业生涯发展有非常重要的影响，而要想顺利达成自己人生的定位目标，领导者的自身领导力开发是必需的环节。教材第十二章对领导定位与领导力开发进行研究。本章从领导者定位的实质出发，论述领导定位的影响因素，指出领导者应认真体会和遵循定位的关键理念，促进领导者在复杂多变的形势下做到合理定位。文中关于领导者领导力开发的多种形式、制定开发计划及开发效果评价的方法的介绍，有助于领导者对自身领导力及对下属能力进行开发，也有助于我们自身的能力开发与超越。

内容提要

1. 领导是指运用个体、群体、环境中的各种资源有效地影响他人实现战略目标的艺术、行为和过程。

2. 领导力指从事领导行为的能力。沃伦·本尼斯认为，领导力包括四种能力：吸引关注的能力、管理意义的能力、管理信任的能力、管理自我的能力。

3. 领导力是领导者在特定的环境中与追随者之间互动的能力。领导力的影响因素包括：领导者特征，比如知识、性格、艺术等；追随者特征，比如成熟度；组织内外环境特征，比如不同性质企业的不同组织文化。

4. 解决正式组织和非正式组织之间所存在的冲突，领导者的应对之策主要有以下几点：承认非正式领导的客观存在；获取非正式领导者的合作；鼓励与正式组织目标一致的非正式组织。

5. 领导风格指一位领导者进行指导、执行计划、激励他人的路径和方式。可将领导风格分为三类：专制或独裁风格、参与或民主风格、委托或自由风格。

6. 领导角色就是领导者在组织中应当起什么作用、承担什么指责、采取什么行为。不同的研究学派对管理者角色有着不同的解读，其中明茨伯格关于管理者角色的分析相当经典。

7. 管理和领导有许多相似之处，也存在着差异：领导和管理都是完整的行为体系，而不是属于对方的一部分；管理关注短期、微观，而领导则关注长期、宏观；领导带来变革，管理维护秩序。

8. 领导力的研究路径包括：“伟人”路径、特质路径、行为路径、情景路径。

活动拓展

学习完本章之后，你对领导力的知识有基本了解了吗？请登录学校数字图书馆，以领导与领导力为主题，查找相关的论文，然后比较、分析、总结这些论文的观点，给出你自己的理解。

课后作业

1. 领导及领导力的内涵是什么？

____

____

____

2. 明茨伯格认为领导者的角色有哪些？

3. 领导力的研究路径包括哪几条？

第二章

文化与领导力

文化自信是更基本、更深沉、更持久的力量。

——习近平

知识结构

文化与领导力 { 文化的维度与圈层 / 中国领导者与文化挑战 }

内容简介

不同文化下，人们行为取向有差异；下属对领导者的行为期待也有所不同。本章通过对文化与领导力的介绍，帮助同学们理解不同文化下领导行为取向的差异，了解全球化背景下领导者的跨文化领导力。其内容主要包括：文化的概念与维度；文化的类型与圈层；全球共通的领导行为；不同文化下的典型领导行为取向；当前文化对中国领导者的挑战及应对策略。

学习重点

- 文化的圈层
- 当前文化对中国领导者的挑战及应对策略

学习目标

学完本章之后，你要能够：

- 了解文化的基本知识
- 理解文化对领导行为、领导力的影响
- 知悉当前文化对中国领导者的挑战及应对策略

关注东西方文化差异的同学会发现，西方社会中媒体和普通人可以大尺度地批评总统，但是不可以随意批评身边的普通人；而东方社会，媒体和普通人通常不会公开批评国家领导人，但是可以相对自由地批评身边的普通人。此类社会行为的差异主要源自什么呢？

第一节 文化的维度与圈层

关键术语

埃德加·沙因认为，组织文化是组织在解决外部适应、内部整合问题的过程中所习得的，成员所共享的一套基本假设和模式，被作为对相关问题的正确认识、思维和情感传授给新的组织成员。

文化是一个比较难以清晰界定的概念。文化是由人们对世界的认知和反映这些认知的人类活动和人造物品所组成。文化的组成要素包括：艺术、庆典、娱乐、语言、政治、宗教、传统等。埃德加·沙因（Edgar H. Schein）认为，组织文化是组织在解决外部适应、内部整合问题的过程中所习得的，成员所共享的一套基本假设和模式，被作为对相关问题的正确认识、思维和情感传授给新的组织成员。

一、文化的维度

要想在世界范围内探讨不同文化下人们行为选择的差异，就必须对不同的文化进行相应的比较，这就需要确定文化之间的可比较的维度。文化维度的确定可以使我们对文化的理解更加简单、清晰、明了。从世界范围来看，近几十年文化领域的研究都在试图找出不同文化之间的比较维度。有的研究者用个人主义和集体主义两个维度来对文化进行区分；也有的研究者从平等与等级、任务导向和人导向来对世界范围内的文化进行分类。所有研究中，影响较大的是冯斯·琼潘纳斯（Fons Trompenaars）的文化模型、吉尔特·霍夫斯塔德（Geert Hofstede）的五种文化维度以及全球化领导行为比较维度。

（一）冯斯·琼潘纳斯的四种类型的组织文化

冯斯·琼潘纳斯同查理斯·汉普顿-特纳（Charles Hampden-Turner）经过大量的实证研究，提出了七维度文化模型。他们认为，通过这七个维度可以判断特定文化中的人是如何处理彼此之间的关系的。这七个维度分别是：

（1）普遍主义与特殊主义（universalism vs. particularism），即处理各项事务时规则重要还是关系重要。

（2）个人主义与集体主义（individualism vs. collectivism），即个人功能的发挥是基于个体还是基于团队。

（3）中立的与感情的（neutral vs. emotional），即感情用事还是理性应对。

（4）边界清晰与边界模糊（specific vs. diffuse），即公事和私事区分是否清晰。

（5）自我奋斗与先天继承（achievement vs. ascription），即人们需要自我奋斗来获取社会地位还是靠先天继承来获取。

（6）次序的与同步的（sequential vs. synchronic），即处理问题时次序明确，一次处理一件事情，还是不注重次序，同时处理多个事项。这涉及该文化如何看待时间。

（7）内部控制与外部控制（internal control vs. external control），即认为是人控制环境还是被环境控制。

此外，冯斯·琼潘纳斯通过对不同文化下的 1.5 万名员工的调查，建立了组织文化模型，然后又通过对 6 万多人的调查来验证其所建立的模型。此组织文化模型基于两个维度："平等-等级维度"和"人-任务导向维度"。按照这两个维度，冯斯·琼潘纳斯将组织文化分为四种类型：导弹型、孵化器型、埃菲尔铁塔型和家庭型（见图 2-1）。

记一记

冯斯·琼潘纳斯的组织文化的四种类型的特征。

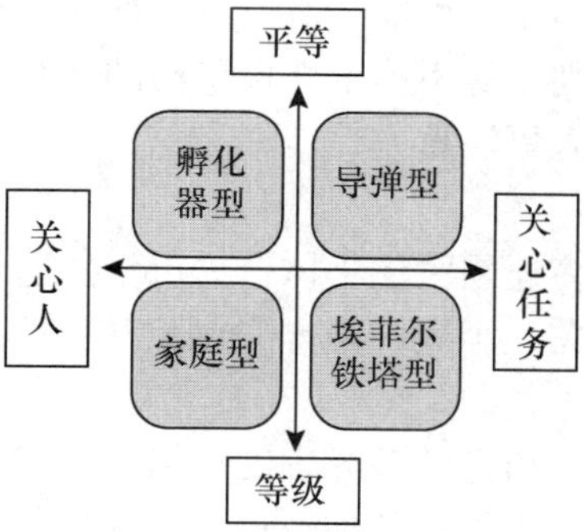

图 2-1　组织文化类型

1. 导弹型

这一文化的典型特征是关注任务，绩效导向，内部平等。在这类文化下，领导者关注员工个人的倾向较弱，比较注重任务的完成。领导者是团体的一员，没有特殊的等级地位，每一位成员凭借自己的专业能力来奠定自己的组织地位，平等协商，以能服人。一定程度上讲，华为的企业文化属于导弹型。

2. 孵化器型

这一文化的典型特征是关注人，相互平等。在这一文化中，员工需求受到关注，不注重等级，更看重专业能力。帮助员工成长是领导者的职责之一。在这类文化下，员工对企业的忠诚度更高，更具创新的文化氛围。有不少新兴的高科技企业倾向于塑造这类更为人性化的企业文化。比如谷歌等互联网公司，在初创时期就是孵化器型文化。

3. 埃菲尔铁塔型

这一文化注重等级，关注任务。在这一文化下，森严的等级像埃菲尔铁塔，注重制度规范，严格管制，绩效导向。工业化社会下的企业大多是埃菲尔铁塔型的文化。我国国有企业大多具备埃菲尔铁塔型文化的特征。

4. 家庭型

这一文化的典型特征是关注人，但同时关注等级。具有这类文化的企业就像传统家庭一样。领导就是家长，对家庭成员负责、关心，但作为家长的领导者的权力等级也是十分清晰的。孔子亚洲文化中的一些企业就是家庭型文化，家族企业更是以此类文化居多。亚洲家族企业拥有家庭型文化的特征。

（二）吉尔特·霍夫斯塔德的五种文化维度

吉尔特·霍夫斯塔德对文化的分类维度，简称霍夫斯塔德维度（Hofstede's dimensions）。他对国际商业机器公司（IBM）的 40 多个国家的 10 万多名员工进行了调查，并在调查的基础上提出了儒家动力（confucian dynamism）。他通过五种维度对文化进行了分类，并通过维度的组合来阐释各类文化的特征。

1. 权力差距

该维度指人们对权力不平等的接受程度。有些文化中人们对因权力产生的不平等的接受程度比较高，而有的文化中则接受程度较低，换言之，较注重权力之间的平等。比如传统中国文化中，对官员享受特权的接受程度相对较高。

2. 不确定性规避

该维度指人们对不确定性的接受程度。对不确定性接受程度低的文化，倾向于通过规范化来减少不确定性，注重规则。对不确定性接受高的文化，则更注重处事中的弹性。比如德国人更注重规则，而犹太人更注重弹性。

3. 个人主义

该维度指文化关注个人更多还是关注集体行为更多。这直接决定着文化中集体主义和团队精神的强弱。西方文化更关注个人，东方文化相对更关注集体。

4. 男子主义

该维度指男女性别在社会中角色的差异程度。男子主义程度高，则女子地位低，性别之间不平等明显。阿拉伯文化中，男子的地位比女子的地位高很多。

5. 未来导向

人们的行为是关注眼前还是关注未来。这决定了行为的前瞻性程度。关注眼前的文化更看重活在当下；未来导向的文化注重应对未来风险，注重教育投资。

（三）全球化领导行为比较维度

来自 62 个国家的不同的研究者组成了一个全球化领导行为的研究团队，他们通过 9 个维度对不同文化下的行为进行比较，对全球化领导、组织行为有效性进行了研究，在业界具有较大的影响。这 9 个维度分别为以下几方面。

1. 权力距离

权力距离维度指群体成员所期待、认同的权力被平等分享的程度。权力距离与等级直接相关。权力、权威、声望、地位、财富等要素是形成等级差异的直接原因。这牵涉到作为领导者应该与员工保持什么样的权力距离。

2. 单位集体主义

该维度指社会、机构对集体行为的认可和鼓励程度。高单位集体主义文化的明显特征包括：社会成员认为个体对组织高度依赖；在群体利益与个体利益相冲突时，提倡群体忠诚；社会经济体制更倾向于集体利益的最大化；任职年限、个人需求、内部公平等为主要激励要素；重要事项集体决策等。日本是高单位集体主义文化的典型代表。

3. 圈内集体主义

此维度指人们对组织和家庭的自豪、忠诚、一致的程度。高圈内集体主义文化的典型特征是圈内和圈外行为取向明显不同；人们更看重义务和责任；人们重视群体内部的关系；生活和工作节奏较慢。

4. 性别平等

此维度用来衡量组织和社会对男女平等的重视程度。此维度涉及在组织和社会中，性别对其地位和角色的影响。比如阿拉伯国家中女性的社会地位较低，就业和发展机会较少。女性职业发展的天花板现象在许多文化中都是存在的。与男性相比，女性毕业生在就业中处于相对弱势地位。

5. 不确定性规避

组织和社会往往依赖规则、礼仪、程序来规避互动中的不确定性。这种规避的程度在不同的文化中是有明显的区别的。高不确定性规避的文化更为重视法律、规则，以此来增加事务的确定性，减少不确定性因素。

重点提示

全球化领导行为比较的9个维度是学习的重点。

6. 坚定自信度

此维度指人们在社会互动中所表现出来的果断、自我坚持、进取的程度。高坚定自信度的文化常常鼓励人们强硬、进取的行为取向。

7. 未来导向

此维度指人们行为选择中所体现出来的未来导向，如计划、延迟激励、投资未来等。未来导向的文化反对及时行乐，提倡为未来做准备。我国文化中家庭对下一代的教育投入，实际上是未来导向的一种体现。当然，经济发展过程中破坏环境的行为不是未来导向的。

8. 绩效导向

此维度指组织或社会对绩效改进、绩效卓著成员的激励程度。此文化维度关系到社会成员在工作中是否愿意追求挑战性的目标，是否追求成就感的满足。

9. 人本导向

此维度指文化提倡公平、无私、慷慨、关爱、友善地对待其他成员的程度。人本导向文化更看重关心他人需求、提供社会援助，注重共同的价值。

二、文化的类型与圈层

（一）文化的类型

依据不同的标准，文化可以分为不同的类型。比如，依据领域的不同，可以区分出许多单方面的文化：资本主义文化、消费文化、高语境文化、低语境文化、参与文化、原始文化等；同时，也有跨领域文化（cultural cross-sections），包括少年文化、饮食文化、民族文化、主流文化、官方文化等。

亚文化（subculture）又称小文化、集体文化或副文化，指某一文化群体所属次级群体的成员共有的独特信念、价值观和生活习惯，与主文化相对应的那些非主流的、局部的文化现象，指在主文化或综合文化的背景下，属于某一区域或某个集体所特有的观念和生活方式。一种亚文化不仅包含着与主文化相通的价值与观念，也有属于自己的独特的价值观，而这些价值观是散布在种种主文化之间的。亚文化包括一些可选择文化、地下文化，也包括特殊领域的亚文化，如足球文化、冲浪文化等。

从世界范围来看，文化可依据地域分为欧洲文化、东亚文化、非洲文化、美洲文化等，每一个大的区域文化又可分为更小的亚文化。依据种族可分为盎格鲁（Anglo）文化、拉美文化、华裔文化等。从历史的角度也可以对文化进行区分，如古罗马文化、古埃及文化、盛唐文化等。

（二）文化的圈层

我们这里所讲的圈层并不是指高低之分，而是指由外到里、由大到小的层次（见图 2-2）。

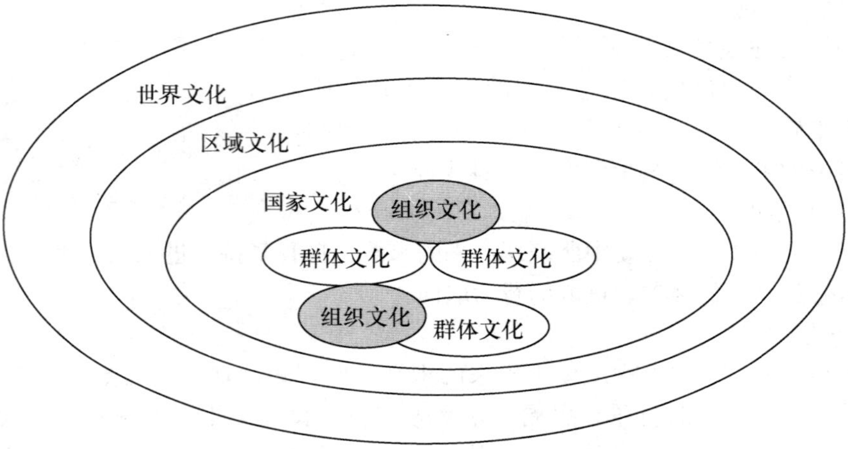

图 2-2　文化圈层

1. 世界文化

第一个文化圈层是世界层面所共同拥有的文化，也是最大的文化圈层。在地球生活着的人类，总有一些共同的理念和准则，如人与人之间的友爱、尊老爱幼，对自由、平等价值的推崇等。这些普世价值就是人类文化的共同内容。随着全球化的发展，不同国度、群体之间互动越来越多，"地球村"的形成必然增加人类对共同文化的需求。平等、合作、共赢、自由、权利、民主逐渐成为人类的共同追求。这些理念的影响范围不断扩大，进而影响到人们的行为选择。中国改革开放 40 多年来文化价值的变迁，从某种意义上讲，与世界文化圈层的影响是密不可分的。所以，我们可以断定，不断走向现代化的中国，在文化领域，也必将拥有越来越多的世界文明所共有的普世价值。

2. 区域文化

第二个圈层是区域文化圈层，是指跨国家、跨地区的文化圈层。区域文化圈层的形成源自共同的语言、地理位置、宗教和历史渊源等因素。研究者将全世界分为 10 个区域文化圈层，分别为：

（1）盎格鲁文化，包括英国、爱尔兰、美国、加拿大、澳大利亚、新西兰等国家，崇尚个人主义和自由竞争，绩效导向明显。

（2）欧洲拉丁（Latin Europe）文化，包括法国、葡萄牙、西班牙、意大利、以色列、瑞士法语系地区等国家和地区，其文化典型特征为：重视个体独立，对个体价值的追求胜过集体价值和社会价值。

(3) 欧洲日耳曼（Nordic Europe）文化，包括芬兰、丹麦和瑞典，其文化特征是未来意识强，性别之间较为平等，组织集体主义意识高，提倡谦虚、合作。

(4) 欧洲德意志（Germanic Europe）文化，包括德国、奥地利、瑞士、荷兰，其文化特征为：自信、未来导向、绩效导向、回避不确定事务，圈内集体主义弱。这一文化注重竞争，具有攻击性，个人主义突出。

(5) 东欧（Eastern Europe）文化，包括希腊、匈牙利、阿尔巴尼亚、斯洛文尼亚、波兰、俄罗斯、格鲁吉亚和哈萨克斯坦等国家，其文化特征为：自信、圈内集体主义强、性别平等，未来导向、绩效导向都较弱。

(6) 拉丁美洲（Latin American）文化，包括厄瓜多尔、萨尔瓦多、哥伦比亚、玻利维亚、巴西、危地马拉、委内瑞拉、墨西哥和哥斯达黎加等国家，其文化特征为：圈内集体主义特征明显，对家庭和群体的忠诚度高，未来导向和绩效导向、单位集体主义较弱。

(7) 中东（Middle East）文化，包括卡塔尔、摩洛哥、埃及、科威特和土耳其等国家，其文化特征为：圈内集体主义特征明显，不注重未来导向、性别不平等、不喜欢规范。

(8) 撒哈拉以南非洲（Sub-Saharan Africa）文化，包括纳米比亚、尼加拉瓜、津巴布韦、赞比亚等国家和地区，其文化特征为：人本导向突出，关心朋友和家庭胜过关心自己。

(9) 南亚（South Asia）文化，包括印度、菲律宾、印度尼西亚、马来西亚和泰国，其文化特征为：人本导向特征明显，对家庭忠诚度高。

(10) 孔子亚洲（Confucian Asia）文化，包括新加坡、韩国、日本和中国，其文化特征为：圈内集体主义和单位集体主义同样突出，绩效导向清晰，团队精神相对较强。

同一文化圈层有着典型的文化同质特征，它直接影响到个体的行为和组织行为的选择，自然也影响到领导行为的选择。

3. 国家文化

第三个文化圈层是国家文化。它指的是一个国家所拥有的共同价值体系。如美国文化崇尚自由、竞争、多元；法国文化推崇自由、平等、博爱、生活浪漫、善社交、尊重妇女、自尊心强；当前的中国文化既有传统儒释道文化的特征，又有现代政党文化的特色。

4. 群体文化

第四个圈层是群体文化。它是指一个群体所共同遵循的价值体系。群体规模大小不等，只要相互认可，具有归属感，就可成为一个群体。民族文化、宗教文化、政党文化都可认为是群体文化的表现形式。农民群体文化、大学生群体文化、官员群体文化等都是多样化的群体文化表现形式。在共同的价值体系指导下，群体中的成员会有类似的行为选择。

5. 组织文化

第五个圈层是组织文化。企业文化、机关文化都属于组织文化的类型，不同组织有着不同的文化特征，直接影响到组织成员对事物的态度和应对措施的选择。

将外围圈层的文化当作自己组织的文化有其合理性的一面，但是不应是组织文化的全部，否则它就失去了组织文化的独特性，其对组织成员行为的指导也有一种漂浮之感。

想一想

下面是同为互联网公司的百度与谷歌的文化，大家能从中发现二者有哪些不同吗？

1. 百度公司的文化

(1) 使命：为互联中国提供及时、丰富的信息，为网友提供最好的上网体验，改变人们的生活方式。

(2) 核心价值观：永远保持创业激情；每一天都在进步；容忍失败，鼓励创新；充分信任，平等交流。

(3) 永远保持创业激情。

2. 谷歌公司的文化

(1) 以用户为中心，其他一切水到渠成；

(2) 心无旁骛、精益求精；

(3) 快比慢好；

(4) 网络的民主作风；

(5) 获取信息的方式多种多样，不必非要坐在台式机前；

(6) 不做坏事也能赚钱；

(7) 信息永无止境；

(8) 对信息的需求没有国界；

(9) 没有西装革履也可以很正经；

(10) 没有最好，只有更好。

三、文化与领导行为

对文化进行研究的目的是了解不同文化下人们行为取向有哪些差异，以及下属对领导者行为的期待有什么不同。对此类问题的了解可以增强全球化背景下领导者的跨文化领导力。

（一）全球性领导行为

领导学研究者劳德（Lord）和麦瑟（Mather）于 1991 年提出了潜在领导理论（implicit leadership theory），认为每一个人都有潜在的信仰，这一潜在的信仰是将领导与非领导、平庸领导与优秀领导区分开来的重要因素。而信仰是文化价值观的核心要件，文化不同，领导行为的价值取向自然存在差异。

在劳德和麦瑟的潜在领导理论的基础上，一些全球化领导力研究者对不同文化下的领导力特征进行了大量的实证调查和研究，归纳出六种可比较的全球性领导行为。

1. 基于魅力与价值的领导行为

领导者对下属的激励鼓舞、对高绩效的期待都是建立在核心价值观基础之上的。这类领导行为包括树立愿景、自我奉献、值得信赖、决断、绩效导向等。价值观是人们判断事物的标准。价值观不同，对同样的事物会有截然相反的判断。社会出现撕裂，根本原因就是价值观的不可调和。领导者需要将价值观相同的人凝聚到一起，为大家都认同的目标协同努力。

记一记

六种可比较的全球性领导行为及其特征。

2. 团队取向的领导行为

设立共同的团队目标，重视团队建设。这类领导行为包括：合作、整合、友善、协调等。离开了优秀的团队，很难有优秀的企业。

3. 参与式的领导行为

领导者吸收他人参与决策和执行，包括参与、民主的领导行为。参与可以增加下属的责任感和信任度。没有参与就没有信任，没有参与就没有责任。

4. 人本导向的领导行为

这类领导者通常比较谦虚，关注下属的感受和需求，给予下属支持。“以人为本”是现代管理的价值取向。

5. 独断的领导行为

领导者自己独立进行管理和决策。随着人们受教育水平的提高，人们对独断的接受度将日渐降低。

6. 自我保护的领导行为

领导者注重个人或群体安全感，包括以自我为中心，重视等级地位、严格程序等。以自我为中心的领导者很难赢得下属的持久信任和忠诚。

（二）不同区域文化下的典型领导行为取向

不同区域文化下，领导者的行为偏好存在着明显的差异。

1. 东欧文化下的领导行为取向

东欧文化下，领导者的典型模式是独立、极力维护与自己职位相关的利益；魅力与价值取向的程度属于中等；团队导向中等；人本导向中等；决策过程中其他人的参与度低。

2. 拉丁美洲文化下的领导行为取向

拉丁美洲文化中的领导者特别重视团队取向、魅力与价值取向和自我保护；人本导向、下属参与程度中等；领导者给人的印象并不独裁。

3. 欧洲拉丁文化下的领导行为取向

欧洲拉丁文化下的领导者更为重视魅力与价值取向，对团队、参与和自我保护意识也有相当程度的关注，但并不关注人本导向，也不喜欢独断专行。

4. 孔子亚洲文化下的领导行为取向

该文化下的领导者团队取向明显，自我保护意识也较强，魅力与价值导向、人本导向处于中等状态，独断程度中等，不喜欢下属参与决策。

5. 欧洲日耳曼文化下的领导行为取向

欧洲日耳曼文化下的领导者是典型的愿景型、参与型领导者，同时具有一定程度的独立性和团队导向，自我保护和人文关怀较弱。

6. 盎格鲁文化下的领导行为

盎格鲁文化中的领导者重视魅力与价值、参与和人本导向。这一文化下的领导者通过愿景和激励来影响追随者，通过参与来提升决策的有效性和下属的责任感。自我保护意识弱，团队取向和独断程度中等。

7. 撒哈拉以南非洲文化下的领导行为

撒哈拉以南非洲文化下的领导者特别重视人本导向，关注下属的需求，具有同情心。同时，这一文化也认为领导者应当具备相当程度的魅力与价值、团队导向、参与式管理和自我保护。这一文化认为独断型领导者是效率低下的领导者。

8. 南亚文化下的领导行为

南亚文化与孔子亚洲文化很相似，领导者的自我保护意识都比较强，也较为重视人本导向和团队精神，都认为参与式管理的效果不佳。与孔子亚洲文化所不同的是，南亚文化认为领导者的魅力与价值十分重要。所以，南亚文化下的典型领导行为包括：合作、鼓舞下属、关心下属、自我保护、独断。

9. 欧洲德意志文化下的领导行为

欧洲德意志文化下，领导者的典型行为是喜欢独断，但同时对参与式管理、魅力与价值、人本导向、团队导向都有相当的偏好。领导者的自我保护意识淡漠，不看重领导者自己的面子。看起来，欧洲德意志文化下的领导行为更适合工业化管理的需求。

10. 中东文化下的领导行为

中东文化下的领导行为独具特色。领导者很重视自己的地位和面子，所以自我保护意识较强，同时又重视人本导向和独立决策，认为魅力与价值、团队导向、参与式管理对领导工作的有效性并不具备太大的价值。

第二节 中国领导者与文化挑战

文化虽然是一个很难说得清、道得明的东西，但其对人的价值观、行为模式却有着决定性的影响力。我们当前文化中有一些固有缺失，使领导者面临一些挑战。了解这些挑战及其形成机理，是领导者对管理情势良好把握的基础。

一、员工行为调适困难

每一位领导者都想依照组织的目标或领导者自身的意愿来调适员工的行为。对员工行为进行调整的途径无非两条：一是通过改变员工的价值观来调适员工的行为；二是通过制度的约束来调适员工的行为。人的价值观决定了人的行为选择，所以，对员工价值观的改变是领导者的最佳选择，但是这又不那么容易。人的价值观受文化的影响颇大。有的人判断生活、工作的价值标准往往是获得短期的物质利益的多寡，谈不上什么崇高的价值和理想。

所以说，在现实文化情势下，领导者期求通过改变员工的价值观来调适员工的行为是很困难的，只能通过满足下属物质、地位等短期需求来调适员工的行为，而这往往与领导者所掌握的资源的有限性形成矛盾和冲突。

通过各种制度来对员工的行为进行调适是管理中的常用做法。制度能否得到良好执行，取决于以下几个因素。

（一）制度本身的合理、健全、配套程度

如果组织的不同制度存在冲突，制度背后的理念相互矛盾，员工就会无所适从。不同部门、不同层级制度之间的冲突在现实中也是屡见不鲜。这就增加了依靠制度调适员工行为的难度。

（二）遵制文化的浓厚程度

对于不健全的制度，下属抱怨颇深。人们往往会规避制度。生活当中的“投机”行为往往能获得部分特殊利益，也是一些人处理事务追求的捷径，以至于许多按制度可以正常处理的事情，人们也心存怀疑，认为加上点非制度的“润滑剂”心里才踏实。员工和领导者搞好关系，其目的常常是获得规避制度的好处。所以说，在健全制度的前提下，还要努力塑造遵守制度的文化。

重点提示

了解推动制度良好执行的几个因素，有助于通过各种制度对下属行为进行调适。

（三）监督的有效程度

要想制度有一个良好的执行效果，强有力的监督是不可或缺的。没有完善的监督，就不可能区分出遵守制度的好与坏，与之相应的激励措施也就失去了应有的作用，也没有了客观衡量的标准。更为不可忽视的是，制度即使有效，也有其相应的功能界限。制度只能在领导者或同事、下级能够监控得到的范围内发生作用。而一个人独处的时候，制度如何起作用？所以，我们古代的理学家才提出“慎独”的理念。因此，当今的领导者面临的情势是，对人的有形控制不到位，无形控制缺失。新时代治理体系变革的重点就是监督体系的完善，通过成立监督机构，理顺各层次监督之间的衔接关系，为制度执行保驾护航。

二、员工敬业精神匮乏

在领导过程中，让许多领导者头疼的问题之一就是员工缺乏敬业精神。敬业意味着人要有责任心，对得起自己所从事的工作，即职业精神。

我们的传统文化中不乏“民生在勤，勤则不匮”（《左传·宣公十二年》）的理念，我们也有“大道之行，天下为公”的理念，但这种过高的理想标准与大多数人的具体工作相去甚远。现实中，我们许多领导者经常给员工强调要“爱岗敬业”，但磨洋工的人多，敬业的人少。培育敬业文化是破除形式主义、官僚主义、职业倦怠的有效措施。

三、员工合作意识淡漠

“团队”“合作”“共赢”已经是现代各类组织所共同追求的文化内容。团队合作文化缘起于 20 世纪六七十年代的日本。作为第二次世界大战的战败国，日本在有限的国家资源基础上，在短短的 20 年中重新崛起，成为世界经济强国，引起了整个西方管理界的关注。以彼得·德鲁克（Peter Drucker）为代表的一些管理学者纷纷前往日本，探究日本经济快速崛起的奥秘。学者们发现，日本有着不同于西方的管理理念，尤其是团队文化。团队管理很快成为西方管理实践和管理理论界共同关注的重要内容。在 20 世纪 90 年代中国学习西方管理的热潮中，团队管理也引起了各类组织和各级领导者的重视。

我国儒家的“礼、义、信、忠”以及中庸之道等是现代团队文化的衍生基础。“和”“仁”“和合”等是处理团队成员之间关系的理念渊源。老子的“三十辐共一毂，当其无，有车之用”也是团队管理的重要指导。

我们的一些领导者一方面在致力于团队文化的塑造，另一方面又制定了许多同团队合作理念相冲突的制度，在这种冲突之中，团队精神的追求只能是缘木求鱼。

> **重点提示**
>
> 当前文化对中国领导者的挑战及应对挑战的策略，是本章学习的重点和难点。

四、文化构建的策略

我国长期处于经济转型，与之伴随的文化转型是不可避免。从 20 世纪 50 年代以来，我国文化的变迁一直是由政府主导，自上而下来进行的。文化转型既不能与过去的文化模式产生关键的冲突，又要适应当今的社会、经济情势。我们一直在尽力实现文化转型的软着陆，以避免文化冲突和现实文化的混乱。面对这种情势，领导者应该选择什么样的行为取向呢?

（一）开放理念，包容多元

目前，我们的社会文化出现了明显的多元化特色。这种多元的文化价值形态，首先就要求各类组织的领导者要有开放的理念，能够包容员工多元的文化价值取向，不要去试图改变员工的文化信仰，以免造成领导者与员工之间的沟通障碍。其次，领导者要尊重员工的不同文化信仰，不能有任何的歧视。对员工文化信仰的歧视，会有损领导者在下属心目中的形象，削弱领导者的魅力。

（二）拿来主义，不忘本土

在学习和模仿国外先进管理制度时，必须搞清楚国外管理制度背后的文化理念，否则，自身文化与西方文化之间的冲突，会造成国外管理制度的水土不服，无法达到这些制度在国外同样的效用。

东西方文化的差异，我们可以从日本和美国团队管理的不同之处略见一斑。美国的团队 40%以上拥有自主管理职能，受企业的控制较弱，团队成员之间十分平等。而日本的团队受企业的控制和支持度较高，团队成员对整个企业的利益极为关注，注重企业内部的整体协作，体现出较强的集体主义精神。日本管理制度背后的文化基础就是集体主义。中国人同样有较强的集体主义意识，员工对组织的归属感也很强。随着市场经济的发展，员工对组织的归属感减弱，较高的离职率就是一种体现。领导者简单地照搬西方的管理制度是行不通的。同样，领导者运用日本的管理制度也需做一定的调整。领导者的合理选择是尽力寻求国外管理制度与中国文化的平衡，经过一段时期后，再形成自己的管理风格。

（三）绩效中心，重塑文化

对于社会大环境的文化，普通领导者影响力有限，很难消除社会文化对员工的作用。建立以绩效为中心的组织文化，对领导者来讲既是可行的也是有效的。

首先，建立以绩效为中心的组织文化，这符合组织的目标。不单经营性组织需要绩效，公共部门同样需要绩效。良好的组织绩效是各类组织的共同追求。其次，建立以绩效为中心的组织文化，容易被员工接受。员工做好自己的工作，提高工作绩效，都是职场的必然要求。要求员工提高绩效，这是领导者职责范围内的事，员工也会觉得理所当然。最后，建立以绩效为中心的组织文化，符合领导评价机制的发展趋势。近年来，我国领导评价机制的重要变化就是，领导者的工作绩效越来越受到重视。

所以，领导者要注重绩效管理，没有以绩效为中心的组织文化，缺乏客观、公平、合理的绩效标准，是许多组织流于平庸的主要原因。

内容提要

1. 埃德加·沙因认为，组织文化是组织在解决外部适应、内部整合问题的过程中所习得的，成员所共享的一套基本假设和模式，被作为对相关问题的正确认识、思维和情感传授给新的组织成员。

2. 在对文化维度的研究中，影响较大的是冯斯·琼潘纳斯的四种类型的组织文化，吉尔特·霍夫斯塔德的五种文化维度，以及全球化领导行为。

3. 依据不同的标准，文化可以分为不同的类型。

4. 文化圈层中的“圈层”指的由外到里、由大到小的层次。第一个圈层是世界层面所共同拥有的文化，第二个圈层是区域文化，第三个圈层是国家文化，第四个圈层是群体文化，第五个圈层是组织文化。

5. 全球性领导行为有六种：基于魅力与价值的领导行为；团队取向的领导行为；参与式的领导行为；人本导向的领导行为；独断的领导行为；自我保护的领导行为。依据六种领导行为，不同文化下领导者的行为偏好存在着明显的差异。

6. 当前文化中有一些固有缺失，使领导者面临一些挑战：员工行为调适困难；员工敬业精神匮乏；员工合作意识淡薄。

7. 制度能否得到良好执行，取决于几个因素：制度本身的合理、健全、配套程度；遵制文化的浓厚程度；监督的有效程度。

8. 面对文化挑战，领导者应采取的策略包括：开放理念，包容多元；拿来主义，不忘本土；绩效中心，重塑文化。

活动拓展

学习完本章之后，你解开了本章开头所提出的问题了吗？对于中西方文化的差异，你有什么看法？请你写出对此问题的看法，并就这一主题跟其他同学一起讨论。请登录学校数字图书馆，以文化与领导力为主题，查找相关的论文，然后比较、分析、总结这些论文的观点，给出你自己的理解。

课后作业

1. 通过各种制度来对员工的行为进行调适是管理中常用的做法，如何理解“当今的领导者面临的情势是，对人的有形控制不到位，无形控制缺失”？

____

____

____

2. 当前文化对中国领导者的挑战有哪些？领导者应如何应对这些挑战？

____

____

____

第三章

胜任力与领导力

领导力，并非是一朝一夕产生的。同时，人们也不会在一夜之间就把你当作领袖。在时间的考验下，领导的特质会显露出来，这些特质让他们出类拔萃，与众不同。这些特质可能包括：品格、心态、关系、知识、知觉、经验、成就、能力。

——［美］沃伦·本尼斯

知识结构

胜任力与领导力
- 胜任力概述
- 领导者的特质
- 领导者胜任力模型
- 领导者胜任力的测评

内容简介

领导的影响力部分来源于其个人特质。本章主要以领导者的特质为基点，对领导者的胜任力进行深入分析与探讨。内容主要包括：胜任力的概念、要素及特点；领导力与胜任力的理论相关性；领导者胜任力的重要意义；领导特质的基本理论；领导者特质类型；领导者胜任力模型及领导者胜任力的测评等。

学习重点

- 胜任力的核心概念、要素与特点
- 领导特质的基本理论
- 领导者的特质类型
- 领导者胜任力模型的类型
- 领导者胜任力的测评方法

学习目标

学完本章之后，你要能够：

- 说出胜任力的核心概念
- 说明胜任力的要素及特点
- 描述特质理论的基本内容
- 列举领导者特质的基本类型
- 说明领导者胜任力的维度与要素
- 列举领导者胜任力模型构建的类型
- 说明领导者胜任力的主要测评方法

第一节 胜任力概述

一、胜任力的概念

胜任力（competence）的概念最初运用在教育研究领域，从美国选拔国外信息官的研究项目开始，逐渐得到管理界的广泛认同和采用。

1973 年美国的心理学家大卫·麦克利兰（David McClelland）在所著的《测量胜任力而非智力》（Testing competence rather than intelligence）一文中，首次提出运用评价胜任力的方法来取代传统智力测量。他认为，用智力测验（如智商）等来预测工作绩效或职业生涯的成功时，其预测的准确度较差，应发掘那些能真正影响工作业绩的个人条件和行为特征。他把能够直接影响工作业绩的个人条件和行为特征称为“competence”，即胜任力。

此后，莱尔·斯宾赛（Lyle Spence）博士提出了“胜任力冰山模型”，即胜任能力包括以下几个层面：知识、技能、价值观、态度、自我认知、特质和动机①（见图 3 - 1）。

根据大卫·麦克利兰的观点，胜任力指能将某一工作或组织中有卓越成就者与表现一般者区分开来的个人潜在的、深层次特征。它可以是动机、特质、自我形象、态度或价值观、某领域知识、认知或行为，即那些可以被测量或计数的并且能显著区分优秀与一般绩效的个体特征②。

> **重点提示**
>
> 胜任力的含义是本节的学习重点。

简而言之，胜任力是驱动个体产生优秀工作绩效的各种个性特征的集合。它主要包括两个层次：

（1）基本含义：胜任力是能圆满完成某项具体工作所必备的表象以及潜在的特征。在胜任力冰山模型中，表象特征即“水面”以上的部分，包括：行为、知识与技能等；潜在特征即“水面”以下的部分，包括：价值观与态度、自我认知、个性与特质、内驱力与动机。

① ［美］大卫·D 迪布瓦. 胜任力：组织成功的核心源动力. 杨传华，译. 北京：北京大学出版社，2005.

② DAVID MCCLELLAND. Testing Competence Rather Than Intelligence. American Psychologist，1973（28）：12-14.

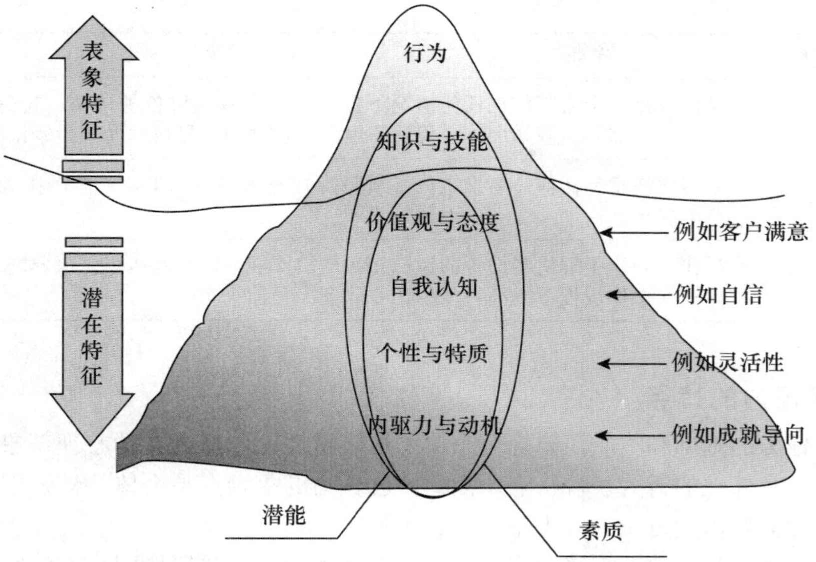

图 3-1 胜任力的冰山模型

（2）核心含义：胜任力在于它有助于辨别和区分组织中的一般工作行为和良好工作行为。

二、胜任力的要素

根据胜任力的概念，胜任力既包括以行为、知识与技能为基础的表象要素，还包括价值观与态度、自我认知、个性与特质、内驱力与动机等隐性要素。

（一）表象要素

（1）行为，即外在的行动和表现。

（2）知识与技能，即对特定领域的了解和对实践的掌握。

（二）隐性要素

（1）价值观与态度，即对特定事物的偏好和判断。

（2）自我认知，即一个人对自己的看法，即内在的自我认同。

（3）个性与特质，即持续而稳定的行为与心理特征。

（4）内驱力与动机，即信心自然持续而强烈的想法或偏好，它将驱动、引导和决定一个人的外在行为。

为了加深大家对胜任力要素的理解，以下特别列举了各胜任力要素的例子（见表 3-1）。

表 3-1 胜任力构成要素举例

胜任力构成要素	举例
1. 内驱力与动机	具有成就动机的人常常为自己设定一些具有挑战性的目标，并尽最大努力去实现它，同时积极听取反馈以便做得更好。有的人工作是为了赚钱，而有的人是为了发挥影响力。比如国外有些市长将自己的工资完全捐出去，或零薪水。
2. 个性与特质	反应敏锐与灵活性是对一个飞行员的基本个性要求。有些特质和先天因素相关度比较高，比如艺术、运动方面的特质。

续表

胜任力构成要素	举例
3. 自我认知	自信就是一个人坚信在任何情况下自己都可有效应付各种事情，它是对自我形象认知的一部分。假如个体自我认知虚高，就会因盲目自信而做出错误的行为。
4. 价值观与态度	令客户满意是任何一名推销员必须坚持并遵循的行为准则；尊敬师长是对学生的基本要求。
5. 知识与技能	操作工必须了解机器设备的运转知识与操作规程以及停机维修保养的时间与周期，能够在操作规程下提高劳动生产率。

三、胜任力的特点

（1）胜任力的基础和本质需要综合个体的所有特性，包括内在的心理现象、心理过程的品质特征以及外在的行为表现特点。因此，胜任力的落脚点是个体特性，因此对胜任力进行研究经常需要用到复杂的心理学方法、手段。

（2）胜任力要与一定的情境因素相联系。具体说来，这些情境因素包括特定的工作角色、岗位性质、职责、组织环境、企业文化、管理风格等。

（3）胜任力的差异导致绩效的差异，因此胜任力应该是可测评的、可分级的。胜任力的类型各异，表现程度也有不同，需要借用各种方法、手段对胜任力进行识别、测评，并按照行为表现程度划分等级。

由于心理现象、个性特征的纷繁多样，与环境的交互作用，以及胜任力测评定级的难度，造成了胜任力绝非一个简单的概念，它呈现着复杂的特点。因此，对胜任力进行研究有一定难度。

四、胜任力与领导力的理论相关性

柯克帕特里克（Kirkpatrick）和洛克（Locke）曾谈到："成功的领导者不一定都是天才、伟大的人或无所不知的预言家。但是他们确实需要'恰当的素质（competence）'，这些素质并非人人都有。"①

记一记

> 1. 成功领导者一般都拥有一种特别的胜任力。
>
> 2. 胜任力与领导力的交集存在于"特质理论"，它们都强调个体的"特质"。

在英文表达上，"素质"与"胜任力"的单词一样，都是"competence"，因而"素质"和"胜任力"的意义相近。这也就是说，成功领导者一般都拥有一种特别的胜任力。

具体而言，领导者的影响力，一部分来自"职位权力"；另一部分来自"领导特质"。领导者胜任力是驱动领导产生优秀工作绩效的隐形和显性个性特征的集合，而隐形个性特征主要指那些比较难测量的"特质"。

从领导力与胜任力的定义来看，它们都涉及"特质"。因而，胜任力与领导力的交集存在于"特质理论"，它们都强调个体的"特质"。只是胜任力强调特质对工作绩效的影

① ［美］安德鲁·J 杜柏林．领导力．王垒，译．北京：中国市场出版社，2011．

响，而领导力则强调特质对领导者影响力的效用。

五、领导者胜任力的价值

（一）领导者胜任力是组织绩效与组织目标实现的关键因素

领导者胜任力的重要性是由领导工作的特殊性决定的，即领导工作是一种利用大量组织、群体或社会资源来达到组织、群体或社会目标的工作。领导者肩负着特定的使命，处于社会系统的中心，在社会系统中发挥着关键性、决定性作用。而领导者的胜任力水平决定着领导活动的质量和效率，进而影响一个组织、群体的实力和绩效。

（二）领导者胜任力重新确立了领导特质理论的重要性

自工业革命以来，研究者运用科学的方法，通过识别与衡量领导特征来解释和揭示领导效果。在此基础之上，领导学理论不断得到丰富与发展，并历经了特质理论、行为理论及权变理论等的理论演进过程。

> 记一记
>
> 现代领导学研究的三大时期：特质时期、行为时期和权变时期。

根据安弗莎妮·纳哈雯蒂（Afsaneh Nahavandi）的观点，现代领导学研究可以划分为三个时期：特质时期（19 世纪末至 20 世纪 40 年代中期）、行为时期（20 世纪 40 年代中期至 60 年代早期）和权变时期（20 世纪 60 年代早期至今）①。

在第一个时期，特质理论试图确定那些高效领导者的共同特征。相关研究对不同数量、各种类型的领导者进行了一系列的心理测试，但还是无法确定高效领导者的共同特征是什么。大多数研究发现一个高效领导者的个人特质绝不是唯一的或关键的因素，可能还存在其他一些影响因素，如外部环境，因而特质理论遭到了冷遇②。

从某种程度上讲，特质理论信奉“领导是天生的”。现有对领导者胜任力的研究重新认识了“特质是决定领导能力和有效性的一个重要因素”。领导者胜任力的某些潜在要素，比如：价值观、态度、动机、个性特征都与领导的特质有关。因而，新近大量备受关注的领导者胜任力研究使学界对领导特质理论重新重视了起来。

第二节　领导者的特质

一、领导者特质的基本理论

特质理论是现代西方人格构成的一种主要理论。特质理论认为特质是构成人格的最基本元素，也是评价人格的基本单位。特质心理学家习惯用一些基本的特质来描述一个人的品格。我们将探讨几种有代表性、影响较大的特质理论。

> 记一记
>
> 特质是构成人格的最基本元素，也是评价人格的基本单位。

---

① ［美］安弗莎妮·纳哈雯蒂．领导学．北京：中国人民大学出版社，2017.

② ［英］罗伯特·戈费，加雷斯·琼斯．凭什么别人接受你的领导．哈佛商业评论，2000-09-10.

（一）奥尔波特人格特质理论

美国心理学家奥尔波特（Allport G. W.）是人格特质理论的创始人。他认为特质构成人格的基本元素，是人以一种特殊方式做出反应的倾向。特质以人的“神经心理系统”为基础，虽然不能直接观察到，但可以通过人的行为加以证实。特质之间是相对独立的，特质既可以是某一个体拥有的，也可以被某一群体拥有。所有特质都是独特性和普遍性的统一。

他把特质分为两类：共同特质和个人特质。共同特质是在同一文化形态下的人们所共同拥有的，比如蒙古族的豪放、维吾尔族的活泼等；个人特质是个人独有的特质，它代表个体之间的人格差异。

另外，个人特质在生活中的表现范围不同，因而奥尔波特还将个人特质分为三个层次：首要特质、中心特质和次要特质。

首要特质是个人最典型、最具代表性的、概括性的特质，在人格结构中居于支配地位，但数量不多。比如林黛玉的多愁善感。中心特质能够代表一个人的主要行为倾向，决定着一个人的一类行为而不是全部行为，在每个人身上有 5～10 个。比如林黛玉的清高、率直、聪慧、孤僻、内向、抑郁、敏感等。次要特质是个人只有在特殊场景下才表现出来的一些不太重要的特质，它起的作用比中心特质小。

想一想

根据奥尔波特的人格特质理论，描述罗贯中笔下的领导人物，如诸葛亮、曹操、刘备等的首要特质、中心特质等。

（二）卡特尔人格特质理论

卡特尔（Catell R. B.）是英国心理学家，后迁居美国。他也把特质视为人格的基本要素，并用要素分析方法对人格特质进行了研究，提出了基于人格特质的理论模型。卡特尔认为，人格特质包括共同特质和个别特质。共同特质在个人身上的强度和影响不尽相同；在同一个人身上也随时间的不同而各异。

卡特尔还把人格特质分为表面特质和根源特质。表面特质是通过外部行为表现出来，能够观察得到的特质；根源特质是人格的内在因素，是人格结构中最重要的部分，对人的行为具有决定作用，即一个人行为的根源。一个人身上根源特质的数量或强度会影响其他各个方面的表现。有些根源特质是关于人格的动力，能促使人们朝着一定目标去行动。

另外，他还将特质理论分为：体质特质（constitutional traits），由先天的生物因素所决定；环境特质（environmental traits），由后天的环境因素所决定；动力特质（dynamic traits），是指具有动力特征的特质，它使人趋向某一目标，包括生理驱力、态度和情操；能力特质（ability traits），是表现在知觉和运动方面的差异特质等。

卡特尔设计的“16 种人格因素问卷”是目前世界上应用最为广泛的心理测验工具，其中所含的因素如表 3－2 所示。

表 3－2 “16 种人格因素问卷”中所含的因素

低分时的表现	因素	高分时的表现
内向的	A	外向的

续表

低分时的表现	因素	高分时的表现
智能较低	B	智能较高
情绪性	C	情绪稳定
谦逊	E	自负、自我肯定
冷静	F	乐天的
图方便的	G	谨慎
害羞	H	勇敢
刚硬的	I	温柔的
信任	L	怀疑
现实的	M	想象的
直率的	N	狡慧的
镇静	O	忧虑
保守	Q	创新
受团体左右	Q1	自由自在的
随便的	Q2	拘谨的
轻松	Q3	紧张

（三）艾森克人格特质理论

汉斯·艾森克（Hans Eysenck）从人格特质理论出发，将因素分析方法和传统的实验心理学方法相结合，长期研究人格问题，从而确立了自己的人格特质理论。艾森克反对把人格定义抽象化。他在其《人格的维度》一书中指出，“人格是生命体实际表现出来的行为模式的总和”。他认为这种行为模式的总和应该包括认知（智力）、意动（性格）、情感（气质）和躯体（体质）四个主要方面。之后，他又特别强调人格应该具有稳定持久性。

艾森克人格特质理论强调类型（type），即维度，而非抽象的特质。因为特质间相关性较高，难以进行系统描述和精细研究，而类型或维度则可用于深入研究。另外，纯粹特质水平上的研究无法重复，而类型或维度的研究可重复。他认为用实验的方法研究人格特质，不同于只用问卷的传统方法，具有独到之处。总体来说，艾森克人格特质理论简洁明了，测量工具使用简便。

艾森克人格特质模型是与情绪有关的重要人格模型，它主要包括三个因素：外倾性（E）、神经质（N）和精神质（P）。

（1）外倾性（extraversion）：表现为内、外倾向的差异；

（2）神经质（neuroticism）：表现为情绪稳定性的差异；

（3）精神质（psychoticism）：表现为孤独、冷酷、敌视、怪异等偏于负面的人格特征。

艾森克依据这一模型编制了艾森克人格问卷（Eysenck personality questionnaire，简称 EPQ）。EPQ 是一种自陈量表，有成人（共 90 个项目）和少年（共 81 个项目）两种形式，各包括四个方面的量表：E——内外倾向；N——神经质，又称情绪性；P——精神质，又称倔强；L——谎造或自身隐蔽（即效度量表）。

重点提示

人格特质理论主要有哪几种具有代表性的理论？

（四）大五人格特质理论

近年来，研究者们在人格特质的描述模式上形成了比较一致的共识，提出了人格特质的“大五模式”，被称为人格心理学中的一场革命。大五人格特质模型（OCEAN），也被称为“人格的海洋”或“五因素人格特质理论模型”。

研究者通过词汇学的方法，发现大约有五种特质可以涵盖人格描述的所有方面。被普遍认同的这五个因素反映了人格的一般心理倾向。

1. 开放性（openness）

表示对经验持开放、探求的态度，而不仅仅是一种人际意义上的开放。富于想象、审美、情感丰富、求异、创造、智慧、自主等特征。其中，富于想象是相对务实而言的，求异是相对遵守惯例而言的，自主是相对顺从而言的。

2. 尽责性（conscientiousness）

表示克制和严谨的程度，包括胜任、公正、有序、尽职、成就、自律、谨慎、克制等特点。其中，有序相对无序，谨慎相对粗心大意，自律相对意志薄弱。

3. 外倾性（extraversion）

表示热情、友好、有活力，还具有幸福感和亲社会的特性。表现出热情、爱社交、果断、活跃、冒险、乐观等特点。其中，爱交际相对不爱交际，活跃相对严肃，热情相对含蓄。

4. 随和性（agreeableness）

表示利他、友好、富有爱心，包括信任、利他、直率、谦虚等品质。针对这个要素，得分高的人相对而言乐于助人，可信赖，富有同情心，注重合作而不强调竞争；得分低的人多抱有敌意，为人多疑，喜欢为了利益和信念而争斗。

5. 神经质（neuroticism）

主要针对人们情绪的稳定性和调节性而言，包括焦虑、敌对、压抑、自我意识、冲动、脆弱等特质。那些经常感到忧伤、情绪容易波动的人在神经质的测量上会得到高分；而低分的人则多表现平静，自我调适良好，不易出现极端和不良的情绪反应。

二、领导者特质的类型

学者柯克·帕特里克和洛克提出了一个关于特质在领导中作用的现代观点：一些单独的特质并不能塑造一个领导者，但它们是有效领导的前提。他们进一步提出了一些关键性的特质，如：驱动力（动机和精力）、领导的意愿和动机、诚实正直、自信、睿智和商业知识。

美国学者安德鲁·J. 杜柏林（Andrew J. DuBrin）论证了有效领导者的特质应该包括两个层次：一般领导特质（如自信、谦逊、诚实可信、外倾、果断、情绪稳定、热情、幽默、温情、顽强等）及与任务相关的特质（如激情、情商、弹性和适应性、内控、勇气等）①。

英国学者约翰·阿代尔（John Adair）认为领导特质必须包括领导者的个性特征。一般而言，领导者的主要特质包括：智力水平、自信心、决心、正直、社会交往能力等。通

① ［美］安德鲁·J 杜柏林. 领导力. 王垒，译. 北京：中国市场出版社，2011.

过调查研究，我们发现大多数领导者都普遍拥有以下七种个性特征①：

（1）激情。缺乏工作激情难以成为领导者。对工作充满激情者能够感染周围的同事。

（2）诚实。这种特质不仅要求领导者自己为人正直，还要对他人诚实公正。诚实的内涵主要包括为人善良、实事求是。拥有这种特质会使人成为一名值得信赖的领导者。

（3）坚韧。这种特质意味着领导者对自己是苛求的，高标准要求自己，有韧性、顽强以及拥有受尊重的目标（这些不是常人能全部拥有的）。

（4）公平。这种特质主要表现为领导者对待员工要一视同仁，根据员工的表现而不是根据自己的喜好进行奖惩，虽区别对待每个员工，但又不失公允。

（5）热心。要求领导者的思维总是不停转动，热爱自己的工作，并且关心同事。

（6）谦逊。指领导者不傲慢自大，懂得听取意见，且不会成为独裁者。

（7）信心。信心不是过分自信（那样会导致傲慢自大），而是了解自己能力边界的一种自信。

第三节 领导者胜任力模型

一、领导者胜任力的维度与要素

（一）领导者胜任力的维度

既然领导者胜任力的价值如此突出，那么领导者需要具备哪些胜任力呢？各国公务员胜任能力的资料可以帮助我们深入了解领导者胜任力的维度。

（1）2003年，我国颁布了《国家公务员通用能力标准框架（试行）》，这一能力标准框架主要包括九种通用能力：政治鉴别能力、依法行政能力、公共服务能力、调查研究能力、学习能力、沟通协调能力、创新能力、应对突发事件能力和心理调适能力。

（2）澳大利亚政府则提出了公务员的五项核心胜任力标准框架：1）引领组织思考和个人思考；2）道德及性格表率；3）有影响力的沟通；4）培养强有力的工作关系；5）运行与管理。

（3）荷兰的ABD组织通过与高级领导职务公务员访谈，开发出了一套针对高级领导职务公务员的胜任力模型。此模型包括“一致性管理”、“问题解决”、“人际关系”、“执行效率”、“影响力”、“达观”和“敏感性”七个维度，每个维度下面又有四个子维度。

（4）早在20世纪90年代，美国联邦人事管理办公室（U. S. Office of Personnel Management）开发了高级文官（senior executive service，简称SES）的核心胜任能力架构。其五个核心胜任能力资格包括：1）变革领导力（leading change）；2）领导他人的胜任能

① ［英］约翰·阿代尔，尼尔·托马斯. 领导力. 李盾，译. 北京：机械工业出版社，2006.

力（leading people）；3）结果驱动力（result driven）；4）敏锐的商业管理能力（business acumen）；5）建立联盟/沟通力（building coalition/communication）。

（5）英国将政府部门的领导者能力分为三个模块：战略、用人、执行。战略模块由三项能力组成，分别是大局观、改变与改进、有效决策；用人也有三项细分能力：领导和沟通、协作与合作、能力建设；执行包括四项细分能力：达成商业目标、达成经济价值、服务质量管理以及服务迅捷。每一项能力都有正反两方面具体的解释，通过正反对比，让领导者了解正确与错误的行为特征。更为重要的是，依据领导者职位的级别，将这些能力标准分为六个不同的层级标准。领导级别不同，能力要求有明确的差异。每一位任职的领导者必须经过培训，达到相应的能力标准，获得资格证书，才能够任职。

意大利、瑞典等欧洲国家及日本、新加坡等亚洲国家也在公务员能力方面提出了相应的要求①。

国内外学者对领导者胜任力有不同的定义，但研究者一般是从知识（knowledge）、动机态度（attitudes）、管理技能（skills）和价值（values）等方面来探讨领导者胜任力的内涵②。

考察领导者胜任力可以依据胜任力的表象要素及隐性要素分为两大维度，即表象胜任力维度及隐性胜任力维度。表象胜任力维度又可分为：行为、知识与技能三个标准要素；隐性胜任力维度可以分为：价值观/态度、自我认知、个性特征、内驱力与动机四个标准要素（见表 3-3）。

表 3-3　通用领导者胜任力的维度与标准要素

维度	标准要素
表象胜任力维度	行为
	知识
	技能
隐性胜任力维度	价值观/态度
	自我认知
	个性特征
	内驱力与动机

（二）领导者胜任力的要素

麦克利兰研究发现，领导者需要具备的关键胜任能力要素是情商。丹尼尔·戈尔曼（Daniel Goleman）则认为产生高绩效表现的领导者所具有的胜任力主要包括三种：技术胜任力、认知胜任力和情商。对传统组织中的高层管理人员而言，应重视认知胜任能力，而对中低层管理人员则应关注技术胜任力。另外，戈尔曼认为不管在任何层级的工作上，情商的重要性远胜过其他能力。为了强调领导者胜任力中情商的重要性，他着重探讨了这些情绪智能与情绪能力，并对其要素进行了分类，提出了包括自我认知、自我控制、动机、同理心（换位思考）和社会技巧在内的五大情商要素。

① 祁光华. 胜任能力：公共部门人力资源管理新聚焦. 北京：新华出版社，2010.
② 张东红，石金涛. 领导者胜任力理论综述研究. 现代管理科学，2010（9）.

（三）领导者胜任力的特点

总的来说，领导者胜任力主要基于领导者完成任务工作的能力，不同的领导者的胜任力内容应该是不一样的。这些领导者胜任力反映出几大特点：

> 重点提示
>
> 领导者胜任力应体现四大特点，它们分别是：层次性、综合性、动态性和针对性。

（1）层次性：有的是表层的，有的是隐形的；有的是关键的，有的是次要的。

（2）综合性：领导者胜任力是知识、技术技能、价值观/态度等特征的总和，没有一个领导者只拥有一项胜任力。

（3）动态性：领导者胜任力随后天的学习与发展产生动态性的变化。

（4）针对性：领导者胜任力在特定任务情境下才能得以体现。

二、领导者胜任力模型的常见类型

> 重点提示
>
> 领导者胜任力模型能帮助你对领导者胜任力的层次与结构进行梳理，形成有关领导者胜任力的系统思考。

对领导者胜任力进行组合、结构化以及建立模型，就得到了区分一般绩效领导者和绩优领导者的胜任力模型。总的来说，领导者胜任力模型可以是核心胜任力模型，也可以是功能胜任力模型，同时也可以是角色胜任力模型，它们之间各有区别。

（一）核心胜任力模型

核心胜任力模型关注的是组织作为一个整体所需要的技能和行为，该模型与组织的使命、愿景、价值更为一致和契合。

比如，通用公司应用的就是核心胜任力模型。通用公司的领导者一般都应拥有领导能力的四个“E”：有很强的精力（energy）；能够激励（energize）别人实现共同的目标；有决断力（edge），能够对“是与非”的问题做出坚决的回答和处理；能坚持不懈地实施（execute）并实现他们的承诺。这四个方面的“E”都体现了在通用公司“竞争”“无边界管理”“讲求创新”等价值体系及管理理念下对有效领导者的胜任力要求。

（二）功能胜任力模型

功能胜任力模型是围绕组织的关键职能构建而成的，如财务、信息技术，仅应用于特定职能的领导者。在构建组织内专业人员或知识型员工的胜任力模型的时候，需要特别注意平衡他们的专业技能、职业认可及自我成就动机等要素。

（三）角色胜任力模型

角色胜任力模型是跨职能的，包括承担某项工作的所有个体，如中层管理者，既可以包括承担财务职能的中层管理者，也可以包括承担信息职能的中层管理者。此种模型的例子请参考下面一家金融企业中层管理人员的胜任力模型。这一模型的胜任力分为三个层级：

（1）第一层级的胜任力：周密思考、成就导向、人际关系、团队领导。这是研究对象表现突出的显著素质。

（2）第二层级的胜任力：学习能力、影响力、信息收集、培养下属、团队合作、客户服务导向。

（3）第三层级的胜任力：制度执行、关系建立、灵活性、督导力、诚信等。

第四节 领导者胜任力的测评

领导者胜任力测评是领导者胜任力研究的基础内容。随着对领导者胜任力研究的深入，多种技术与工具被应用到测评胜任力当中。在这里，我们主要探讨四种主要的方法：行为事件访谈法、问卷调查法、情景测验法、专家评定法。

一、行为事件访谈法

行为事件访谈法（behavioral event interviews，简称 BEIs）采用结构化的问卷，对优秀和一般的任职者分两组进行访谈，并对比分析访谈结论，发现那些能够带来两组人员绩效差异的关键行为特征，继而演绎成为特定职位任职者所必须具备的素质特征。

最早将行为事件访谈法应用到实践的是麦克利兰。他在担任美国政府甄选情报信息官时，将胜任力理论应用到了实践当中，并研制了用于胜任力模型开发的核心技术——行为事件访谈法。

（一）主要特点

行为事件访谈法的主要特点在于要求被访问者（即特定职位的任职者）详细描述他们在顾客服务、团队合作、危机处理、问题分析等方面遇到的若干（通常为 2～3 个）成功的和失败的典型事件或案例，特别是他们在事件中的角色与表现以及事件的最终结果等，从中总结并归纳被访问者的思想、情感与行为，继而衡量与评价对方的能力水平，了解并发掘其动机、个性以及自我认知能力等决定人的行为的“素质”特征，最后通过归并组合标识，形成素质模型。

（二）操作流程

1. 收集行为事例描述要点

为保证每个事例的完整性，访问者首先必须获得被访问者的以下信息：

（1）当时的情形怎样？为什么会这样？

（2）事情涉及哪些人？

（3）当时你是怎么想的？你的感受如何？你打算怎么做？

（4）实际上你是怎么做的？你说了什么？

（5）最终结果如何？

通过有目的的提问，帮助被访问者整理思绪，引导他们集中谈论真正体现个人特质的关键事件，并针对谈话具体内容追问，直到获得所需信息。

那么如何选取行为事件中的关键事例呢？这些关键事例必须满足以下特征：具体的（specific）、可观察的（observable）、情境化的（contextual）、结果导向的（consequent）。

2. 信息整理与归类编码

编码（coding）是将 BEIs 所收集到的“故事”细节分类并量化。首先，要判断信息是否可编码。主要应判断以下内容：所描述的内容是否是被访问者的亲身经历；行为是否已完成；是否足够具体。其次，将被访问者的行为描述转化为胜任力类别和等级，即归纳优秀和一般任职者的差异特质，并分出层级。

3. 构建模型

对比优秀和一般任职者所体现出的差异特质，形成领导者胜任力要素“辞典”，以此构建领导者胜任力模型。

（三）评价

行为事件访谈法是一种专业性很强的访谈分析方法，可以在有限的时间内全面、深入地了解被访问者，挖掘大量有价值的信息，是揭示胜任特征的主要途径。行为事件访谈法的可信性和有效性得到了很多研究者的支持，在我国的应用也相当广泛。如通信业高层领导的胜任力模型、家族企业高层领导者胜任力模型、IT 业项目经理人的胜任力模型等。

但是，行为事件访谈法也存在着一定的局限。在访谈过程中，如何对不同被访问者保持一致性，不掺杂主观因素影响，是有待进一步加以探讨的问题。另外对访谈结果进行编码评定，要求具有丰富的专业知识，并且要求达到较高的编码一致性。如果编码者把自己的主观因素掺杂在评定结果中，或是不同编码者之间存在较大编码差异，必然会影响胜任特征研究结果的准确性。

想一想

拟挑选一名你身边的领导人物作为你的访谈对象，结合 BEIs 操作流程，设计一个模拟的 BEIs 方案。

二、问卷调查法

问卷调查法是通过书面形式，以严格设计的心理测试项目或问题，向研究对象收集研究资料和数据的一种方法。它主要采用量表方式进行定量化的测定；也可以运用提问方式，让研究对象自由地做出书面问答。问卷调查法也是研究领导者胜任力使用得比较多的方法之一。

（一）操作流程

首先要编制初始量表。通常采用结构化访谈、半结构化访谈或是开放式问卷的方式来收集胜任特征的项目。

其次对所获得的胜任特征项目进行筛选，筛选的过程可以运用问卷初测或是专家评定的方式。将保留下来的胜任特征项目编制成问卷，进行施测。

最后对问卷进行统计分析。一般对问卷数据进行探索性因素分析和验证性因素分析，从而得到胜任特征的结构模型。

（二）评价

问卷调查法被广泛用于确定领导者胜任力的特征要素与内在结构，以及不同领导职位层级间领导者胜任力的差异。研究成果能为领导的选拔任用提供新的依据。

采用问卷调查法来研究领导者胜任力的优点为：客观统一，效率较高，可以用团体方式进行；统计结果高度数量化、规范化；费用低，不必花很多力气去训练施测人员；由于问卷不记名，使得答卷人能更加开放、真实地表达自己的各种观点和态度；应用范围广，研究对象以中高层管理人员为主。

使用这一方法研究领导者胜任力同样存在着不足：不够灵活，多数问卷要求以结构化方式回答问题，使人感觉受到了束缚，不能充分表明自己的态度；有时还会由于许多选项没有回答而使问卷失效；问卷的回收率低、漏失数据、答问卷时随机反应等都是问卷调查法在胜任力研究中应注意的问题。

三、情景测验法

胜任特征与工作职位是紧密相连的，其评价和测量离不开实际的工作情景。因此情景测验就成为对胜任力测评的一种重要的研究方法。

（一）方法介绍

情景测验法就是设置一个实际工作（生活）的问题情景，并提供几个解决这一情景条件下具体问题可能产生的行为反应，让被试者针对这些行为反应进行判断、评价与选择，选出其中最有效（最无效）或被试者最愿采取（最不愿采取）的行为反应，或对每一行为反应在有效和无效、最愿意和最不愿意等级量表上评定等级，然后根据被试者的判断、评价与选择予以评分，并推论其实际拥有的解决实际工作（生活）问题的能力水平。

情景测验法不单靠纯抽象逻辑推理，所测的内容为实践性智力或智慧，而这恰好符合胜任力的内涵。情景测验法从情景提供方式来看，一般可以分为文字描述、录音口语描述与影视短片展现三种。而现阶段对胜任力的研究主要采用文字描述式的情景测验法。

最早应用这一方法研究胜任力的是斯滕伯格（Sternberg）等人，由此激起了人们广泛的兴趣。经研究与实践，人们普遍认为情景测验法可以较好地测评实践智力、内隐知识。这一方法是测评个体胜任力的良好工具，是重要的评价中心技术。

（二）评价

用情景测验法来研究胜任力，能较好地保证研究问题的实践指向性。这是因为设置和提供的实践情景与实际胜任力行为反应选项是相对应的。这一方法操作十分简便高效。由于当前情景测验法主要是以文字呈现试题，以选、评方式作答，相比评价中心技术中的公文筐、无领导小组讨论等，能更好地施测与评分，测验所能包含的试题个数也能增加很多。

但情景测验法也存在局限，如情景问题并非是现实条件下的实际反应，而是对指定的少数行为选项的判断评估，属于在非实际中操作的定向反应，这要求使用者具备一定的抽象思维能力，这也限制了情景测验法的使用范围。

四、专家评定法

采用专家评定法研究胜任特征，就是由该研究领域权威专家组成的小组通过对每个胜任特征项目做详细分析和比较，然后再由专家们经过几轮删除或合并获得胜任特征指标的方法。

（一）操作流程

首先，收集相关胜任特征项目。可以采用文献法，即通过收集大量研究文献对涉及的项目进行详细的分析，根据项目的概念及内涵进行归纳、合并，来获得胜任特征项目；也可以通过开放式问卷来进行收集。

其次，选择合适的专家来进行评定，必须选择相关领域的专家。

最后，把专家评定后的项目编制成评价量表。对研究群体进行施测，然后在此基础上对结果进行统计分析，得到相应的胜任力结构模型。

记一记

领导者胜任力的测评方法主要包括：行为事件访谈法、问卷调查法、情景测验法、专家评定法。它们的操作方法或流程以及优缺点。

（二）评价

在我国运用专家评定法对领导进行胜任力测评的实例非常多，比如，"优秀初级军官心理素质调查表"就是运用专家评定法对初级军官的每一项胜任力项目进行详细比较而编订而成。

采用专家评定法研究胜任力有着和问卷调查法相同的优点。但是同样也存在着不足之处：一方面，在专家的选择上，怎样才能保证专家的权威性和专家小组组成的合理性是在实际研究中需要解决的问题；另一方面，由专家们来对胜任力项目进行筛选必然带有一定的主观倾向性，这也是专家评定法在应用中需要注意的问题。

内容提要

1. 胜任力是驱动个体产生优秀工作绩效的各种个性特征的集合。
2. 胜任力既包括以行为、知识和技能为基础的表象要素，还包括价值观与态度、自我认知、个性与特质、内驱力与动机等潜在要素。
3. 成功领导者一般都拥有一种特别的胜任力。
4. 胜任力与领导力的交集存在于"特质理论"，它们都强调个体的"特质"。
5. 特质是构成人格的最基本元素，也是评价人格的基本单位。
6. 最具代表性的特质理论有：奥尔波特人格特质理论、卡特尔人格特质理论、艾森克人格特质理论及大五人格特质理论。
7. 考察领导者胜任力可分为两大维度，即表象胜任力维度及隐性胜任力维度。
8. 领导者胜任力模型可分为：核心胜任力模型、功能胜任力模型及角色胜任力模型三类。
9. 领导者胜任力的测评方法主要有：行为事件访谈法、问卷调查法、情景测验法及专家评定法。

活动拓展

1. 学习完本章之后，你是否赞同领导者胜任力对一个组织的成败起着决定性作用？请登录学校数字图书馆，查找相关的论文，看看其他学者或相关理论的研究观点是怎样的。然后比较、分析、总结这些观点，给出你自己是否赞同这些观点的答案及理由。就这一问题跟其他同学展开讨论，看看谁的论点最具说服力。

2. 与其他同学组成讨论小组，每个小组选取一位同学作为胜任力模拟测评的“领导者”，其他同学分别评价“领导者”的特质、特征及动机，并且提供相应的解释。例如：A 同学说：“我认为这个‘领导者’很自信，因为我注意到他曾经很自信地告诉大家他在工作上取得的成就。”让每个组员轮流来充当“领导者”，当所有组员获得了来自其他组员关于自己个性特征、特质等的反馈后，小组综述该练习的价值。

课后作业

1. 比较四种领导者胜任力测评方法的优缺点。

____

____

____

____

____

____

____

____

2. 阅读以下关于詹姆斯·卡梅隆导演的材料，结合本章所学内容，分析他的个性特质对他的导演事业所起的重要作用，并尝试构建他的领导者胜任力模型。

英国《卫报》评选的 2010 年度最具影响力电影人中，拥有电影史上两部最卖座大片《阿凡达》与《泰坦尼克号》的导演詹姆斯·卡梅隆居排行榜榜首。在近 40 年的导演生涯中，卡梅隆创造了多次票房奇迹，《异形 2》《终结者》《真实的谎言》《泰坦尼克号》等都成为中国影迷心目中的经典，他是好莱坞当之无愧的“特效先驱”“烧钱机器”“吸金之王”。

1954 年，卡梅隆出生在加拿大安大略省的一个中产阶级家庭，其父是一个电气工程师，母亲是一个艺术家。少年时的卡梅隆就具有非凡的工程才能和组织能力。在艺术方面，他曾和母亲学习过多年的绘画，并且曾在家乡举办过画展，很小就开始写科幻小说。在 12 岁时所写的一部科幻小说被看作是他的科幻影片《深渊》的故事原型。14 岁时，他被斯坦利·库布里克导演的《2001 太空奥德赛》惊呆了，在电影院里连续看了 10 遍之多，从此在心中萌发了制作电影的愿望，并开始用父亲的摄影机拍摄一些简单的影片。

17 岁时，卡梅隆随父母移居美国，并进入加州州立大学学习物理。他开始利用一切机会造访大学的电影档案馆，自学特效制作。之后他对大学课程感到失望并主动退学。1977 年，卡梅隆看到了乔治·卢卡斯导演的经典科幻影片《星球大战》，他激动地意识到这就是他想创造的东西，这使他确立了自己的人生方向并开始为此忙碌起来。从来没有受过专业训练的他开始到处寻找机会接触电影人，熟悉从镜头到摄影机导轨的各种电影制作器材。

卡梅隆的才华很快就得到了好莱坞制片人罗杰·卡曼的赏识，从卡曼那里得到了他人生第一份电影方面的工作——为卡曼工作室1980年的影片《星空大战》制作特技模型。第二年他就升职为这个工作室的另一部影片《恐怖星系》的第二小组导演和特技设计师。

卡梅隆是少有的特技设计师出身的导演之一。在以后的电影创作中，卡梅隆一向把特技制作放在一个极其重要的位置，而且经常亲自参与设计和实施特技的制作。《阿凡达》拥有3 000多个特效镜头，它是卡梅隆特效艺术的集大成之作。但这并不是说，特技就是卡梅隆电影的全部。卡梅隆不但是个优秀的特技工程人员，更具有一般的工程人员不具备的想象力，以及一些别的东西。

卡梅隆对电影公司老板讲："老板，我最近有一个新点子，这个点子呢，就是我们在一条船上来一个'罗密欧与朱丽叶'，而且这个片子要拍3小时……"电影公司老板认为他的这一想法太不切实际，于是拒绝了他。

但卡梅隆是一个很好的推销员，很会推销他自己。他说："老板，我过去拍摄的片子当中有哪一部不赚钱的？你告诉我。"老板想了一下，事实上每一部的票房都非常好。

他说："老板，请你再相信我一次。"

基于他过去的成功经验，电影公司老板说："好吧，你这个'罗密欧与朱丽叶'在船上的老故事，就给你试试看，但是要控制预算。因为你拍片的预算是非常大的。"

当电影拍了接近一年时，就已经花完了电影公司的所有预算。电影公司意识到应该立刻停止投资，不然的话会亏得更多。公司要求卡梅隆就此收工。此时，由于拍片环境异常艰苦，手下们也怨声载道。这一切使卡梅隆几乎到了崩溃的边缘，但他仍然坚持着，并喊出了近乎悲壮的豪言壮语："'泰坦尼克号'可沉，《泰坦尼克号》不可沉！"他告诉电影公司："这样好了，你们给我的报酬，我不要了。"

电影公司看到一个人能这么相信自己，最后还是接受了卡梅隆的要求，答应影片继续拍。

结果《泰坦尼克号》带来了18亿美元的高额票房，电影公司分给卡梅隆高达1亿美元的分红。

卡梅隆身材高大，头发灰白，眼神锐利，具有天生的领导才能和组织能力，喜欢指挥别人，他自大、固执，甚至霸道、难以相处。

英国《独立报》在一篇报道中用"暴君式"来形容卡梅隆的导演风格，说他"简直是一个噩梦……他从不让步的独裁风格以及他的火暴脾气令他恶名昭著"。

跟卡梅隆合作过的作家奥尔森·斯科特·卡德用"自私、残忍"来形容卡梅隆。卡德说，跟卡梅隆共事像在"下地狱"，卡梅隆"让身边的每一个人都不好过，而他的刻薄冷酷根本无助于提高电影的质量，也不会促使人们干得更快、更好"。

但是也有跟卡梅隆合作过的演员对他追求完美的性格表示赞赏。在他拍的很多大片中，请的主角都是好莱坞的著名演员。"像'不行''不可能''办不到'这样的字眼，对卡梅隆来说，都是借口。"与卡梅隆有多年交情的演员比尔·帕克斯顿如是说。好莱坞老牌女演员西格妮·韦弗则如此评价卡梅隆："在拍片时，他甚至希望拿我们的生命去冒险，但他也毫不介意拿自己的生命去冒险。"

还有一些演职人员为卡梅隆的才华所倾倒，追随他多年，成为其固定合作伙伴。他们甚至在T恤上印上这样的话："你吓不倒我，因为我在为卡梅隆工作。"也许这就是"绝对的实力确实是产生信任的重要砝码"。

资料来源：[美] 沃伦·本尼斯，罗伯特·汤森. 重塑领导力. 方海萍，译. 北京：中国人民大学出版社，2008.

第四章

影响力与领导力

领导就是影响力，是影响他人心甘情愿地和满怀热情地为实现群体的目标而努力的艺术或过程。

——［美］海因茨·韦里克

知识结构

影响力与领导力
- 领导影响力概述
- 权力与影响力
- 行为策略与影响力

内容简介

领导行为本质上说是通过影响他人来达成组织的目标，因此，领导的有效性与领导者的影响力息息相关。本章对领导影响力的内涵、权力与权威、领导者行为策略等内容进行了阐述。

学习重点

- 领导影响力概述
- 权力与影响力
- 行为策略与影响力

学习目标

学完本章之后，你要能够：

- 了解领导影响力的基本知识
- 熟悉领导者影响力、权力与权威的来源和类型
- 了解影响力在领导力发挥过程中的重要作用
- 掌握领导者行为策略的类型，并尝试运用

第一节 领导影响力概述

德鲁克认为："个人因为组织而伟大。"任何伟业都是无数个人通过组织凝聚的力量实现的。在组织中，领导者更是通过团队成员达成自己的目标，因此，领导影响力就尤为重要。那么什么是领导影响力？它和领导有效性有何关系？它有几种相关因素？我们将在这一部分进行探讨。

关键术语

领导影响力是指领导者在与他人（包括下属、同级、上级及外部人员）交往的过程中，影响和改变对方心理与行为的能力。

一、领导影响力的内涵

领导影响力，简而言之，就是领导者在与他人（包括下属、同级、上级及外部人员）交往的过程中，影响和改变对方心理与行为的能力。美国学者托马斯·奈格尔（Thomas Nagel）提出：影响力是行动者之间的一种关系，即一个或更多行动者的需要、愿望、倾向或者意图影响另一个或其他更多行动者的行动或行动倾向。这种关系在领导的层面表现为一种力量。这种力量就是人们通常所说的威信或威望。领导的威信主要是由领导者个人素养在下属心目中所形成的形象所决定的。威信加上权力，便构成了领导者的权威。领导影响力有大小和正负之分。正影响力可以促使其下属积极向上；负影响力则会导致下属消极、抵触的心理和行为。

（一）领导影响力的多元解读

重点提示

掌握领导影响力的多个理解角度。

领导影响力可以从多个角度进行理解。一种常见的方式是从影响来源上认识，根据影响来源可分为强制性影响力和非强制性影响力。强制性影响力是职位权力的影响力，是由领导者的职务、权力等社会因素所决定的，其作用方式以行政命令为主，表现为被领导者对领导者的被动服从。非强制性影响力指非权力性影响力，又称个人影响力，是由领导者本身的特质所决定的。这种影响力没有组织或法律赋予的硬性权力作保证，它更多地依靠个人因素发挥作用。在实际生活中，一个单位里不担任任何官职的资深专家型员工，甚至比有的领导者更有威信、更有影响力。这就是个人影响力的最典型表现。

从发生作用的机制看，则可以分为基于权力的影响力和基于行为策略的影响力：基于权力的影响力是领导者通过职位或者个人权力而发挥影响作用的影响力；基于行为策略的影响力则是领导者通过运用一些行为策略和影响技巧来实施影响的能力。这一分类方式我们将在后面详细阐述。

从主客观影响因素看，在主观上，领导者首先要有领导他人的愿望，愿意去影响别人，希望赢得更多的追随者；领导者应热情宣传自己的主张，尽力说服他人；领导者应追求权力和成就，乐于主动提高领导能力和领导艺术。在客观上，领导影响力的制约因素主要有：行业背景（或从业经验）、个人价值观和沟通能力。

从社会交换的角度看，美国社会学家彼得·布劳（Peter Blau）认为，社会交换的动力是期望从别人那里得到回报，因而社会交换是影响力的来源。社会交换包括情感交换、利益交换、支持交换和资源交换。交换中付出多的一方具有较大的影响力。社会交换不同于经济交换，两者最基本和最关键的区别是：社会交换带来未做具体规定的义务，而经济交换必须由双方严格确定有待交换的准确数量。只有社会交换才会真正引起个人的责任、感激和信任感，而这正是领导影响力的核心内容。

综上所述，领导影响力的理解角度可总结为表 4-1 所示。

表 4-1　领导影响力的理解角度

角度	具体内容
影响来源	强制性影响力 非强制性影响力
发生作用的机制	基于权力的影响力 基于行为策略的影响力
主客观因素	主观：领导愿望 客观：行业背景（或从业经验）、个人价值观和沟通能力
社会交换	社会交换是领导影响力的重要内容

（二）领导影响力的作用

领导力的发挥需要借助于影响力的实施，这是领导者与管理者的重要区别之一。与管理者作为问题解决者不同，领导者仅仅是指出问题，并完成使命的实践者，它是企业家文化的产物。管理者更强调秩序、稳定和控制，他们更为关注职位以及具体事项。领导者则不然，领导者实施领导的过程是在领导者与追随者之间的相互作用中产生的，是一种人与人之间的双向影响的过程，他们更为关注人。由于组织归根结底是由人构成的，因此，领导影响力就有其特殊的作用。这种特殊作用表现在领导影响力是整个领导活动甚至组织活动得以顺利进行的前提条件。

领导活动是一个完整的流程，它由决策、用人、激励、沟通等环节构成，涉及下属的动机管理、利益管理、人际关系管理、权力管理和沟通管理等方面。由于追随者的需求决定其动机，动机决定行为，而行为又最终影响领导目标的达成，领导影响力的发挥则正是领导依靠自身掌握的资源，从追随者的利益入手影响其动机，同时，通过影响行为的运用，从人际关系、权力配置与沟通方面对这种影响成果加以保证的过程。因此，影响力是领导活动必不可少的前提与保障。

二、领导影响力与领导有效性

领导影响力是领导有效性发挥作用的基本因素，但影响力不等于有效性。领导影响力是否能够转化为有效性，有赖于领导者影响力如何运用与发挥。运用得当，领导有效性就高；反之，有效性则低。

领导有效性主要取决于领导者和追随者两个要素。领导效能是这两者相互作用的产物，而领导影响力的运用又是这两者平衡运转、领导有效性得以实现的动力机制和联系纽带。因此，领导影响力的发挥要考虑这两方面的不同要求。

（一）影响力是领导者的主观产物

领导影响力的发挥是领导者自发性的产物和活动，它依靠领导者的职位权力进行保证，借助其个人权力进行感染，并通过影响行为发挥作用。因此，在领导者的层面，领导影响力势必受到领导者职位权力大小、领导者个人特质与素质，以及领导者行为策略选择与运用的影响与制约。

领导者的职位权力越大，通常其影响力也越大。这并不难理解，拥有更大职位权力的领导者通常是更大部门的领导，能够及时了解更充分的信息、掌握更多的资源、对数量更大的群体产生影响。

领导者的个人特质与素质也直接与其影响力发挥相关。例如，外向型的领导者更愿意与他人交流，也更容易对他人产生影响。但这种影响因素并非绝对，在历史上和现实中，有影响力的领导者在个人特质方面存在着很大的差异。比如，第二次世界大战中盟国“三巨头”罗斯福、斯大林、丘吉尔的个人特质就明显不同，但他们都是极具影响力的领导者。新中国的开国元勋，也各有特质色彩，但毫无疑问，他们的影响力都十分巨大。

领导者行为策略与技巧的选择和运用则更为直接地影响着其影响力水平的发挥，因为领导者的任何影响过程都必须通过某种特定的方式发挥，一种更为恰当的方式能够达到事半功倍的效果。

（二）影响力必须为追随者所接受

每一位领导者都想依照组织目标或自身意愿来调适追随者的行为，因此领导影响力必须被追随者接受方能发挥作用。但是，追随者作为一个独立个体拥有其自身的价值观和行为方式。对追随者行为进行调适的途径有两条：一是改变追随者的价值观；二是通过与追随者沟通，选择更为合适的影响方式。人的价值观决定了人的行为选择，所以，改变追随者的价值观是领导者的最佳选择，但这显然有一定难度。因此，领导者通过与追随者沟通，充分考虑其心理与价值，让其感受到尊重，同时尽可能符合其价值观和行为方式，才能使自己的影响奏效。

在领导实践中，往往是领导对追随者的单向指示与沟通，这显然不利于双方的沟通，不利于领导影响力的充分发挥。因此，可以通过让追随者对领导者进行影响力评价的方式予以调整。追随者可以从领导角色、领导声望、领导行为等几个方面，对领导者的可信赖程度、专业知识和吸引力进行评估。领导者则应依据追随者评估的结果，分析自身的影响力情况，采取相应措施来改进并提高自己的影响力。

三、领导影响力的相关因素

领导影响力并非孤立存在，它是由一系列相关因素构成的。了解它的构成因素，有助于我们进一步认识、理解领导影响力。国外很多学者从各自不同的角度对这一问题进行了研究，大多数观点认为，领导影响力与领导者的个性与魅力、个人能力、领导风格、权力与行为策略等方面的因素有关（见图 4－1）。

（一）个性与魅力

个性是领导力范畴中的一个重要变量。个性因素作为领导者评估的核心部分，能够合

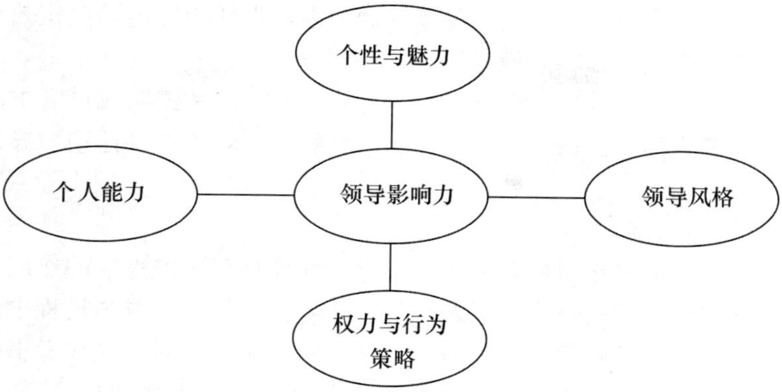

图 4-1　领导影响力的相关因素

理有效地预测领导者事业的成功。领导者的个性关系到其影响过程，主要涉及认知力、人际技能、计划组织能力、激励、情绪稳定和承受压力等方面。在领导实践中，人们已经开始认识到个性的重要作用，并设计出了一系列的工具进行评价和测量，如无领导小组模拟中，个性因素的考察通常被放在首位。随着人们对个性认知的加深，个性中的一些因素已经成为评价和预测领导效力的指标。

领导者的影响力有的来源于权力和地位，有的来自个人的魅力。在一个有益的魅力环境中，魅力型领导者与其他领导者有不同的行为方式。调查证实，他们及其追随者的业绩远远超越其他同行水平。更重要的是，魅力型领导者可以带来根本性的变革，他们与其追随者独一无二的关系使魅力型领导者可以成为组织或社会变革的强有力的推动者。凭借恰当的策略，魅力型领导者可以更为顺利地瓦解、调遣、结盟追随者，进而影响组织或社会变革。

（二）个人能力

领导者自身能力的高低，关系到能否正确、及时地处理各类问题，带领追随者达成预先设定的目标。因此，领导的个人能力与领导影响力有重要关系。国外研究者在这一领域进行了诸多的探究。领导力研究者迈克尔·莫姆福德（Michael Mumford）等提出了高绩效领导者的多因素模型，他们认为领导者解决问题的技巧、社会判断力、知识直接影响问题解决的质量和未来绩效。他们提出，职业经历和环境影响对领导能力的发挥有直接影响①。由此可见，领导者的个人能力和认知是预测领导者绩效的重要指标，是领导者评价的基础。

（三）领导风格

领导风格不同，其影响力也存在着差异。专制型领导者只注重工作的目标，主要关心任务与效率，对团队成员关注度不高。因此，领导者与追随者之间的社会心理距离较大，相互存有戒心甚至是敌意。在这种风格下，团队成员很容易产生挫折感，虽然领导者在工作领域影响力较大，但其影响力的范围有限，且很难形成与下属的深层次沟通。

民主型领导者注重对团队成员的鼓励、支持，关心团队成员的需求，团队氛围民主、平等。因此，领导者与追随者之间的社会心理距离不明显。在民主型的领导风格下，团队

① MICHAEL D MUMFORD，STEPHEN J ZACCARO，FRANCIS D HARDING，et al. Leadership skills for a changing world：solving complex social problems. The Leadership，2000，11（1）.

成员可以决定自己的工作方式与进度，工作驱动力强，责任心突出，工作效率自然也比较高。这种领导风格所产生的影响力最为广泛、深刻。

放任型领导者采取的是放手、委托的领导方式，对工作和团队成员需求的关注度都不高，领导者与追随者之间的互动很少，其影响力自然相对较小。放任型领导风格有利于接班人的培养。

（四）权力与行为策略

领导者的权力与行为策略对领导影响力的发挥同样具有至关重要的作用。在一些特殊的情境下，领导者需要特定的权力才能发挥其影响力。比如，在执法过程中，只有具备执法权的领导者才可以合法地行使其影响力。同样，组织文化不同，领导者影响下属的行为策略也应有所不同。在高科技组织中，科研人员对事实的接受胜过对情感的接受，因此，领导者运用理性说服等行为策略，其效果会明显优于鼓舞性号召等行为策略。在下文中，我们会有进一步的阐释。

四、领导权威

我们在日常生活中谈起领导者的时候，往往会提到一个词语，那就是权威。权威涉及组织、社会系统中与特定职位相联系的权力、义务和责任。权威不同于权力，它更加强调其他人的接受度。事实上，权威是领导者影响力的基础。在诸多研究权威的学者中，马克斯·韦伯（Max Weber）的权威观和切斯特·巴纳德（Chester Barnard）的权威接受论影响最为深远。

（一）马克斯·韦伯的权威观

德国的政治经济学家和社会学家马克斯·韦伯认为，任何组织的形成、管治、支配均建构于某种特定的权威之上。适当的权威能够消除混乱、带来秩序；而没有权威的组织将无法实现其组织目标。他提出了三种正式的政治支配和权威的形式，分别为传统型权威、超凡魅力型权威以及法理型权威①。

1. 传统型权威

这种权威的来源与基础是世袭与遗传。当这种领导者的产生方式成为组织的惯例固定下来之后，传统型权威就正式形成了。拥有这种权威的领导者，其对追随者的影响因素是其所担当的角色，而其对追随者进行影响的基础则是组织对传统文化的信仰与尊重。这种权威在现代社会则表现为，在家族企业领导者的传承更替上，创始人的职位常常从父亲传到儿子手中，或者在挑选公司的重要管理人员时仍会优先选择带有血缘关系的候选人。

2. 超凡魅力型权威

这种权威的基础是领导者个人的人格或某种特殊的能力。它以追随者对领导者个人的崇拜为基础，具有神秘化的倾向。追随者对这些领导者超人的能力、英雄主义精神、模范品格狂热崇拜。历史上，这种类型的领导者通常有两种：一是宗教领袖，如宗教的创始人、教皇等。在追随者看来，他们具有不同于凡人的能力。另一种则是组织的创始人，特别是政治领袖与商业领袖。追随者崇拜的是领导者个人的人格魅力。但超凡魅力型权威的

---

① 丁煌．西方行政学说史．3 版．武汉：武汉大学出版社，2017：72.

基础并不稳固，因为追随者服从的基础是领导者个人的感召力。领导者去世之后，组织的权威基础就被削弱了。韦伯指出，当这种情况发生时，组织必将失去原来神秘化的形式，根据领袖继承方式的不同转化为其他两种权威。

3. 法理型权威

法理型权威也称作理性-合法权威，其特殊性在于，其领导者权力的来源是组织内部既定的法则。人们根据依法建立的等级体系，赋予其不同的权威，领导者正是因为担任了领导职务而获得相应的权威。因此，在以这种权威为基础的组织中，下属对领导者的服从，实质上是对组织规则的服从。同时，领导者与下属之间的法律地位平等，都要受到相关规则的约束。韦伯认为，只有以这种权威为基础的组织才合乎理性的，才能作为现代社会的基础。

马克斯·韦伯的权威观直至今日仍然有很强的诠释现实作用。目前，我国呈现出三种权威并存状态。首先，我国党政机关、国有企事业单位的权威基础均为法理型权威，在这些组织任职的领导者都要经过法定程序，同时组织内部成员在法律地位上一律平等，均要服从规则。其次，超凡魅力型权威与传统型权威同时存在。这种权威主要存在于我国民营企业之中。改革开放以来，我国民营企业迅速发展，绝大多数企业仍处在第一代领导者，也就是创始人领导、管理的状态下。这些创始人在其组织内部往往都具有超凡的个人魅力，特别是有较大社会影响的企业，其创始人都不乏追随者。同时，已经完成一、二代领导者之间领导权转移的企业，大多选择的是在家族内部传承，此时超凡魅力型权威多转变为传统型权威。

（二）切斯特·巴纳德的权威接受论

切斯特·巴纳德是西方现代管理理论中社会系统学派的创始人，提出了组织的概念。关于领导者在组织中的影响力，巴纳德认为，领导者的权威不是来自上级授予，而是来自下级的认可，上级只能授给领导者权力，但无法授给领导者威信。上级的权力，只有当下级愿意接受时，才是有效的。所以说，权威归根结底是由下级给予的。因此，领导者在向上级负责的同时，必须争取下级的理解、认同和拥护。同时，巴纳德还认为，权威是组织内部的“秩序”和信息交流系统正常与否的表征。因此，他提出领导者的权威必须具备以下四个条件，如果在这四个方面大打折扣，那么领导者的权威就会受到影响，甚至丧失①：

（1）人们能够理解。无法被人理解的信息不可能具有权威性，下属也无从执行。

（2）和组织的目标不矛盾。如果执行人认为领导指示同组织的宗旨不相符合，指示也难以得到执行；如果一项指示被认为会损害组织的整体利益，下属就缺乏执行的积极性，会采取回避、假装生病、表面应付、自动辞职等行为。

（3）可以与个人利益并存。如果领导者给下属安排一项与其自身利益存在较大冲突的任务，执行的效果很难令人满意，结果是下属要么敷衍了事，要么拒绝执行。

（4）在精神和肉体上有实行的可能。具备完成条件的任务会得到较好的执行；相反，下属没有身心条件完成领导者的指令，那么领导者的权威也会受到很大的影响。

巴纳德的权威理念对提升组织的执行力有很大的帮助，值得领导者借鉴。

---

① ［美］切斯特·巴纳德．经理人员的职能．王永贵，译．北京：机械工业出版社，2013．

第二节 权力与影响力

领导者若想发挥其影响力，则必须拥有影响决策和控制资源的能力，而领导者的权力往往是这种能力的重要来源。如果一名领导者能够恰当地运用权力，同时，又清楚地了解自身权力的边界，能够做到不越轨，以及通过授权提高下属的积极性，那么我们就称他为有影响力的领导者。

那么就领导影响力而言，权力究竟是什么？它来源于何处，有哪些类型？领导者的权力是怎样变化的？授权到底是削弱还是增强领导者的权力？领导者的权力边界又在哪里？针对这些问题，我们将在这一节中逐一解答。

关键术语

权力就领导力而言，多指领导者对追随者施加影响的一种能力。

一、权力的内涵

“权力通常被视为一种关系，即一个人通过并非出自他人选择的方式影响他人行为的能力。”① 权力涉及一方，通常是影响者去影响另一方的能力。就领导力而言，权力多指领导者对追随者施加影响的一种能力。它是一个灵活的概念，既包括对单一目标者的影响，也包括对多个目标者的影响；施加影响者既可以是个人，也可以是团队。同时，权力有许多不同的类型，不同的领导者拥有的权力类型存在类别与多寡的差异。

领导通过权力对他人施加影响是个复杂的问题。从领导者主观角度来说，不同的领导者拥有的权力是不同的，即使拥有相同权力的领导者对于权力的理解与运用也并不相同；从客观条件来说，相同的权力在不同的情境下产生的影响效果也是不同的。因此，权力如何使用，以及权力产生的复杂后果，都会对领导者的影响力产生作用。

记一记

三种领导权力来源与类型：

- 组织授予的权力（职位权力）
- 个人特点产生的权力（个人权力）
- 因控制资源产生的权力

二、权力的来源与类型

正确认识与理解权力，需要知道权力的来源及类型。不同的权力来源会产生不同类型的权力。组织中领导权力的来源是多方面的，不同的权力来源往往影响甚至决定了领导者拥有权力的类型、权力运用的方式与效果。

组织中领导者权力的来源与类型主要有三种：组织授予的权力，即职位权力；个人特点产生的权力，即个人权力；因控制资源产生的权力。这三种类型的权力是相对独立的。其中职位权力与个人权力是接受最为广泛的分类方

① ［英］安德鲁·海伍德．政治学核心概念．吴勇，译．北京：中国人民大学出版社，2014：42.

式，大多数权力都能够囊括于这两种权力之中。这两种权力内部又包括几种具体权力类型。

（一）职位权力

职位权力仅存在于组织之中，特指由组织职位所赋予领导者的权力。它包含法定基本权力、奖励权力、惩罚权力与信息权力。

记一记

职位权力包含的四种具体类型：

- 法定基本权力
- 奖励权力
- 惩罚权力
- 信息权力

1. 法定基本权力

法定基本权力指的是法规明文列举的做出决策并能得到遵守的权力。在组织中职位越高，其相应的法定基本权力也越大。这种权力的影响力大小与组织成员的接受程度相关。组织成员通常会服从组织规则、服从领导者的指示，并获得相应的组织回报。

法定基本权力的影响效果与领导者产生的方式、领导风格、领导者行为策略相关。领导职位获取过程中的合法性会影响到组织成员对其权力的接受度。任何对合法遴选过程的偏离都会弱化新任领导者的权力与权威。组织文化对所有人的权力都有限制，领导者的个人特质与领导风格如果与组织文化相符，他就能发挥更大的影响力；反之，其影响力就要受到削弱。法定基本权力的行使方式也会对结果产生影响。礼貌的请求往往比自大的要求更为有效，当然，这并不意味着领导者应当以恳求或显得抱歉式进行请求。做出合法请求的方式应当是坚定的、自信的，在必要的时候，比如紧急关头，领导者必须以命令的口吻直接下令，要求下属立即行动。

2. 奖励权力

这种权力是指因下属遵从组织与领导的决定和命令而给予其奖赏的权力。奖励权力来源于组织内部正式领导者对资源的控制与分配，因此，不同的领导者其奖励权力有着较大的不同。在组织中，这种差异多体现为层级差异。高层级领导者通常拥有更大的资源控制与分配权，因此他们所掌握的能够用于奖励的资源就更多。奖励权力的发挥不仅取决于领导者对资源和奖励的真实控制，它还有赖于领导者有意志和习惯去履行诺言。如果在下属眼中，领导者缺乏作为奖励来源的可靠性，那么这位领导者的奖励权力将不会产生太大的影响。

奖励权力的运用有多种不同的形式，它可以包括给下属提薪、发放奖金或者其他经济福利，也可以指给下属赋予更大的职责、进行职位晋升等非经济奖励，甚至可以是地位提高的象征，诸如更大的办公室或者排位更加靠前的办公室电话号码。在我国政府部门，由于薪水和晋升受到严格的控制，这就对奖励权力的运用提出了更加灵活的要求。

更加有效地运用奖励权力可以参考领导力学者加里·尤克尔（Gary Yukl）提出的应用奖励权力的六项指南：

（1）提供人们所需奖励的类型；

（2）提供公正的和道德的奖励；

（3）不要做出超过你能给予的允诺；

（4）解释给予奖励的标准并且使之简单化；

（5）如果请求得以实现，提供许诺的奖励；

（6）应用象征性的奖励（不要以操纵的方式）①。

3. 惩罚权力

惩罚权力是领导者对不服从行为进行惩罚的权力。这种权力产生作用的基础是下属的畏惧心理。惩罚权力在不同类型的组织中不仅形式不同，在程度上也有很大差别。在军事和政治组织中，领导者拥有的惩罚权力往往要比企业领导者大，而且对于下属的惩罚程度也要深。比如古代在战时军官甚至有权处死逃跑或不服从命令的士兵。但是，随着社会民主程度和平等意识的提高，所有类型的领导者合法性惩罚的使用都在普遍减少，领导者滥用惩罚权力则将面临权力被剥夺的危险。

惩罚权力通常表现为领导者对下属进行威胁或警告，即下属如果不服从领导者的命令，那么很有可能就要面临领导者的惩罚。这个威胁可能是明确的，也可能是模糊的，即当下属没有做领导者所希望他做的事时，可能会受到惩罚。当这种威胁是可信的，下属就会尽力去避免这种惩罚的威胁，惩罚权力就发生了影响作用。同理，当下属不服从，惩罚又没有发生，这种权力的可信度和影响力就会大打折扣。

在现代领导活动中，除非必需，否则最好避免使用惩罚权力，因为它很可能导致领导者不希望出现的负面效果。惩罚与威胁通常会引起下属的愤怒或怨恨，甚至可能导致对领导者的反击。即使领导者出于组织利益去惩罚一名下属，仍然有可能破坏自己与下属的私人关系，甚至引起下属的对抗。

4. 信息权力

控制信息是组织中另一个重要的权力来源。领导者对重要信息的掌握通常能够影响甚至控制他人的行为。特别是在信息时代的今天，信息更是领导者充分发挥自己影响力的一项重要资源。一些领导者常常将他们对信息的控制作为影响下属的重要方式。

在正式组织中，不同的职位能够接触、获取的信息存在着很大的差异，从某种意义上讲，获得信息的价值和数量体现了组织成员在组织中的地位。在组织的正式信息网络之外，领导者还可以构建自己的信息资源网络，使自己的信息获取更加多元和快捷。有些领导者利用自己个人信息网络而产生的影响，甚至超过了组织的职位影响。19 世纪的英国维多利亚女王就是一位通过利用私人网络获取有效信息的领导者。19 世纪的英国王室已经没有多少组织赋予的信息权力，其影响力也日渐式微。然而维多利亚女王通过自己在欧洲大陆的私人信息网，为英国政府提供了极为重要的帮助，女王自身的影响力也因此而大为增强。

但值得注意的是，信息同样可以成为下属影响领导的工具。特别是下属具有上级领导决策所需的大量信息时，这个优势可直接影响上级领导决策方案的选择。

（二）个人权力

领导者的性格特点、领导风格会产生非职位权力，我们称之为个人权力。个人权力包含三种类型：专家权力、参考权力和威望权力。

记一记

个人权力包含的三种具体类型：

- 专家权力
- 参考权力
- 威望权力

1. 专家权力

组织中领导者个人权力的一个重要来源是其所掌握的与工作相关的知识和技能。如果领导者掌握解决核心问题

① ［美］加里·尤克尔. 组织领导学. 丰俊功，译. 北京：中国人民大学出版社，2015：173.

的专业知识，他就能够对下属、同级甚至上级产生非同一般的影响。而且，问题越重要、解决难度越大，拥有解决这一问题所需知识的领导者的影响力就越大。需要提醒的是，只有当其他人依赖于领导者的建议时，专业知识才成为权力的一个来源。

知识是日新月异的，专家权力也会随着时间的变化而发生变化。领导者需要不断更新自己的专业知识，时刻站在本专业知识的前沿，才能够维持并发展作为一个专家的地位。

2. 参考权力

参考权力是指领导者通过自身特质、魅力、经验来影响他人的能力。人们通常希望帮朋友的忙，尤其是更可能答应自己尊敬、钦佩、喜欢的人提出的要求。参考权力最终取决于领导者的品质和真诚。随着时间的推移，行动比言语更有说服力。一些看上去友好但企图操纵他人的领导者将失去参考权力。

对人友善、有人格魅力的员工通常有更大的参考权力，即使他并未拥有组织赋予的职位权力。如果领导者在日常工作中，显示出对他人需求和感情的关心，表现出信任和尊敬，能够公正地待人处事，他的参考权力就能够增加。

3. 威望权力

威望权力源自领导者个人的地位和声望。在实际工作中，一个不断获得事业成功、品德高尚的领导者会自然而然地获得威望权力。正直的品格是领导者威望权力不可或缺的特质基础。有的领导者是在走上领导岗位后获得威望权力，也有的领导者是因为拥有个人声望而担任领导职务。

外行领导内行的情境下，领导者的个人权力相对较弱，需要更多地依靠其他类型的权力来开展领导工作。

（三）因控制资源产生的权力

从某种程度上讲，领导者实施影响的过程是一个交换的过程，只有掌握一定的资源，才能保证这种交换过程的发生。无法控制资源的领导者，必然处处受到制约，无法顺利实施其领导行为。这种权力类型依据来源不同可分为：因所有权产生的权力、因处理紧急问题产生的权力以及因接近权力中心产生的权力。

1. 因所有权产生的权力

这种权力多出现在企业中。企业领导者的权力与他对该企业投资数额的大小密切相关。一个人如果既是该企业的大股东，又是高层管理者，那么，他被董事会解雇的可能性要比不持股的高层管理者小很多。这种权力还表现为，一些企业的创始人对于该企业的巨大影响力，并不会因为他们从首席执行官或者董事长的位置上退休后而大幅减弱。在东亚私营企业中，创始人终身任职的现象较为普遍。

2. 因处理紧急问题产生的权力

权力的战略性权变理论（strategic contingency theory）认为，最能够应付组织的紧急问题和不确定性的部门将获得较多的权力①。比如，当一个组织面临重大法律诉讼时，

记一记

因控制资源而产生的权力包含的三种具体类型：

- 因所有权产生的权力
- 因处理紧急问题产生的权力
- 因接近权力中心产生的权力

① ［美］安德鲁·J 杜柏林. 领导力. 王垒，译. 北京：中国市场出版社，2011：152.

法律部门就能得到权力并影响企业决策。在国家遇到危机时，政府领导人就会因危机而获得更大的权力，拥有在常态下所没有的资源调配权力。

战略性权变理论的另一个重要组成部分是，一个部门可通过“向心性”来获得权力。“向心性”用来描述一个部门的行为与整个组织体系之间联系的紧密程度。一个部门如果在整个组织体系的工作完成中扮演了不可或缺的角色，可以说这个部门具有较高的“向心性”，而其他部门就得依靠这一部门。这种“向心性”很多时候能够通过处理紧急问题获得，特别是在组织刚刚经历了一段不稳定的时期时更是如此。在这个时期，某个部门领导通过处理紧急问题，从而获得了重要的权力。

3. 因接近权力中心产生的权力

这种权力并非真正意义上因控制资源产生的权力，而是由于它能够对决策权力层产生影响进而控制资源。如果一个人在组织中级别越高，他具有的权力就越大。因为他能够接触到更高层级的领导者，对领导者的决策产生影响，并在实际工作中“分享”这些领导的权力。综合办公室是为单位领导层综合服务的部门，直接与权力中心互动，因此拥有比其他部门更大的权力。

想一想

为什么在党政机关中，机关正职领导的秘书常常具有很大的权力？甚至有时能够拥有比副职领导更大的实质权力？

■ 三、领导者的权力边界

有效的领导者发挥影响力需要权力作保证，但并不能由此得出权力越大其影响越有效的结论。情境不同，面对的任务不同，领导者所需的必要权力的量也不同，这就涉及领导者的权力边界问题：一是权力边界依据领导特质、情景的差异而有所不同；二是权力边界不同，其影响也不相同。

（一）领导特质、情境与权力边界

不同特质的领导者在实施影响的过程中对于权力的需要量不同。善于运用策略的领导者，能够有效弥补自身权力的不足，对他们而言，少量的权力可以发挥较大的影响。拥有公平、正直、责任心强等特质的领导者自然能够得到追随者的追捧，甚至是崇拜。权力在这些优秀领导者的身上所发挥的作用自然很大。而自私、卑劣、奸诈的领导者则会受到追随者的疏远、排斥甚至是鄙视，其对追随者的影响力自然和其职位的权力不相匹配。在实践中我们也有明显的体验，同样的领导职位，不同的人担任，其影响力差异颇为明显，其中最主要的缘由是领导者个体特质的差异所形成的结果。

情境不同，领导者需要的权力量也不相同。比如，当领导者意识到组织在未来若干年中将面临一个重大危机，而只有立即着手准备才能克服，但这种危机来临的证据并不足以促使其他成员同样意识到变革的必要性；或者当领导者希望去做出变革，但因为变革需要部分组织成员做出短期牺牲，而遭到其反对、抵制时，领导者就需要更大的权力。在这些困难的情境中，领导者需要充分的权力以劝导组织成员变革是必需的，甚至需要足够的权力去强制其个别成员服从。历史发展的转折时刻，往往需要拥有较大权力边界的英雄式领导者来推动组织和社会的变革。但是，在平稳发展期，民主体制下较小的权力边界更有利于社会、组织的健康发展。所以，情境不同，领导者的权力边界应有所差异。

（二）权力边界的影响

不同的权力边界意味着领导者拥有的权力量不同。而组织中的权力总量是有限度的，领导者的权力边界扩展了，其他人的权力边界自然就会缩小。所以，领导者的权力边界不同，对组织产生的影响也存在差异。正确的影响应当是有利于组织绩效的提升、有利于组织的长远发展，否则就是负面的影响，其权力边界就是不合适的。对组织的影响是否恰当、合适，这就是衡量领导权力边界有效性的标准。

充足的职位权力是必要的。现代社会，职位权力是领导者影响力的主要来源，是领导者履行职责的权力基础。比如，职位权力中的信息权力不仅能给领导者带来信息优势，而且还能在某种程度上弥补领导者专家权力的不足。奖励和惩罚的权力是领导者调整下属行为、贯彻组织意志的有力保障。

当然，过多的职位权力可能与过少的职位权力一样都是有害的。拥有过多权力的领导者往往会产生对权力的依赖，而不是发展自身的个人权力或培养有效的行为策略。缺乏监督的职位权力往往还与腐败直接相关，正如英国历史学家约翰·阿克顿（John Acton）所言：权力导致腐败，绝对的权力导致绝对的腐败。高度集权体制下所产生的领导怪胎，就是权力边界过大所造成的直接恶果。

（三）如何保持合适的权力边界

如何做到领导者权力边界的恰当、合适，是对权力进行管理，保障组织健康、持续发展的重要议题。赋予领导者权力的初衷是满足领导者对组织进行领导和管理的需要，所以，衡量权力边界的主要标准是与领导者职责的匹配。虽然情境不同，权力的边界会有微调，但核心不变。

为了这一标准的执行，避免领导者自我权力扩张倾向的蔓延，组织应做出保障性的制度安排，以保证权力边界的健康。这一制度安排包括三个方面：一是将权力边界的划分规范化、制度化。这是法治社会的基本要求。每一个层级、每一个部门、每一个职位具备什么职能、拥有什么样的权力需要以文字的形式明确下来，多方共同遵守，以此来增加多方行为的可预期性，为多方合作奠定良好的基础。二是设立监督和制衡机制，确保权力的行使不越界。组织应设置明确的机构、职位对领导者权力行使过程进行监督，这是完善权力体制的必然要求。没有监督和制衡，就没有权力正确行使的体制保障。三是建立救济机制。当权力的行使超越边界，侵害了相对人的利益之时，应当有相应的补偿机制，给相对人提供申诉、复议等维权的机会。近几年，中国所推行的权力清单制度是规范权力边界的有力措施。

四、授权与影响力

组织权力体制的分权化是现代管理发展的大趋势。形成这种趋势的原因来自三个方面：一是员工素质的不断提高使下属具备了更强的解决问题的能力，也有了更强的参与管理的需求；二是信息技术的发展使下属获得了更多原来只有领导者才拥有的信息，为下属的自主决策提供了更多的便利条件；三是知识经济的兴起使知识成为核心竞争力的源泉，组织内部拥有核心知识的下属拥有了以往所没有的影响力，授予知识性员工更多的权力成为管理的趋势。同时，分权和授权与民主直接相关，更多的授权和民主是现代社会对领导者的角色期待。

当领导者与他人分享自己的权力，即授权给追随者时，他的权力和影响力就随之增加了。这是因为，归根结底领导者是通过组织成员来完成组织任务的，当组织成员得到更多的权力时，他们通常能够完成更多目标，进而促使领导者实现更大的成就。如果领导者由于组织成功而获得荣誉，其权力与影响力的增加就是毋庸置疑的。一名真正有影响力的领导者会运用自己的权力让每个组织成员感到自己是有权力的，并且让他们可以依靠自己完成任务。同样的道理可以说明，一个领导者相对“悠闲”的组织往往比一个领导者事必躬亲的组织发展前景更为光明。

要想深入了解授权，就需要在认识授权本质的同时学习授权的一些原则。

（一）授权的五要素

授权的意义相当广泛，政治学、社会学、管理学等均有其自己的解释。在这里我们说的授权是领导者将决策权和相应的责任授予组织成员。目前的几种新型管理模式，诸如参与式管理、分享型决策等均是授权的具体表现。授权包含四个主要成分：意义（meaning）、胜任力（competence）、自主（self-determination）以及影响（impact）。一个完全的授权还包括第五个要素：内在承诺（internal commitment）①。

（1）意义，是指工作目标的价值，这要求工作的价值同下属的信念、价值观和行为之间存在契合之处。一个做着有意义工作的人更有可能感到自己被授权了。

（2）胜任力，是指对自己有能力做好某件工作的自信。一个认为自己有竞争力的人，会相信自己能够在某个特定的情形下达到要求。

（3）自主，是指下属在处理工作问题时可以自行做出选择。高水平的自主形式是下属可以自己选择解决某一个特定问题的最佳方法。

（4）影响，是指下属能够在工作中影响战略性的、管理的或者经营的结果。

（5）内在承诺，是指被授权的下属对领导者的承诺，这是一种发自内心的动力，是授权的最高境界。

（二）授权的技巧

领导者在进行授权时，可以应用以下技巧。

记一记

> 领导授权的技巧：
> - 强化下属的主动性与责任感
> - 将下属的工作与组织发展目标联系起来
> - 提供充足的信息
> - 鼓励自我领导
> - 确定授权的边界
> - 持续引导

1. 强化下属的主动性与责任感

领导者可以通过工作中的鼓励使下属做事更为主动、积极，同时加强其责任感。当然，这也与下属的敬业度密切相关。领导者可以充分信任、授权给高敬业度的员工，给他们更大的自由裁量空间，鼓励他们大胆作为。

2. 将下属的工作与组织发展目标联系起来

将授权行为与组织发展目标相结合时，授权的效果会更好。德鲁克所提出的目标管理，在某种意义上便是一种授权。当下属感受到对组织核心目标的责任时，就会将自己与组织视为一体，并有一种自己是组织事业的一部分的感觉。

3. 提供充足的信息

一方面，充足的信息是被授权的下属进行有效工作的必要条件；另一方面，提供充足的信

---

① ［美］安德鲁·J 杜柏林. 领导力. 王垒，译. 北京：中国市场出版社，2011：155.

息能够让下属感到更为强烈的信任感，这是一种激励，能够促使下属更加主动、更加负责任。

4. 鼓励自我领导

鼓励组织成员进行自我领导是授权的核心与精髓。当下属发挥自我领导力时，他们能够明确地感受到被授权了。这种自主性及信任感能够更有效地激发下属的创造性。

5. 确定授权的边界

鼓励领导者授权并不意味着授权没有限制。被授权者对授权分寸拿捏不清，是产生不满和组织紊乱的常见原因。因此，要明确授权的边界，规定具体的报告事项，使授权更加规范、可控。

6. 持续引导

领导者对下属进行授权，并不意味着放弃身为领导者的责任。现代领导理念要求领导者尽可能为下属提供支持，但是并不意味着领导应该放弃引导的角色，引导也是一种支持，持续的引导是对下属的训练与帮助。

（三）授权的度

授权是一种趋势，但是授权度的判断是离不开下属能力这一核心变量的。也就是说，授权的度一定要与下属的能力相平衡。对于能力强的下属授权度可以高，对于能力弱的下属授权度必须低。能力是确定授权度的唯一标准，而不能依据职位或职务来授权，因为职位和职务并不完全是能力的反映。在授权与能力的平衡中，有以下两个误区是需要避免的。

1. 无人可授

无人可授是许多领导者的共同感觉。形成这种感觉的原因有三个：一是领导者过于自信，对下属做什么事情都不放心，觉得不如自己来干方便。越是这样，下属的能力就越没有机会得到锻炼，无人可授的局面也就越是得不到改变。二是领导者对自己不自信，担心授权后自己掌控不了局面。所以，不愿意授权的领导者中，不自信的领导者占多数。三是领导者用人失误，所用人员能力较低，形成无人可授的局面。

2. 只授权给个别人

只授权给个别人是领导者授权问题的又一个误区。当领导者只对个别人授权时，接受权力的人起初会很兴奋，但时间一长也会不堪重负，进而产生怨言。同时，只授权给个别人容易导致对其过度依赖，一旦这个人离职或生病，领导者的工作就会重新陷入忙乱。并且，没有得到授权的人会对得到授权的人心生嫉妒和排斥，导致被授权人与其他人的矛盾。所以，领导者应尽力避免这种“累死一个，闲死一片”的局面。

（四）授权与控制

没有控制的授权和控制过多的授权同样会带来工作的低效，但是没有控制是万万不行的。因为人性是复杂的，既有善的一面，也有恶的一面。没有控制，恶的一面有时就会悄悄地溜出来，出现用权中的自利和偏私。制度设计更多是以“人性恶”为出发点的，以此来约束和抑制人性恶的发挥。所以，人们将授权比作放风筝——没有控制，风筝就会飞走；控制过多，风筝可能飞不起来。既在领导者掌控之中，又不影响下属自主权、积极性的发挥，这的确是一个艺术的范畴。组织文化、领导风格、下属的能力

记一记

领导授权的注意事项：

- 帮助下属界定问题
- 明确汇报的范围和时间
- 评价事务处理的结果

和工作风格等因素，对授权中控制的度都有相应的作用。这需要领导者运用自己的智慧去权变处理。以下几点是领导者在授权时必须注意的。

1. 帮助下属界定问题

界定问题实际上就是明确问题的范围和性质。领导者需要使下属明白事情的重要程度，了解事情的处理方向，清楚需要避免的问题。对于能力比较强的下属，领导者不用提供处理事情的具体步骤和方法。这是方向控制。

2. 明确汇报的范围和时间

领导者要明确地告诉下属，什么事情需要请示汇报、什么事情可以独自决策，避免下属事无巨细都汇报，形成反向授权。同时，要明确汇报的具体时间，确保领导者对授权情况的定期了解。对做得好的方面及时给予激励，并及时纠正出现的偏差。这是跟进控制。

3. 评价事务处理的结果

下属完成任务后，领导者必须同下属一起进行评价和总结，肯定成绩，总结教训，为以后的授权提供更为坚实的基础。这是事后控制。

第三节 行为策略与影响力

通过上一节内容的学习，我们知道权力不同于影响力，影响力侧重强调在某方面影响他人行为的能力，而权力则是影响力的一种来源。也就是说仅有权力并不能帮助领导者充分发挥其影响力，权力为领导者实施影响提供了可能与保障，但它也需要领导者通过恰当的行为策略去发挥作用。因此，要成为一名高效的领导者，必须了解领导者可用以影响他人的行为策略。

一、行为策略的类型

了解行为策略的类型是我们进行策略选择的前提，因此，我们有必要对行为策略进行分类解析。

（一）示范行为策略

通过领导者的榜样行为来引导下属，或通过示范来进行领导，是一个简单、有效的影响下属的方式。示范行为策略需要领导者以身作则，成为一名“按照我的言行来行动”的领导者，也就是做到言行一致。

这一策略不需要对下属或追随者施加外部的压力，他们会发自内心地模仿领导者，其实质是利用追随者对领导者的崇拜、效仿来施加影响。古今中外，魅力型领导都是这一策略的忠实使用者。特别是魅力型的政治家往往都会拥有众多的追随者，这些政治家的一举一动都会对其追随者产生令常人难以置信的影响。值得注意的是，这种影响并不是一成不变的，它会随着追随者对领导者的崇拜程度的变化而变化。历史上，这种变化曾多次发生，且大多数变化都呈现出领导者影响力变弱的过程。

（二）理性说服策略

理性说服策略指运用解释、逻辑证明、事实证据去说明要求、建议是可行的，并且与工作任务是相关的。软弱的理性说服是指领导者仅仅对要求的原因做简短解释，而且语气、态度也比较温和。而较强硬的理性说服还需要领导者对这个要求的重要性做详细的解释，同时以具体的证据说明是可行的，态度要更加坚决。

在解决问题过程中，当下属与领导者有相同的目标，只是方案选择有差异时，理性说服策略是最有效的。然而，如果下属与领导者有不相容的目标，这时理性说服策略的效果就会大打折扣。领导者的自信和建议的可靠程度相结合对于这种行为策略实施效果的提高是相当有效的。这种策略通常还用在说服比自己更高层次的领导者方面，比如在企业中，首席执行官通常要使用理性说服策略让董事会接受某些建议。

（三）告知行为策略

领导者运用这种策略向下属解释如何才是有利的。这种利益通常有两种类型：一种是与下属的职业相关，它可能会是一项新的培训、与重要人物接触的机会、能让下属获得更高的知名度等；另一种则能够让下属的工作更容易或更有趣。告知行为策略与理性说服策略的相同点在于，都是使用事实和逻辑，但前者所描述的利益是针对下属个人而非组织。而与后文会提到的交换交易策略不同的是，告知行为策略带给下属的利益是一种副产品，它有时并不是领导者直接提供的。值得注意的是，领导者在下属心目中的可信度对于这个策略能否生效至关重要。

（四）鼓舞性号召策略

相对于理性说服策略与告知行为策略中的逻辑论证，鼓舞性号召策略更多地涉及感情或价值的呼吁。它是领导者将要求或建议与组织或下属个人的需要、价值、希望和追求相联系，通过引起下属强烈的情感、热情来获得支持的策略。

加里·尤克尔认为吸引下属的基础要素包括：他们渴求被重视；感到自己具有价值；发展和应用他们的技能；实现一些有价值的东西；表演特殊的技能；成为最佳团队的一名成员；参与并积极努力使事情做得更好①。

历史上政治家的一些经典演讲，就是这种策略最为典型的表现。通过富有激情、煽动力的演讲，这些领导者往往能够激发听众的热情，从而获得支持。运用鼓舞性号召策略对领导者的演讲水平有较高的要求。

（五）咨询行为策略

咨询行为策略通常是指，领导者在实施变革或者完成任务的过程中，就一些相关问题向下属征询建议。当咨询作为一个积极的影响行为策略时，其主要目的是使下属支持领导者已经做出的决策。

咨询他人既是领导风格，也是一种行为策略。因为经过咨询，下属就成为决策者之一，他们就会更愿意遵循这一要求。咨询作为一种策略，使用时可以采取多种多样的形式。最常见的咨询形式是，领导者提出战略或目标而不是详细的建议，要求下属提出自己的行动步骤并执行。

---

① ［美］加里·尤克尔．组织领导学．丰俊功，译．北京：中国人民大学出版社，2015：189.

（六）交换交易策略

某种程度上讲，领导者实施影响的过程是一个交换交易的过程，因此，交换交易就成为一种比较常见的行为策略。这种行为策略涉及领导者或清晰或模糊的允诺，即提供给下属一些他所期望的东西，作为接受并实现领导者要求的回报。

交换交易策略最显著的特点就是领导者直接给予下属利益回报。因此，就要求领导者控制下属所需要的一些资源以使之顺从。这些回报涉及各种有形或无形的利益。有时这种奖励允诺是模糊的而不是清晰的。这就意味着领导者答应在未来以某种方式予以回报。这需要使下属相信领导者能够并愿意实现这个“协议”，否则，这种策略将失效。

（七）合作行为策略

这种策略是在下属提出请求或者建议时，领导者向其许诺提供必要的资源或协助。从这一点来看，合作行为策略似乎与交换交易策略有所雷同。但是，在潜在的动机和实施条件上，两者存在着重要的差别。

在交换交易策略中领导者必须能够给予下属利益回报，但是它特别适用于当下属在主观上不接受，甚至抵制领导者的情形。合作行为策略大大降低了领导者给予下属利益方面的成本，而且这一策略的适用情形是下属在完成领导者的要求时，存在着较大的客观障碍因素，合作行为策略能够帮助下属消除这些障碍因素。

（八）个人请求策略

个人请求是领导者要求追随者出于对领导者个人的友谊或忠诚，进而表示支持的策略。这种策略通常与工作内容本身关系不大，多表现为领导者个人的请求。当然，当下属不喜欢领导者或对领导者的提议无动于衷时，这种行为策略就不可行。进一步说，如果领导者的参考权力很强，个人请求就更容易实现。如果所要求的事情不是下属日常工作的一部分，领导者更有可能采取个人请求的策略。

（九）讨好行为策略

讨好是让下属对领导者感觉更为良好的一种行为策略，比如，领导主动提供支持，主动做出友好表示。当下属认为领导者的讨好真诚而热情时，这种策略就有利于增强下属对领导者的敬意，使下属更愿意考虑领导者的请求。然而，如果讨好行为策略恰恰用在领导者提出某些要求时，它也可能被视为领导者的一种操纵伎俩。因此讨好行为策略要用在平时，领导者在日常工作和生活中潜移默化地改善与下属的关系，当领导者需要实施影响时，这种策略的效果就会显现。在票选民主制国家，政治领导者常常以讨好选民来换取选票。

（十）合法要求策略

合法是指某个要求在领导者的权限范围之内，且与工作内容相关。同时，合法还指领导者提出的要求是与组织目标、政策相一致的。这种策略的实质是领导者利用自己的合法性权威提出一项特殊的要求。这一策略涉及下属的主观判断，在下属认为要求是合法且适当的时候，则可能乐于接受。然而，当下属认为这项要求可能超出领导者的法定权威时，其合法性很可能受到质疑。

合法要求策略常见的形式包括：向下属提供先例，向下属解释这个要求与组织目标、政策一致等。

（十一）施压行为策略

施压行为策略是指领导者通过威胁、警告和重复进行要求等手段，迫使下属遵从领导者的指示。当下属懒惰、责任心不强但并不抵触领导者的要求时，施压行为策略格外有效。然而，施压行为策略毕竟不可能得到下属的喜爱，因此往往具有较为严重的负面效应。这种策略包含强硬地施压与温和地施压两种形式。强硬地施压可能引起下属的怨恨，破坏领导者与下属的工作关系，下属则会回避、惧怕甚至厌恶领导者。有些情形中确实必须要强硬地要求下属服从，然而，在大多数情况下，温和地施压更有可能在不损害领导者与下属关系的前提下驱使下属服从。

（十二）结盟行为策略

结盟行为策略是指领导者从他人那里获得帮助去共同影响下属。联盟的伙伴可以是同级、自己的领导或外部人员。常见的结盟行为策略是去找一个下属认可的人来支持领导者的建议，这个人应当是下属喜欢或尊敬的人。结盟行为策略通常与其他行为策略结合起来使用，这样其他的行为策略就能通过结盟行为策略增强效用。

综上所述，领导者行为策略的类型可总结为表 4－2。

表 4－2 领导者行为策略的类型

策略名称	主要内容
示范行为策略	通过示范来进行领导，或作为一个正面的角色模型榜样
理性说服策略	运用解释、逻辑证明和事实证据去说明要求或建议是可行的，并且与工作任务是相关的
告知行为策略	向下属解释一个要求或建议会如何对他本人有利
鼓舞性号召策略	通过引起下属强烈的情感、热情来获得支持
咨询行为策略	在实施变革或者完成任务的过程中，就一些相关问题向下属征询建议
交换交易策略	提供给下属一些他所期望的东西，作为接受并实现领导者要求的回报
合作行为策略	下属提出请求或者建议时，领导者向其许诺提供必要的资源或协助
个人请求策略	领导者要求下属出于对领导者个人的友谊或忠诚，进而表示支持
讨好行为策略	通过主动示好，让下属对领导者感觉良好
合法要求策略	领导者利用自己的合法性权威或权力提出一项特殊的要求
施压行为策略	通过威胁、警告和重复进行要求等手段，迫使下属遵从领导者的指示
结盟行为策略	领导者从他人那里获得帮助去共同影响下属

上述列举的行为策略在绝大多数情况下是符合不同的道德规范的，还有一些其他类型的行为策略在本质上说是不诚实、违背职业道德的行为，但现实中又不乏领导者采用。安德鲁·杜柏林在《领导力》一书中列举了这些行为策略①：

（1）玩弄权谋，即领导者发起针对下属而采取的欺骗、诈骗等行为，并控制人际互动。

（2）温和地操控人和情景，即领导者通过给予不真实的陈述或捏造某种行为来取得下属的顺从。

① ［美］安德鲁·J 杜柏林. 领导力. 王垒，译. 北京：中国市场出版社，2011：189-192.

（3）不合法的压力，当领导者惩罚的危险变得严厉时，领导者的这种压力就变成了一种不合法的压力，或者说是威吓。

（4）玩游戏行为，即领导者采取在下属之间一连串重复的、似是而非但有隐藏交换目的的影响策略。

（5）挑错行为，即领导者通过从下属所完成的每项任务中挑一些毛病，来达到控制、影响下属的目的。

（6）降低姿态，即领导者为了控制下属的行为而自我贬损和诋毁。

（7）向下请求，即领导者通过让下属感受到更多的正式权威而向其施加影响力的行为。

（8）沉默对待，即领导者通过什么也不说、愠怒或其他形式的沉默，使下属顺从。

（9）逢迎，即领导者不喜欢某个下属，但还是表现为对他的喜欢而获得其顺从与支持的行为。

二、行为策略的使用

发挥行为策略的有效作用不仅需要领导者正确认识这些策略，还要求领导者能够正确运用，这就包括正确选择、安排恰当的顺序，以及适当地组合使用。

（一）行为策略的选择及其顺序

关于领导者行为策略选择的一种观点是，领导者的行为策略与其施加影响的目的相关。但是研究表明，领导者常见的几种策略选择与影响目的之间的关系并不密切。一些行为策略适用于特定的目的，但是大多数策略选择并没有特定的目的与之对应。比如，理性说服策略是最为常见的行为策略，能够用于所有类型的目的。

事实上，领导者权力的构成、威信的高低能够有力地影响到策略的选择。通常来看，一名拥有充足权力、威信又高的领导者，他考虑行为策略选择的顾虑就更少。因为，当一名领导者拥有更多的权力时，采取更有力行为策略的负面后果就更少。

行为策略能否有效发挥作用的关键之一在于领导者采取它们的顺序。通常来看，应当从最积极的，或者至少从负面影响较小的策略开始。如果领导者的要求没有得到满足，则可以改换一种效果更加明显的策略。但是，领导者应当尽可能地避免采取粗暴的行为策略，如向自己的上级领导提出请求、对下属施加不合法的压力等，因为这些行为策略更容易引发负面情绪。有些领导者会通过向外部机构进行抱怨或倾诉的形式施加影响，但是很多情况下，这种策略是相当愚蠢的选择，它只能降低领导者在下属心目中的地位，削弱自身的影响力。

行为策略选择的先后顺序也需要考虑成本和风险。明智的选择应当是从低成本、低风险的行为开始。同样，领导者可以根据下属完成要求的程度，进行策略的再选择，即改换另一种相对稍高成本、风险的行为策略。最典型的例子是，通过开玩笑的方式将自己对下属的批评表达出来，如果他并没有及时改正，那么就可以采用一种更为正式与严格的行为策略（如合法要求策略）。

（二）行为策略的效能

不同的行为策略有着不同的效能，领导者采取的行为策略能否生效取决于以下几个主要因素：

（1）下属对于领导者要求的内在反抗程度；

（2）下属针对领导者行为策略采取的博弈对策；

（3）领导者拥有的权力能否支持其行为策略；

（4）领导者运用行为策略的熟练程度；

（5）领导者运用的行为策略是否与其社会身份与声望相匹配。

所以，在以下情形中，领导者的行为策略更加有效：下属认为这些行为是被社会广为接受的影响方式；领导者有足够的职位权力与个人权力去实施这些策略；领导者以熟练的方式采取这些行为；这些行为与领导者的社会身份相一致，并且与下属的价值和需要相符等。

一般来讲，理性说服策略、咨询行为策略、合作行为策略以及鼓舞性号召策略最为有效。当然，这些行为策略发挥程度也对其效能产生着重要影响，比如，强硬的理性说服形式比软弱的理性说服形式要更为有效。

交换交易策略、讨好行为策略与告知行为策略的效果则只能算作中等有效。这些行为策略在影响下属与同级时相对有效，但很难用于上级领导。首先，一个中层领导者很少有能够与上级领导交换的东西，因此交换交易策略与告知行为策略实施的可行性几乎不存在。而讨好上级的行为策略往往会降低领导者的威信，且容易被上级领导看作是一种功利化的行为。总之，在日常工作中采取讨好行为策略来建立良好的关系，比作为一个主动的影响策略会更有效。

个人请求策略在与领导者有着友好关系的下属身上可能更有用。然而，这种行为策略也要取决于领导者提出的要求本身，因为下属会考虑这个请求对自身的影响，当下属认为答应请求会给自己带来损失时，这种行为策略就不会发生预期的作用。在影响同级或上级支持自己的提议时，结盟行为策略可能更有效。

总之，每一种行为策略在特定的情境下都是有效的。一些行为策略可能比其他行为策略更加有效，但是最好的行为策略并不总能获得支持，最差的行为策略也不总是导致反抗。除了领导者对于行为策略的正确选择之外，其影响效果还受到其他因素的制约。如果没有以熟练的方式运用这些行为策略，或者用于不适当或不道德的方面，任何行为策略都可能导致反抗。

（三）行为策略组合的效能

行为策略能结合起来使用，通常能够产生更加明显的影响效果，而且不同行为策略的组合，产生的影响效果也不同。比如，如果施压行为策略结合理性说服策略，其效果就更有可能优于施压行为策略与合法要求策略的组合。这是因为不同行为策略之间的相容程度会对组合效果产生影响。相容的行为策略容易一起使用，它们能相互提升影响效果。理性说服策略就是相容度非常高的行为策略，它几乎能与任何其他行为策略相容。而其他一些行为策略的相容度就很低。比如，施压行为策略就不大可能与个人请求策略或讨好行为策略相容，其组合也就无从谈起。

内容提要

1. 领导影响力，简而言之，就是领导者在与他人（包括下属、同级、上级及外部人员）交往的过程中，影响和改变对方心理和行为的能力。

2. 领导影响力的理解角度包括：影响来源、发生作用的机制、主客观因素、社会交换。

3. 领导影响力的重要作用：影响力是领导活动必不可少的前提与保障。

4. 领导有效性主要取决于两个要素：领导者、追随者（多为下属）。领导效能是这两者相互作用的产物，而领导影响力的运用又是使这两者平衡运转、领导有效性得以实现的动力机制和联系纽带。

5. 领导影响力并非孤立存在，它是由一系列单个的相关因素构成的，它与领导者的个性与魅力、个人能力、领导风格、权力与行为策略等因素有关。

6. 就领导力而言，权力多指领导者对追随者施加影响的一种能力。

7. 不同的权力来源会产生不同类型的权力，主要有职位权力、个人权力与因控制资源产生的权力。

8. 有效的领导者发挥影响力需要权力作保证，但并不能由此得出权力越大越有效的结论。在不同的情境中，面对不同的任务，领导者所需的必要的权力的量并不相同，需要明确领导者的权力边界。

9. 领导者的权力并不是一成不变的，它会随着环境与领导者自身行为的变化而变化。

10. 领导者要学会通过授权扩大自身的权力。

11. 领导者可用以影响他人的行为策略主要有 12 种类型。

12. 领导者行为策略的性质并不都是相同的，有些行为策略在本质上说是不诚实，并违背职业道德的，领导者应慎用此类行为策略。

13. 行为策略的选择及其顺序、组合使用能够明显对行为策略的效果产生影响。

活动拓展

学习完本章之后，作者对领导者权力分类的依据是什么？你是否赞同职位权力与个人权力的分类？其他学者相关的研究观点怎么样呢？你有没有更好的划分方案呢？请登录学校数字图书馆，以领导者的权力为主题，查找相关的论文，然后比较、分析、总结这些论文的观点，给出你自己最赞同的分类方式。请就这一问题跟其他同学一起讨论，看看谁的观点最好。

课后作业

1. 领导影响力的相关因素主要有（　　）。

A. 领导者的个性与魅力　　B. 领导者的个人能力

C. 领导风格　　D. 领导者的权力与策略

2. 领导者的权力主要有（　　）。

A. 职位权力　　B. 个人权力

C. 因控制资源产生的权力　　D. 以上都对

3. 领导影响力的内涵是什么？如何全面理解其内涵？

4. 授权对领导者自身影响力有何作用？如何正确授权？

____

____

____

5. 简要列举领导者不同的行为策略及其使用方法。

____

____

____

第五章

传统领导模式

太上，不知有之；其次，亲而誉之；其次，畏之；其次，侮之。信不足焉，有不信焉。悠兮，其贵言，功成事遂，百姓皆谓：我自然。

——［春秋］老子《道德经》

知识结构

传统领导模式
- 领导行为模式
- 权变领导模式
- 情境领导模式

内容简介

尽管领导力在中国受到关注仅仅是近几十年的事情，但是，在世界范围内，对领导力的规范研究已经有100多年的历史。在这些研究中，逐渐形成了有关领导的不同理论与模式，本章着重介绍传统领导模式，主要包括：领导行为模式、权变领导模式、情境领导模式。在此基础上，再对每种模式下的具体分支做进一步阐述。诸如行为领导模式下的领导行为四分图、管理方格理论、利克特的四种领导体制，以及权变领导模式下的菲德勒权变领导模式、路径-目标模式、领导者参与模式等。

学习重点

- 领导行为模式的分类与特点
- 权变领导模式的分类与特点
- 情境领导模式的特点

学习目标

学完本章之后，你要能够：

- 掌握传统的几种主要领导模式

- 了解这些领导模式的核心内涵与基本特征
- 把握领导行为模式下的领导行为四分图、管理方格理论和利克特的四种领导体制各自的特点
- 把握权变领导模式下的菲德勒权变领导模式、路径-目标模式和领导者参与模式各自的特点

第一节 领导行为模式

在整个领导行为理论中，有几种非常典型和重要的模式，如领导行为四分图、管理方格理论、利克特的四种领导体制等，这些需要我们重点把握，接下来我们一一进行介绍。

一、领导行为四分图

1945 年美国俄亥俄州立大学工商企业研究所在诺尔夫·斯托克迪尔（Ralph M. Stodgill）和卡罗尔·沙特尔（Carroll L. Shartle）两位教授领导下研究设计了领导行为四分图。他们开展了一项范围广泛的关于领导问题的调查，列举了 1 000 多种领导行为的特征，通过逐步概括，最后归纳为“创建结构”（initiating structure）和“关心人”（consideration）两大类。“创建结构”是以工作为中心，主要包括组织机构的设置、明确职责和相互关系、确定工作目标、设立意见交流渠道和工作程序等。“关心人”是以人际关系为中心，主要包括建立互相信任的气氛、尊重下属的意见、注重下属的感情和问题等。

按照“创建结构”和“关心人”的不同内容，他们设计了“领导行为描述答卷”，每项内容都列举了 15 个问题，发给一些领导者进行调查。根据调查结果，发现两类领导行为在同一领导者身上有时一致，有时不一致。因此，他们认为领导行为是两类行为的具体结合。领导行为可以用二维空间的四分图来表示，分别以“创建结构”和“关心人”为坐标，直接显示出二元行为组合式四类基本的领导行为，如图 5－1 所示。

这个四分图是从两个角度考察领导行为的首次尝试，为进行领导行为的研究指出了一个新的途径。

四分图把领导行为分为四种基本情况：

（1）低结构、低关心人的领导行为：既不关心人又不关心工作。

（2）高结构、低关心人的领导行为：最关心的是工作任务。

（3）低结构、高关心人的领导行为：重视与下属互相信任、互相尊重的气氛，关心下属的合作。

（4）高结构、高关心人的领导行为：对人和工作都十分关心。

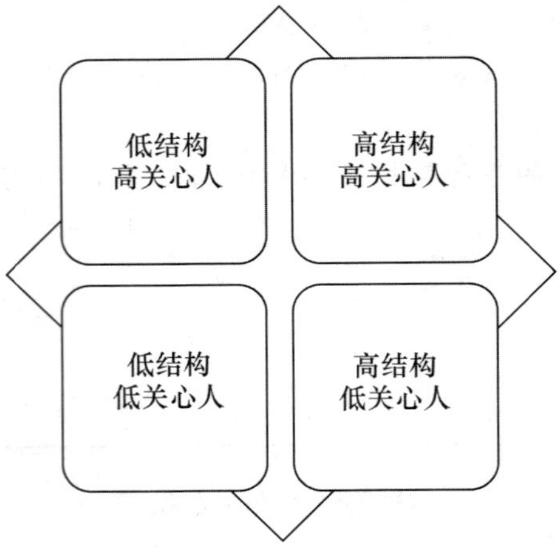

图 5-1　领导行为四分图

研究者认为，在这四种领导行为中，第四种效果最好。

对于这种四分图，理论界认为，它揭示了领导行为的二元结构，并以此将复杂的领导行为划分为四种基本类型，有很高的理论价值。关于“双高型”是最佳领导行为的结论，很多人认为对此不能一概而论，要根据具体情况而定。

二、管理方格理论

为了探讨领导行为四分图在实践中如何应用，并且改变以往各种理论中“非此即彼”式（要么以生产为中心，要么以人为中心）的绝对化观点，美国得克萨斯大学的行为科学家罗伯特·布莱克和简·莫顿在 1964 年出版的《管理方格》一书中提出了管理方格理论（management grid theory）。

这是一张九等分的方格图，横坐标表示领导者对生产的关心程度，纵坐标表示领导者对人的关心程度。坐标轴上由 1 到 9 划分为 9 个格，作为标尺。整个坐标图共有 81 个小方格，每个小方格表示“关心生产”和“关心人”这两个基本因素相结合的领导方式，如图 5-2 所示。

布莱克和莫顿在 81 个方格中，列举了五种典型的领导方式，并对每种领导行为的特征进行了描述。

（一）（1，1）型领导——贫乏型领导（impoverished）

又称为虚弱型领导，这种领导者对生产的关心和对人的关心都做得很差，他只以最小的努力来完成必须做的工作。这种管理是领导者和整个公司的失败。这种情况很少出现，但也不是没有。如明朝的万历皇帝曾经 20 年不理朝政，成为历史奇谈。

（二）（9，1）型领导——权威顺从型领导（authority-compliance）

此类领导者高度关心生产和效率，而不关心人。因为不注重人的因素，员工都成了机器。在这种独裁式的领导下，下属只能奉命行事，一切都受到上级的监督和控制，使员工失去进取精神，创新意愿和能力都较弱。

（三）（5，5）型领导——中间路线型领导（middle-of-road）

此类领导者对人的关心和对生产的关心比较均衡，既不过分偏重人的因素，也不过分

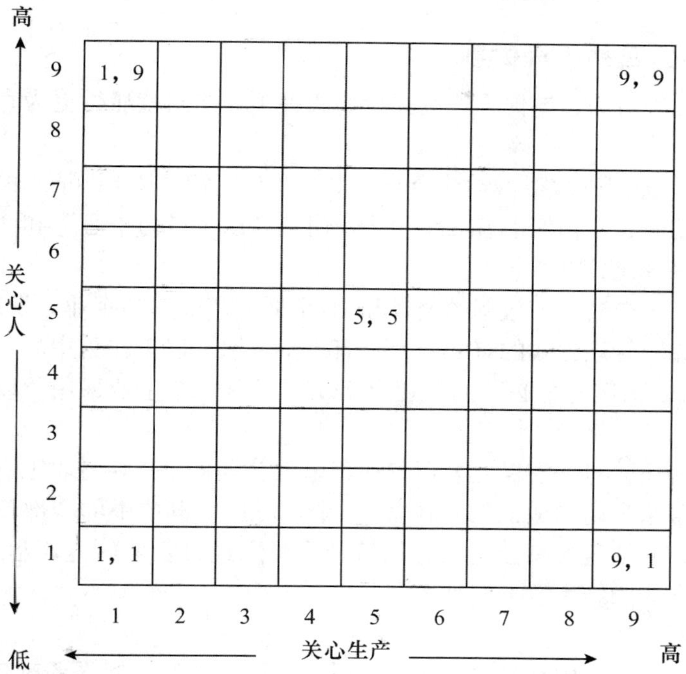

图 5-2 管理方格

偏重生产。但是，碰到真正的问题时总想得过且过，只图维持一般的工作效率和士气，安于现状，不能促使下属发扬改造革新的精神。从长远的观点看，这种领导者会使企业逐渐走向衰落。

（四）（1，9）型领导——乡村俱乐部型领导

此类领导者只关心人而不关心生产。这种领导者认为只要组织内部充满轻松友好的气氛，下属精神愉快，生产绩效自然会高；认为不管生产绩效好不好，都要首先重视下属的态度和情绪，一旦和谐的人际关系受到影响，生产绩效就会随之降低。此类领导风格对下属的成熟度要求很高，需要下属具有较强的自我管理能力。

（五）（9，9）型领导——团队型领导

这类领导者既关心生产又关心人，通过协调、参与、承诺等活动，促使工作、生产的发展，使下属和谐相处并发扬集体精神。下属能运用智慧和创造力进行工作，关系和谐，任务完成好。在这种情况下，下属在工作方面相互依赖，共同努力去实现组织目标；领导者诚心诚意关心下属，努力使下属在实现组织目标的同时满足个人的需要。

对以上五种类型的领导行为，多数研究者认为（9，9）型最好，其次是（5，5）型。管理方格理论对改进管理方法和管理作风、提高管理水平和工作效率有着极具价值的指导作用。

想一想

在管理方格理论中，你认为哪种类型的领导行为更好？可以和你的同学一起讨论一下。

三、利克特的四种领导体制

相对于前面几种行为领导模式，利克特的四种领导体制就显得更为直观，下面为大家简单介绍一下。

1947年以后，美国密歇根大学社会研究中心在利克特（R. Likert）的主持下，对企业的模式进行了长期研究。初期沿着二维理论，研究“以生产为中心”和“以人为中心”这两种领导方式哪一种比较有效。

利克特观察了7个高生产效率的企业和10个低生产效率的企业，发现在高产企业中，采取“以人为中心”管理方式的有6个，只有1个采取“以工作为中心”的管理方式；而在低产企业中，“以工作为中心”的企业有7个，只有3个企业采用“以人为中心”的管理方式。

此外，利克特还曾对一家保险公司和一家电力公司的9 000名职工进行了调查，从中分别挑选了职工情绪最高和最低的群体各40个，对这些群体中的全部职工约500人进行了访问，同时还访问了这两家公司的各级管理人员。经过长期研究，利克特于1961年将企业管理的领导方式归结为以下四种体制。

（一）专权独裁式

在此体制下，权力集中在最高一级，下属无任何发言权。领导者对其下属不信任。决策与组织的目标设置均由管理阶层做出，然后下达一系列命令。必要时，领导者以威胁、强制方式命令下属执行。上、下级之间互不信任，极少交往。下属被恐惧和不信任所笼罩，不能满足其在生理、安全上的低层次需求。机构中若有非正式组织，则对于正式组织的目标通常持反对态度。

（二）温和独裁式

在这种体制下，权力控制在最高一级，但授予中、下层部分权力。领导者对其下属有一种类似主仆间的信任，有一种较谦和的态度。一般决策是由高层管理人员制定，但下属也可做出一定限度的决策。下属有恐惧、警戒心理，交往是在上级屈就和下级畏缩的气氛下进行。采用奖惩方式进行激励。机构中的非正式组织虽然也可能对正式组织的目标持不同意见，但不一定反对。

（三）协商式

在这种体制下，重要问题的决定权在最高一级。中、下层在次要问题上也有决定权。领导者对下属有相当程度的（但不是完全的）信任。上、下级具有双向的信息沟通，大致均能互相信任。采用奖惩方式进行激励，也实行一定程度的参与管理。机构中的非正式组织有时对于正式组织的目标表示支持，有时也会做出轻微的对抗。

（四）参与式

此类体制允许下属参与管理。领导者对下属有完全的信任，上、下级处于平等地位，有问题时民主协商讨论。决策是以各部门广泛参加的形式进行，但由最高领导者做最后决策。不仅有上下之间的双向沟通，还有平行的沟通。在激励方面，让下属参与制定经济报酬、设置目标、改进方法、评估目标的进展。

在利克特看来，专权独裁式体制是注重工作，领导者具有高度的、以工作为中心的意识，是集权独裁式的人物。参与式体制则注重人际关系，领导者具有高度的、以人为中心的意识，性质上是民主式的。

由于利克特十分推崇参与式体制，在这里着重向大家介绍一下它的特征：

(1) 领导：在上下级之间灌输互信精神，可以无拘束地交换意见、讨论问题。

(2) 激励：通过参与管理广泛调动下属的积极性，下属对公司以及公司的目标持积极态度。

(3) 交流沟通：组织内上下左右之间信息畅通，不被歪曲。

(4) 相互作用：做到公开和广泛，上、下级对于各部门的目标、方法和活动都能起到作用。

(5) 决策：各级组织都采取集体决策方式。

(6) 目标设置：鼓励集体参与目标设置，目标要高标准并切合实际。

(7) 控制：渗透到公司各个角落，全部参与者都关心有关信息，实行自我控制。控制的出发点是解决问题而不是追究责任。

(8) 绩效管理：高标准的目标，管理部门积极追求。管理部门通过训练对公司的人力资源进行开发。

重点提示

利克特认为，一个组织的领导体制可以用八项特征来描述，即领导、激励、交流沟通、相互作用、决策、目标设置、控制和绩效管理。

这可能会方便大家理解这四种体制划分的标准。

利克特根据调查研究的结果，认为依靠奖惩来调动下属的积极性的管理形式已过时，只有依靠民主管理，从内心来调动下属的积极性，才能充分发挥其潜力。他建议领导者真心诚意地，而不是虚情假意地让下属参与管理。要看到下属的智慧，相信他们愿意做好工作。他认为，专权独裁式的管理永远不能达到民主管理体制所能达到的生产水平和职工对工作的满意感。

第二节 权变领导模式

本节我们着重向大家介绍权变领导模式。权变理论最早诞生于 20 世纪 60 年代，在 70 年代逐渐形成体系。其基本观点是：不存在一成不变、普遍适用的最佳管理理论和方法，领导应根据组织所处的内外部环境随机应变。我们选取几种具有代表性的权变领导模式与大家分享，希望大家能够掌握权变领导理论与模式的精髓。

一、菲德勒的权变模型

弗雷德·菲德勒（Fred Fiedler）是第一个把人格测量与情境分类联系起来研究领导效率的学者。他从 1951 年起，经过 15 年的调查研究提出了一个“有效领导的权变模式”。

他认为，任何领导形态均可能有效，关键是要与环境相适应。因此，经理人员必须是一位“具有适应能力的人”。

菲德勒同时也是最早提出领导权变观点的人。菲德勒权变模型的基本假设是：领导有效性是领导风格和领导情境的一个函数，如果领导风格和情境匹配，则领导是有效的；反之是无效的。

（一）领导风格

为了确定领导风格，菲德勒使用最难共事者（the least-preferred coworker，LPC）问卷来测量领导风格。与领导行为理论类似，菲德勒也是遵循“以任务为中心”或“以人为中心”这两种基本倾向进行研究。与其他学者不同的是，菲德勒认为这两种基本行为倾向实际上是领导者的人格特征，而且基本上处于稳定形态。因此，他设计了一种调查问卷进行测量。该调查问卷是让领导者对“最难共事者”做“正反两极”的评分，简称 LPC 问卷（见表 5-1）。如果一位领导者对最难共事的同事仍能给予高的评价，即高 LPC，则表明他是一位关心人或宽容性的领导者，即所谓的关系驱动型领导风格，其领导行为必然表现出“以人为中心”的倾向；反之，低 LPC 的领导者则被认为是“以任务为中心”的领导者，即所谓的任务驱动型领导风格。

表 5-1 LPC 问卷

在你的一生中，你可能已经在很多个团队中与各种各样的人一起工作过。你的同事中有一些可能非常容易和你共事以达成团队目标，而有一些同事可能比较不容易共事。

从与你共事的同事中，选择一位最难共事的人，请用下面的量表来描述这个人，在合适的位置上画“√”。在你画之前，请看各线两端的描述词。答案没有正误之分，请快速作答，你的第一反应很可能是最好的答案。不要遗漏任何题目，每个题目上只做一个标记。

令人愉快的	8	7	6	5	4	3	2	1	令人不愉快的
友好的	8	7	6	5	4	3	2	1	不友好的
拒绝的	1	2	3	4	5	6	7	8	接纳的
紧张的	1	2	3	4	5	6	7	8	放松的
疏远的	1	2	3	4	5	6	7	8	亲密的
冷淡的	1	2	3	4	5	6	7	8	热情的
支持的	8	7	6	5	4	3	2	1	敌对的
令人厌烦的	1	2	3	4	5	6	7	8	有趣的
好争辩的	1	2	3	4	5	6	7	8	和睦的
抑郁的	1	2	3	4	5	6	7	8	高兴的
坦诚的	8	7	6	5	4	3	2	1	警戒的
中伤人的	1	2	3	4	5	6	7	8	忠诚的
不可信赖的	1	2	3	4	5	6	7	8	可信赖的
体贴的	8	7	6	5	4	3	2	1	不体贴的
讨厌的	1	2	3	4	5	6	7	8	和蔼的
随和的	8	7	6	5	4	3	2	1	不随和的
不真诚的	1	2	3	4	5	6	7	8	真诚的
友善的	8	7	6	5	4	3	2	1	不友善的

得出总分：（　　）

得分和解释：

高于 64——高 LPC

低于 57——低 LPC

58～63——中间段

(二) 领导情境

在分析领导风格的基础上，菲德勒进一步对领导情境进行了研究。他认为影响领导效果好坏的情境因素有以下三个。

1. 领导者与下属的关系

即领导者对下属信任、信赖和尊重的程度，或者是下属爱戴、信任、情愿追随领导者的程度。

2. 工作任务结构

主要是指执行工作任务的标准化程度、对工作任务描述的明确程度以及对工作过程的控制性程度。

3. 职位权力

即领导者利用来自组织职位所赋予的权力（如招聘、解雇、训导、晋升、加薪等）使下属成员遵从他指挥的程度。

菲德勒根据以上三种因素对领导者所处的环境进行评估。他认为，环境的这三个方面的权重和结合决定着领导环境的有利性。这个权重的程序假设是：领导者与下属的关系比工作任务结构重要，而工作任务结构又比职位权力重要。

(三) 情境与风格的匹配

领导者所处的情境从最有利到最不利，共可分成八种类型，其中领导者与下属的关系好、工作任务结构化、职位权力强的情境是对领导者最有利的；反之是对领导者最不利的情境。无论在什么样的情境条件下，领导者都可以采取与所处情境类型相适应的领导风格，以便获得有效的领导。

菲德勒对在 1 200 个团体进行调查分析的基础上，证明了在最不利和最有利的两种情况下，采用“以任务为中心”的任务驱动型领导风格效果较好；而对处于中间状态的环境，则采用“以人为中心”的关系驱动型领导风格效果较好。例如，在工作任务有严格明确的规定，但领导者不受欢迎的情况下，就应当采取“以人为中心”的领导风格，才可以获得好的成效。具体而言，八种领导情境类型与领导风格的匹配见表 5－2。

表 5－2　八种领导情境类型与领导风格匹配

类型	领导者与下属的关系	工作任务结构	职位权力	有效领导
1	好	结构化	强	低 LPC
2	好	结构化	弱	低 LPC
3	好	非结构化	强	低 LPC
4	好	非结构化	弱	高 LPC
5	差	结构化	强	高 LPC
6	差	结构化	弱	高 LPC
7	差	非结构化	强	高 LPC
8	差	非结构化	弱	低 LPC

按照菲德勒的权变模式，要提高领导的有效性，可以通过两种途径：一是改变领导者的领导风格；二是改变领导情境。但是就领导风格而言，一般是与生俱来的，领导者很难改变自己的风格去适应环境。所以要么替换领导者以适应情境因素，要么改变领导者与下属的关系、工作任务结构和职位权力等领导情境。

菲德勒权变理论具有以下指导意义，值得领导者借鉴：

（1）领导者必须了解自己的领导风格和与之适合的情境，以预测自己的效率。

（2）与下属相处融洽对领导者管理非常重要，可以弥补自己权力不足的劣势。

（3）领导者应该不断改变情境以适合自己的领导风格，而不是试图改变自己。

（4）领导者可以通过培训和经验来弥补工作的不确定性。

想一想

学习了菲德勒的权变领导理论，相信你对领导风格和领导情境的关系有了新的认识。可以与前面的领导行为理论与模式做一下对比，看看有什么相似与不同之处。

二、路径-目标模式

路径-目标模式最早由加拿大多伦多大学教授伊凡斯（W. G. Evans）于1968年提出，后由其同事罗伯特·豪斯教授补充和发展。这一理论认为，为了达到组织目标，领导者必须采用不同类型的领导行为以适应特殊环境的客观需要。它是近年来在国外颇受重视的理论。

关键术语

期望理论认为个体的努力和绩效都基于获得奖励的预期，因而个体会根据这种预期做出合适的行为。

路径-目标模式是以期望理论和领导行为四分图为依据的。它的基本要点是要求领导者阐明对下属工作任务的要求，帮助下属排除实现目标的障碍，使他们能顺利达到目标；同时，在实现目标的过程中满足下属的需要和给予成长发展的机会。领导者在这两方面发挥的作用越大，越能提高下属对目标价值的认识，激发积极性。

（一）领导类型

通过实验，豪斯认为“高工作”与“高关系”的组合不一定是有效的领导方式，还应补充环境因素。路径-目标模式归纳了以下四种不同的领导类型。

1. 指导型

领导者告知下属他希望他们做什么，并对应该怎样做给予指导，确信他的指令在组织中会得到很好的理解。这种类型的领导者要做的是进行严格的计划，坚持固定的标准，并激励下属遵守标准和规则。

2. 支持型

领导者很友善，关心下属，平等待人，为下属提供支持性的氛围。当下属面临困难工作、自信心不足时，这种领导风格较为奏效。

3. 参与型

领导者在做出决策时，注意与下属磋商，征求他们的意见，对达到目标的各种主意采取非常认真的态度。在面临复杂任务时，参与型领导可以提升下属的士气。

4. 成就导向型

领导者强调出色的工作表现，同时坚信下属能够达到规定标准的要求。这种类型的领导者通常制定一个具有挑战性的工作目标，希望下属最大限度地发挥潜力，实现组织目标。这种类型的领导者不断制定新的目标，使下属经常处于被激励的状态。

（二）领导方式的影响因素

路径-目标模式认为，没有一个在任何情况下都能引发下属工作动机、满足感的领导模式。对不同的环境因素应施以不同类型的领导行为。领导者究竟选择哪种领导方式，要考虑以下两个随机变化的因素。

1. 下属的个性特点

下属的个性特点包括能力、控制点、需求和动机几方面。当下属感到他的能力很低时，他很可能接受指导型的领导。当下属感到自己的能力很强时，指导型的领导对其满足感和工作动机就不会有积极的影响。当下属是内控型的人时，他认为自己的能力和意志能控制事物的发展，则较喜欢参与型的领导方式；否则，他会喜欢指导型的领导。另外，下属的特殊需求和动机也会影响他们对不同领导类型的接受和满意程度。

2. 工作环境的特点

工作环境的特点包括下属的任务、组织的正式职权体系、主要的工作群体等。当工作任务模糊不清，下属无所适从时，他们希望有“高工作”型的领导，帮助他们做出明确的规定和安排，否则就会不满意。当面对常规性的工作，目标和达到目标的途径都很明确时，下属就喜欢“高关系”型的领导。因此，根据路径-目标模式，领导者必须分析下属面对的客观环境，选择一个恰当的领导方式。

路径-目标模式的基本原则就是将领导行为与权变因素结合起来进行考虑，在研究组织中领导行为的过程中，不仅要考虑不同的领导类型，而且要注意影响领导有效性的下属及环境的特点。

三、领导者参与模式

领导者参与模式是由美国行为学家弗罗姆（V. H. Vroum）和耶顿（P. W. Yetton）于1973年提出的。这一理论将领导行为和下属决策参与联系在一起，即领导者要确定在何种情境中和在什么程度上让下属参与决策。由于常规活动和非常规活动对于任务结构的要求各不相同，因此领导者的行为必须加以调整以适应这些任务结构。其理论要点是成功的领导者应根据不同情况，让下属不同程度地参与决策，所以领导方式主要取决于让下属参加决策的程度。领导者参与模式的主要观点如下。

（一）领导方式

弗罗姆和耶顿共提出五种不同的领导方式，这些领导方式是由下属参与决策的程度决定的，包括：

（1）领导者用手头的资料，自己做出决策，单独解决问题，属于独断型的领导方式。

（2）领导者向下属取得必要资料，然后自己做出决定。领导者在向下属索要资料时，可能会向下属说明问题，也可能不说明。下属只是起到提供必要资料的作用，并不能提供或者评价解决问题的方案。这种类型的领导方式也具有独断型的特征。

（3）领导者采用个别接触方式，让下属了解议题，并获取他们的意见或者建议，然后再做出决策。最后的决策可能反映下属的意见，也可能不反映。这属于协商型的领导方式，下属有一定的参与度。

（4）领导者让下属集体了解议题，集体提出意见、建议，然后由领导者做出决策。决策可能反映下属的意见也可能不反映。这是一种磋商型的领导方式。

（5）领导者让下属集体了解议题，并且领导者与下属一起提出和评价可供选择的方案，努力就解决问题的方法达成一致意见。领导者不试图去影响下属接受他的解决方法，并愿意接受下属支持的解决方法。这是一种参与型的领导方式。

（二）决策的情境变量

弗罗姆和耶顿认为，在决策中，领导者可能遇到变化情况。领导方式适当与否取决于下列七种情境因素：

（1）是否有更为合理的解决办法；

（2）是否有足够的信息做出高质量的决策；

（3）问题是否具有结构性；

（4）下属接受解决办法对有效贯彻执行决策有无重大关系；

（5）领导者单独做出决策，下属能否接受；

（6）下属是否知道解决办法与组织目标的关系；

（7）在备选方案中，下属之间有无发生冲突的可能。

（三）决策的规则

根据决策的情境因素，在不同的情况下需要选择不同的领导方式，弗罗姆和耶顿给出了领导决策的规则：

（1）当决策重要，下属拥有领导所缺的相关信息时，领导者应该征询下属的意见，然后才能做出决策。

（2）当决策质量重要而下属对任务目标缺乏关心时，不宜采取团体决策。

（3）当决策质量重要，决策问题不成熟，而且领导者不拥有做出好的决策所需的必要信息和专长时，这时决策应当通过与具有相关信息的下属互动来做出。

（4）当决策接受度重要，下属不愿意接受专断决策时，专断决策是不合适的，因为这样的决策不能得到有效的执行。

（5）当决策接受度重要，下属之间可能对重要问题的解决方案存在分歧时，专断的程序和单个咨询程序是不合适的。

（6）当决策质量不重要但接受度重要，而且下属不喜欢专断决策时，团体决策最有效。

（7）当决策接受度重要，下属关心任务目标但不愿意接受专断决策时，应当在决策过程中给予下属平等的伙伴关系，以使接受度达到最大化。

第三节 情境领导模式

在谈到情境领导理论与模式时，我们不得不解释一下它的特殊性，因为有的学者将它作为权变领导理论的分支之一，有的将它作为管理方格理论的发展和延续。但是在这里我们想讨论的不是它属于哪一个理论学派，而是将它作为传统领导理论的重要组成部分，把它最基本的观点与核心内容介绍给大家。同时将其单独列为一节进行论述，也是为了突出其重要的理论与实践价值。

情境领导理论是由美国学者保罗·赫塞和肯尼斯·布兰查德率先提出的。在20世纪60年代赫塞首先提出了情境领导模式。1969年，他编著了《情境领导》教科书，该书被翻译成14种文字，销量达百万册。之后，赫塞又组织了“领导力研究中心”，不断深入研究并完善该理论。情境领导理论认为：在领导和管理公司或团队时，不能用一成不变的方法，而要随着情况和环境的改变及员工的不同，而改变领导和管理的方式。后来，布兰查德推出了升级版的《情境领导Ⅱ》，使这一管理模式更适合现代企业的运用。

一、领导风格

赫塞和布兰查德依然通过领导的任务（工作）行为和关系行为来确定领导风格。所谓任务行为是指领导者清楚地说明个体或团体的义务和责任的程度，它包括指定方向与设定目标；所谓关系行为是指领导者加入双方或多方沟通中的程度，包括倾听、给予奖励和指导等活动。根据任务行为与关系行为的侧重不同，形成了四种不同的领导风格（见图5-3）。

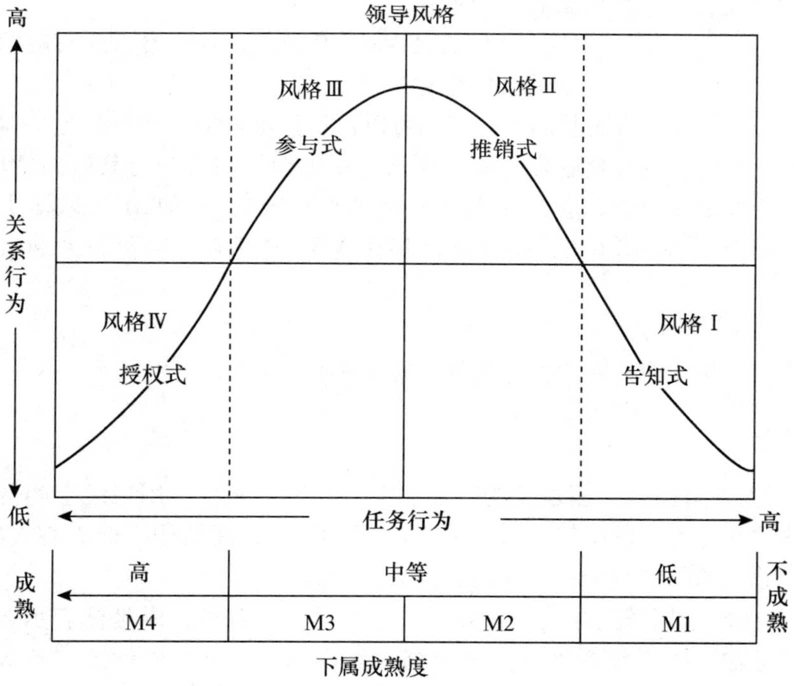

图5-3　领导风格

（1）风格Ⅰ——高任务和低关系的告知式领导：关注下属工作行为，明确工作任务，加强指导，不许自行其是。

（2）风格Ⅱ——高任务与高关系的推销式领导：仍然指导下属工作，但不是简单地命令，而是采取说服的形式，使下属通过自我控制来完成工作任务。

（3）风格Ⅲ——低任务和高关系的参与式领导：减少对下属的直接指导，减少对工作的过多干预，充分发挥下属的积极性、主动性，增加协作。

（4）风格Ⅳ——低任务和低关系的授权式领导：领导直接把任务委派给下属，而不过多干预，让下属放手去干。

二、下属成熟度

按照赫塞和布兰查德的情境领导理论，成功的领导者应该根据下属的成熟度来选择合适的领导风格。

我们可以看到，下属的成熟度也是两个维度：一个是个人能力，即下属对某项任务显示出的能力水平；另一个是个人意愿，即下属在多大程度上愿意做这件事。

在此基础上，我们又可以把下属的成熟度分为四个层次（见图 5-3）：

关键术语

情境领导理论中的成熟度是指一个团队成员完成一项特定任务的能力水平以及意愿或者信心程度。

（1）层次 M1：没能力、没意愿（对执行某任务既没能力又不情愿）。

（2）层次 M2：没能力、有意愿（缺乏能力，但愿意执行必要的任务）。

（3）层次 M3：有能力、没意愿（具备能力，但不愿意执行必要的任务）。

（4）层次 M4：有能力、有意愿（既有能力，也愿意执行必要的任务）。

在对下属的成熟度分析的基础上，我们可以再重新审视情境领导理论的基本观点，即没有最好的领导风格，只有最适合的领导风格，要把领导的行为与具体的情境联系起来，按照赫塞和布兰查德的观点，就是在上述分析基础上做到以下匹配：风格Ⅰ适用于层次 M1；风格Ⅱ适用于层次 M2；风格Ⅲ适用于层次 M3；风格Ⅳ适用于层次 M4。

想一想

看看自己的下属是哪一层次？你选择了哪种领导风格？

内容提要

1. 领导行为四分图以“创建结构”和“关心人”为坐标，用二维空间的四分图来表示四类基本的领导行为：低结构、低关心人的领导行为；高结构、低关心人的领导行为；低结构、高关心人的领导行为；高结构、高关心人的领导行为。

2. 管理方格理论用横坐标表示领导者对生产的关心程度，纵坐标表示领导者对人的关心程度。坐标轴上由 1 到 9 划分为 9 个格，作为标尺。整个坐标图共有 81 个小方格。列举了五种典型的领导方式：贫乏型领导、权威顺从型领导、中间路线型领导、乡村俱乐部型领导、团队型领导。

3. 利克特将企业管理的领导方式归结为四种体制：专权独裁式、温和独裁式、协商式、参与式。

4. 菲德勒把人格测量与情境分类联系起来，假设领导有效性是领导风格和领导情境的一个函数，如果领导风格和情境匹配，则领导是有效的，反之是无效的。

5. 路径-目标模式以期望理论和领导行为四分图为依据，在补充环境因素的基础上，归纳了四种不同的领导类型：指导型、支持型、参与型、成就导向型。

6. 领导者参与模式的要点是成功的领导者应根据不同情况，让下属不同程度地参与决策，所以领导方式主要取决于让下属参加决策的程度。

7. 按照赫塞和布兰查德的情境领导理论，成功的领导者应该根据下属的成熟度来选择合适的领导风格，实现领导风格与下属成熟度的匹配。

活动拓展

学习完本章之后，你应该对传统领导模式有了一个较为清晰的把握，那么你对于每一种领导模式的基本特点与核心要素有没有一个全面的认识呢？你是否赞同作者对传统领导模式的描述？其他学者的相关研究观点是怎样的？请登录学校数字图书馆，以传统领导模式为主题，查找相关的论文，然后比较、分析、总结这些论文的观点，给出你自己的理解。建议你查找相关案例，通过案例分析，加深对不同领导模式的认识，也可以就某一领导模式跟其他同学一起讨论，展开进一步的思考。

课后作业

1. 简述领导行为四分图的基本内容。

2. 通过对利克特四种领导体制的学习，总结出这四种不同领导体制的特征。

3. 谈谈菲德勒权变领导模式的基本逻辑与基本观点。

4. 你对情境领导模式是如何认识的？通过本章的学习能否总结出情境领导模式的核心内容？

5. 阅读以下案例，分析 PM 型领导模式给我们带来哪些启示。

PM 型领导模式

20 世纪 60 年代，日本大阪大学教授三隅二不二在吸取了前人研究成果的基础上，提出了著名的 PM 型领导模式。

他最初是在学生中进行实验，后来到企业中进行研究，他的兴趣放在第一线的领导者身上，也对中上层的领导者进行了研究。

他把领导者在组织中的作用分成了 P 和 M 两种，P 代表 performance，是领导者为实现团体目标所做的努力；M 代表 maintenance，是领导者为维持和强化团体所起的作用。那么领导者的行为就可以根据他们在组织中发挥两种作用的情况分成四种，如下图所示。

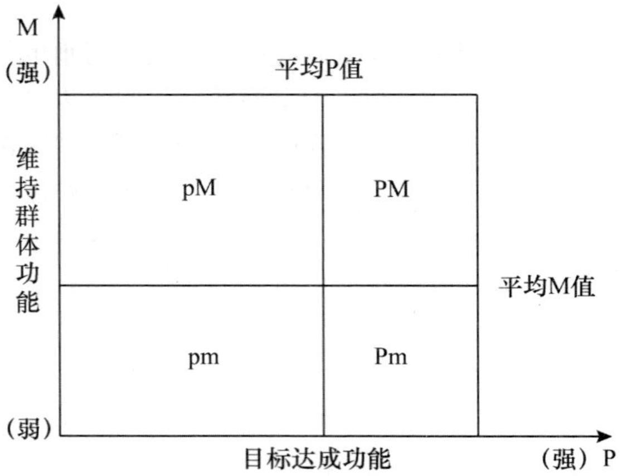

三隅二不二的 PM 型领导模式

在三隅二不二之前，就有美国学者卡特赖特（D. Cartwright）和赞德（A. Zander）在他们的《团体动力学》一书中提出了 PM 型领导模式。他们认为所有团体的组成，其目的可以归入下列两种中的任何一种，或两者兼而有之：（1）以达成特定的团体目标为目的；（2）以维持及强化团体关系为目的。因此，领导者为达到不同的目的而采取的领导行为方式可划分为三类：目标达成型（P 型）、团体维持型（M 型）、两者兼备型（PM 型）。后来三隅二不二在此基础上进一步完善和发展了该理论。

从图中我们可以看出，领导者的行为被分成了四种不同的模式，即 pm 型、pM 型、Pm 型和 PM 型，这四种模式分别代表了领导者在组织中发挥作用的侧重点，是倾向于维持群体功能还是倾向于促进目标达成。

三隅二不二进行了大量的现场调查，调查对象包括煤炭、电力、钢铁、燃料、机械、石油化工、铁路等行业的企业。到 1978 年 10 月，他已经实测了超过 15 万件案例。后来，这种调查方法被推广到其他领域，包括地方政府、政党、教育界等各方面，但所用的问卷有所区别。通过统计分析，结果发现，PM 型领导者的单位生产量最高，对组织的信赖度也最高；Pm 型、pM 型属于中位；pm 型最低，如下表所示。

管理形态	生产量	对组织的信赖度	内聚力
PM	最高	最好	最好
Pm	中	较好	一般
pM	中	一般	较好
pm	最低	最差	最差

PM 型领导模式是分析、评价领导行为的一种比较成功的方法。1980 年中国科学院心

理研究所结合我国国情，引进了这套分析方法，做了大量调查研究，取得了显著的成效，并受到国际心理学界的好评。

第六章

现代领导模式

明者因时而变，知者随世而制。

——［西汉］桓宽《盐铁论》

知识结构

现代领导模式
- 魅力型领导模式
- 变革型领导模式
- 五级经理人模式
- 极客与怪杰领导模式
- 平衡领导模式
- 量子物理视角下的领导模式

内容简介

在前面一章我们重点向大家介绍了传统领导模式，相信大家对传统领导模式有了一定的了解。但是领导力相关理论发展并未就此停滞，而是随着时代的要求不断丰富、完善和创新的。本章我们向大家介绍现代领导模式，特别是魅力型领导模式、变革型领导模式、五级经理人模式、极客与怪杰领导模式、平衡领导模式与量子物理视角下的领导模式。这些理论从新的视角丰富了领导模式的内涵与外延。希望大家能够把握住这些模式的基本特点。

学习重点

- 魅力型领导的特质与行为方式
- 变革型领导的维度与指南
- 五级经理人的特点与修炼
- 极客与怪杰的特点与共性

- 平衡领导模式的特点与要求
- 量子物理视角下领导模式的特点

学习目标

学完本章之后，你要能够：

- 掌握几种主要的现代领导理论模式
- 了解这些领导模式的核心内涵与基本特征
- 重点掌握魅力型领导和变革型领导的内涵、特征和实现路径
- 对比魅力型领导和变革型领导，找出其中的共性与不同
- 了解目前国内外最新的几种领导模式：五级经理人模式、极客与怪杰领导模式、平衡领导模式以及量子物理视角下的领导模式

第一节　魅力型领导模式

当我们看到某些领导者激情四射地演讲时，对工作进行分析总结时，对他的下属进行任务分配时，他们的语言、手势、表情所展现出的激情、自信与热情，无不感染着在场的人。这个时候如果我们选择一个词来概括这些特征的话，那么“魅力”再合适不过了。

“魅力”（charisma）一词源于希腊语“神灵的礼物”，被用于描述少数人所拥有的能使他人着迷的一种成熟而稳定的感召力的天赋。在社会学和政治学领域，魅力用来描述领导者的人格力量，即领导者特有的品质、气质、知识和能力在社会和群体中释放出来的感召力、吸引力和凝聚力。有人形象地将魅力比喻为可点燃追随者精力和承诺的“一把火”。

想一想

你怎么认识和理解“魅力”一词的含义呢？

一、魅力型领导的内涵与特质

德国社会学家马克斯·韦伯最早提出魅力型领导的表述。根据韦伯的定义，魅力型领导（charismatic leadership）就是基于对一个人的超凡神圣、英雄主义或者模范性品质的热爱，由他揭示、颁布的规范性形态、命令的权威。通俗地讲，魅力型领导就是利用自身魅力，通过超凡的特质和个性化的领导方式来领导下属实现愿景的领导。

魅力型领导有哪些特质呢？就定义本身来讲，很难理解或者很难全面认识魅力型领导的特征。我们向大家介绍几位管理学界对领导学有着深入研究的学者的观点，看看他们是如何归纳和认识魅力型领导特质的。

罗伯特·豪斯认为，魅力型领导者与其他类型的领导者不同的性格特征在于以下几个

方面：(1) 支配欲；(2) 自信；(3) 有对他人施加影响的需要；(4) 确信他们的信仰在道义上的正当性。特别是领导者在从事下列行为时更能体现上述特征：阐述目标、树立角色模式、建立个人形象、激发别人的积极性等。

安弗莎妮·纳哈雯蒂则将其概括为高度自信、对理想有强烈信念、高度热情和精力充沛、良好的表达与沟通能力，以及积极的形象和模范作用等五个方面。

沃伦·本尼斯通过对990位杰出的领导者的研究，认为魅力型领导有四个方面杰出的品质：有极富吸引力的愿景和宏伟目标；能绘声绘色地给下属描述出这个愿景；坚定不移地朝着愿景的方向努力；为实现愿景不遗余力。

杰·康格（Jay A. Gonger）和鲁宾德拉·凯南格（Rabindra Kanungo）指出了魅力型领导有七大特征：(1) 自信。他们在判断力和能力上有十足的信心。(2) 有愿景。愿景既要具有独特性与创新性，即不同于现状，同时又是可以实现的。(3) 有阐明愿景的能力。他们能用容易理解的术语向下属阐明愿景，阐明的过程能紧扣下属的需要，能有效地鼓舞下属。(4) 对愿景有坚定的信念。他们意志坚定、敢冒风险，能为实现愿景做出牺牲。(5) 常会做出反常规的行动。一旦成功，这类行为将被视为奇迹，并赢得下属的仰慕。(6) 一般是变革的代表。(7) 对环境敏感。他们能对环境的约束和变革的机会做出客观的评价。

想一想

通过上述几种对魅力型领导特质的介绍，你能不能总结出魅力型领导的一般特征呢？

二、魅力型领导的行为方式

我们前面介绍了魅力型领导的特质表现，那么魅力型领导的行为方式是怎样的呢？我们可以通过表6-1得到更加清晰的认识。这是康格通过与非魅力型领导的对比，从10个方面对魅力型领导的行为方式进行的概括。

表6-1　魅力型领导与非魅力型领导行为方式比较

行为方式	非魅力型领导	魅力型领导
与现状关系	基本认同现状并竭力维护	基本上反对现状并竭力改变
未来目标	目标与现状之间的差异不大	理想化设想与现状大相径庭
令人喜欢	共同的观点使他值得别人喜欢	共同的和理想化的目标使他成为一个令人喜欢和尊敬的英雄人物
值得信赖	通过说服别人进行无私的倡导	通过个人冒极大的风险进行无私的倡导
专长	利用现有秩序内可以运用的手段	利用超越现有秩序、传统的手段达到目的
行为	传统的、与现有秩序一致的行为	反传统和反常规的行为
环境敏感性	为了维持现状而对环境敏感性要求不高	为了改变现状而对环境敏感性的要求很高
表达	不太表明目标，领导的积极性不高	强烈表明目标，领导的积极性很高
力量基础	职务权力和个人力量	个人影响
与下属关系	与下属平等、目标一致，指导下属	改造下属，使下属赞同变革

想一想

通过对魅力型领导特质与行为的介绍，你已经对魅力型领导有了一个较为直观的认识，相信在现实生活中你也或多或少地接触了一些魅力型领导，那么你对魅力型领导是如何看待的呢？不妨与你的同学交流一下。

第二节 变革型领导模式

在介绍完魅力型领导模式之后，我们接下来认识另一种较为时尚的现代领导模式——变革型领导模式。

一、变革型领导的含义

1978年美国政治社会学家詹姆斯·麦格雷戈·伯恩斯（James MacGregor Burns）在对政治领导的描述性研究基础上，首先提出变革型领导（transformational leadership）的概念。伯恩斯将领导者描述为能够激发下属的积极性，从而更好地实现领导者和下属目标的个体，进而将变革型领导定义为领导者通过让下属意识到所承担任务的重要意义和责任，激发下属的高层次需求或扩展下属的需求和愿望，使下属为了团队、组织和更大的政治利益而超越个人利益。再进一步讲，变革型领导是通过追求更高的理想和道德价值，如自由、民主、公平和人道等，来培养和提高下属的意识。

变革型领导理论把领导者和下属的角色相互联系起来，并试图在领导者与下属之间创造出一种能提高双方动力和品德水平的过程。拥有变革型领导力的领导者通过自身的行为表率、对下属需求的关心来优化组织内的成员互动。同时通过对组织愿景的共同创造和宣扬，在组织内营造出变革的氛围，在富有效率地完成组织目标的过程中推动组织的适应性变革。

伯恩斯提出变革型领导这一概念的同时也提出了交易型领导（transactional leadership）模式，指领导者聚焦于与下属之间的交换。政治家为换得选票许诺不增加新的税负，这就是交易。同样，领导者承诺下属超越原来的业绩目标将给予职务的晋升，这也是交易。民主体制下，政治领导者多属于交易型领导，用许诺和政策换取选票。

巴纳德·巴斯（Bernard M. Bass）在伯恩斯的研究基础上，对变革型领导进行了进一步的研究。巴斯扩展了伯恩斯的领导理论，更加关注下属的需求。他认为交易型领导和变革型领导不是互不相干的独立体，而是连续变化的模型，即从自由放任型领导到交易型领导，再到变革型领导，整个模型包含七个要素（见表6-2）。

表 6－2　领导力要素

变革型领导	交易型领导	放任型领导
个性化关怀 动机激励 智能激励 理想的影响力	权变激励/建设性交易 例外管理/主动或被动强制交易	放任无交易

变革型领导所包含的四个要素为：

（1）个性化关怀，指领导者为下属提供支持性工作环境，关心每一位下属，重视个人需要、能力和愿望，耐心细致地倾听，以及根据每一位下属的不同情况和需要区别性地培养和指导每一位下属。变革型领导者就像教练和顾问，帮助下属在应付挑战的过程中成长。

（2）动机激励，指领导者向下属提供富有意义和挑战性的工作目标，鼓励下属将个人目标凝聚于组织的整体目标，共享组织的愿景。动机激励提倡、鼓励团队合作精神。

（3）智能激励，指领导者鼓励下属对旧的假设和传统观念提出疑问，鼓励创新，挑战自我，包括向下属灌输新观念，启发下属发表新见解，鼓励下属用新手段、新方法解决工作中遇到的问题。通过智能激励，领导者可以激发和改变下属的意识、信念以及价值观。

（4）理想的影响力，指领导者是下属心目中的楷模，具备高尚的道德和伦理，值得信赖，魅力十足。领导者为下属提供愿景和使命感，灌输荣誉感，赢得下属的信任和尊重，强调目标和承诺的重要性，促使下属感到自豪、自信，对组织忠诚。

想一想

变革型领导包含的四个要素和魅力型的特质有什么区别与联系？

交易型领导所包含的两个要素为：

（1）权变奖励。在领导者与下属的交易过程中，下属的努力是为了获得回报。领导者尽力与下属达成协议，即什么事情是必须完成的、什么事情是有奖励的，以此来规范和引导下属的行为。

（2）例外管理。领导者常常采用强迫、批评、负面反馈、负面强化的手段来管理下属。例外管理分为主动和被动两种：主动例外管理指对下属严格监管，以减少差错、违规的发生；被动例外管理指只有下属的工作出现问题时，领导者才进行管理和行为矫正。无论是主动还是被动，例外管理都是负面强化模式。

放任自由领导的要素是放任无交易。这类领导者缺乏责任心，决策迟缓，没有反馈，没有长远规划，和下属很少接触，任其发展。

二、变革型领导塑造指南

要想成为实践中变革型领导，需要从哪些行为着手呢？下面是塑造变革领导者的建设性指南。

（一）描绘一个清晰而吸引人的愿景

愿景对于一个组织至关重要，它是领导者和下属共同的期待。组织的愿景能够帮助人们理解组织的目标、目的和重要性。变革型领导者要学会向下属描绘一个清晰而具有吸引力的愿景。

一个愿景的成功取决于领导者能否与下属很好地沟通。必须运用每个机会以不同的方式不断沟通。与下属直接面对面解释愿景，可能比其他形式更为有效。运用多彩的感情语言包括生动的图像、比喻、轶事、符号和标志等，能更为清晰和更有劝导性地描述和传达愿景的内容。

（二）解释如何达到愿景

仅仅描绘一个愿景是不够的，领导者还必须使下属相信这个愿景是可行的。重要的是在愿景和达到它的可信的战略之间建立明确的联系。如果这个战略有几个清楚的要点与组织成员的共同价值相关，就更容易建立起联系。有时候，提供一个具有详细行动步骤的精致计划也是必要的。

（三）自信和乐观的行动

除非领导者展示出足够自信，否则下属无法坚信领导者提出的愿景。重要的是保持对组织达成愿景的乐观，特别是面临着道路上的障碍和反复时。一个领导者的高度自信和乐观具有较强的感染性，应强调到目前为止所取得的成就，而不是还有多少工作要去做；应强调愿景的积极方面，而不是前面的障碍和危险。这是领导者角色的特殊要求，一方面要直面残酷的现实，另一方面还要表现出无畏的乐观。

重点提示

变革型领导的塑造指南，为我们提供了一个清晰的路径，值得我们学习与借鉴。

（四）表达对下属的信任

愿景的激励效果也取决于下属的信任程度。研究表明，当领导者对下属期望更高、对他们表示信心时，下属会做得更好。在任务困难、团队成员缺乏自信时，更加需要培育自信和乐观。领导者应该提醒下属以前是如何克服障碍取得成功的。如果他们没有成功经验，领导者可以与同类团队的成功进行类比，列出他们拥有的竞争优势，提升他们的信心。

（五）以榜样带动下属

俗话说：行动比语言更具有说服力。领导者影响下属的方式之一是在与下属的日常交流中建立榜样行为。榜样领导也称为“角色楷模”。在面对那些不愉快的、危险的、不寻常的、有争议的行动选择时，领导者的榜样行为往往具有特殊的示范作用。领导者要求下属做到的，自己也应该首先做到。一些最有影响力的军队领导者是曾率领战士去战斗、共担危险和艰苦的楷模，而不是待在后方的夸夸其谈者。

（六）通过授权鼓励创新

变革型领导的重要特征是对下属充分授权，使他们拥有自主决策、行动的决定权；鼓励下属打破陈规，挑战传统包括领导者的理念与做法；容许失败、鼓励尝试，形成创新的文化；通过创新转变下属的价值观和组织的价值观，以新的姿态迎接市场和环境的新挑战。

第三节 五级经理人模式

从这一节开始，我们要介绍几种新颖、流行的领导模式。这些理论或模式有的源自对当代职业经理人的案例分析与总结，有的源自对多种领导理论的综合与提炼，也有的是受自然科学或其他学科知识的启迪与推动。这一节我们首先要向大家介绍的是五级经理人模式。

一、五级经理人体系

吉姆·柯林斯（Jim Collins）在其著作《从优秀到卓越》中，提出五级经理人体系（见图 6－1），其核心理念得到了业界和学界的认同。

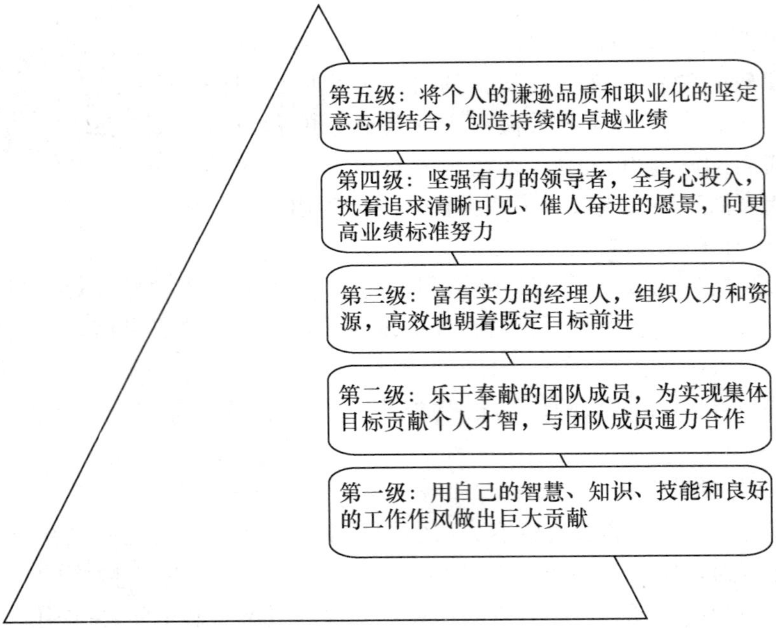

图 6－1　五级经理人体系

（1）第一级：能力突出的个人，能够用自己的智慧、知识、技能和良好的工作作风做出巨大贡献。这个层次的经理人注重的是个人贡献，没有意识到个人仅仅是组织的一分子。在他身上仅仅体现出了对个人的良好管理。

（2）第二级：乐于奉献的团队成员，为实现集体目标贡献个人才智，与团队成员通力合作。这个层次的经理人已经突破了自我的独自奋斗，开始注重团队内部的通力合作，并有意识地借助集体的力量来实现目标。狼性文化看重的就是成员的团队精神。

（3）第三级：富有实力的经理人，组织人力和资源，高效地朝着既定目标前进。这个层次的经理人开始注重对资源的充分利用，通过合理调配并通过流程管理、监督机制等手段来提高工作效率。但他们的目光还经常局限于目标的实现，较少考虑目标本身的重要性和它在整体目标中的分量。他们可以成为优秀的执行经理，却无法成为领导大家实现崇高理想的领导人。

（4）第四级：坚强有力的领导者，全身心投入，执着追求清晰可见、催人奋进的愿景，向更高的业绩标准努力。这个层次的经理人的优秀之处在于他们有催人奋发的愿景。他们具有战略思维能力，能够把握组织未来发展的方向，这是杰出领导者不可或缺的能力。

（5）第五级：最高境界的经理人，将个人的谦逊品质和职业化的坚定意志相结合，创造持续的卓越业绩。第五级经理人同第四级经理人的最大区别在于，第五级经理人更关心事业、使命和工作，而不是他自己。而在第四级经理人身上我们总能发现非常浓厚的功利色彩，他们往往咄咄逼人，不易亲近，更加看重自己而不是事业本身，拘泥于刻板的形式和不可侵犯的权威，他们缺少第五级经理人身上那种发自内心的谦逊品格，有时候甚至呈现出自负的倾向。吉姆·柯林斯的研究结论是，只有第五级经理人才能带领组织突破优秀的平庸，实现卓越，达成基业长青。

想一想

对于前三个层次的经理人相信并不难理解，但对于第四级和第五级经理人，就难免会存在诸多疑惑。从表面上看，第四级经理人同样优秀，他们也有着执着的内在驱动力、清晰的理想愿景、非凡的执行能力。那么，第五级经理人比第四级经理人多了一些什么样的非凡特质呢？

二、第五级经理人的特征

“平和而执着，谦逊而无畏”是第五级经理人的双重品格，或者概括为“谦逊的性格”和“坚定的意志”。他们绝不是十全十美的完人，也不是不可接近的偶像，他们看起来很平凡却默默创造着不平凡的业绩。

除了谦逊与平和之外，他们同样有无所畏惧的决心，从不放弃、从不怀疑、从不瞻前顾后。他们往往把功劳归于自身以外的因素，如果找不到特定的人群，往往把成功归于运气。如果事情不顺利，他们会坦然承担责任，从不埋怨运气不好。总体来说，以下是第五级经理人的两个典型特征。

（一）谦逊的性格

（1）表现出令人折服的谦虚，回避公众的恭维，从不自吹自擂；

（2）行事从容冷静，主要依靠崇高的标准，而不是靠鼓舞人心的个人魅力调动员工的积极性；

（3）雄心勃勃，但把公司的利益，而不是个人的利益放在第一位；

（4）培养接班人，为公司取得更大的成功打下基础；

（5）成功时向“窗外”看而不是向“镜子”里看，把成功归结于别人、外因和运气。

（二）坚定的意志

（1）创造了杰出的业绩，在实现跨越的过程中起催化剂的作用；

（2）为了取得最好的长期业绩，表现出不管多困难，都有勇往直前的决心；

（3）为建立一个长盛不衰的卓越公司而树立标准，绝不降低标准；

（4）业绩不佳时向“镜子”里看，而不是向“窗外”看，自己承担责任，而不是埋怨别人、归咎于外因或运气不好。

重点提示

华为的任正非是第五级经理人的典型代表。建议同学们课下阅读一些介绍任正非的文章，对照体会第五级经理人的杰出之处。

三、第五级经理人的修炼

当我们对第五级经理人的基本特征有了一个较为全面的认识之后，不免会发问：许多优秀的企业或者组织中存在极具潜质的经理人，那么如何才能使他们成为第五级经理人呢？

吉姆·柯林斯认为最好的建议就是，现在就开始学会实践从优秀到卓越的理念。在吉姆·柯林斯看来，第五级经理人同其他卓越理念之间存在着一种共生关系：一方面，第五级经理人的气质使你能够贯彻执行其他卓越的理念；另一方面，实践其他卓越理念有助于你成为第五级经理人。在此我们提出了一些建设性意见，从而帮助领导者更接近或成为第五级经理人。

（一）确立正确的深层价值理念

这里非常强调“正确的”价值理念。可能有人认为世界上没有绝对的正确，只有相对的正确。不错，从哲学意义上讲是这样的。但不可否认的是，人类数千年的历史积淀，已经提炼出一些公认的正确的价值观念，如谦虚、诚信、忠诚、勇气、耐心、勤奋、朴素、诚实等。

（二）从性格魅力论转向人格魅力论

性格其实是很难改变的，因为它不是一个价值观的问题，更多的是受生理遗传因素、成长环境等因素的影响。所以在这个方向上的努力往往收效甚微。

人格魅力是一股强大的力量，比性格魅力更持久、更有效。更加重要的是，这个目标是完全可以通过后天的学习、磨炼达到的，它已经不再有生理遗传因素的不可逾越的障碍了。修炼完善的人格魅力是人人都可以身体力行的事。

（三）以原则为中心的生活方式

上面提到深层价值理念的时候，我们没有提到“正直”，之所以不提，是因为“正直”不能同普通的价值理念等量齐观。正直是比忠诚更高层次的价值观念，准确地说，正直是忠诚的最高形态，它意味着以原则而不是人、组织或者家庭为中心的理念。

原则同价值观具有相近的含义，但原则不是价值观，原则是社会公认的正确的准则，而价值观则完全可以是个人的自我认知，也有可能是错误的认知。

（四）确立双赢思维

斯蒂芬·柯维（Stephen R. Covey）在《高效能人士的 7 个习惯》一书中对双赢思维进行了比较充分的论述。以个人成功而别人失败为原则，我们称之为赢输模式；以自己甘愿失败来迎合别人的成功，我们称之为输赢模式。

双赢模式意味着事情不是非此即彼的，总有第三条道路可供选择。双赢思维并不仅仅存在于同贸易伙伴之间的合作上，它应该存在于任何人际关系的层面。

我们经常听到类似这样的事情：在某某会议上，不同部门的人为了自己部门利益争得面红耳赤、大动肝火，甚至拍案而起。还听说某某领导因为某些问题怒斥下属，甚至肆意谩骂。说到这样的事情的时候，给人的第一感觉好像是这样的领导肯定具有非凡的领导力，他们“更像领导”，值得我们去仿效。其实大错特错，这类领导及那些盲目迷信的附和者之所以如此，是他们脑中的赢输模式在作怪。实际上，唯有双赢模式才是实现统合综效的必由之路。

（五）专注于个人和组织之外的贡献

德鲁克认为：在组织内部，不会有成果出现，一切成果都在组织之外。一个组织绝不能像生物一样，以自身的生存为目的，如果能延续后代就算成功了。组织是社会的器官，只有能为外部环境做出自己的贡献，才能算有所成就。

所以第五级经理人不应该把主要精力放在内部的得失上。他应该把眼光放在组织之外，致力于超越个人、超越组织之外的贡献，甚至是对整个社会的贡献。管理是向里看，领导是向外看。第五级经理人要更多地向外看，把更多时间放在对长远来讲更重要的事情上，尽管这件事情看起来并不那么紧迫，但要懂得积累并做好准备，一旦时机成熟即可迅速出击。

（六）意志力的修炼

一般人认为意志力大小是一个人的固有秉性，很难改变。但《大脑与个性》一书的作者威廉·汤姆森（William Thomson）却研究发现，人类的大脑物质其实有很强的可塑性，只要经过培养和训练，就可以在某方面得到强化。而第五级经理人的一个重要特征就是坚定的意志，因此意志力的修炼至关重要。一些运动项目，比如马拉松、爬山、探险等能够磨炼人的意志，许多白领精英热衷于这些体育运动的原因也与此有关。

想一想

现在，你在组织中属于第几级经理人？与最高的第五级经理人的差距在哪？有哪些办法可以帮助你成为第五级经理人？

第四节

极客与怪杰领导模式

如果说在学习之前，我们只是对五级经理人模式的内容不是很清楚，但对这种说法还有所耳闻的话，那么接下来我们要介绍的这种领导模式，恐怕会让你连名称都感觉陌生与好奇。不过请放心，我们会在本节中为大家揭秘。

一、极客与怪杰

要想了解这样两个带有神秘色彩的概念，我们还是首先从一本书说起——沃伦·本尼斯的《极客与怪杰》。“极客”与“怪杰”这对词组作为领导学范畴的概念最早出现在该书中。这引起了很多爱读书人的好奇和议论，当然也有人批评说，这种书名纯粹是译者的哗众取宠。

“极客”（geek）是指“狂欢节的杂耍马戏演员，为了谋生，经常表演一些疯狂举动”。“怪杰”（geezer）则是指行为举止有点怪的老头。

沃伦·本尼斯就借用和发展了这两个概念。他从分析跨时代的领导之道入手，比较研究了两个领导者群体——最年轻的和最年老的，通过他们的现身说法，告诉我们，在不同的时代，关于领导、学习和生活的真谛有什么差异。“极客”，其实就是指年龄在 21～34 岁，追求个人生活与事业发展的平衡的人，像比尔·盖茨年轻时那样的奇才、怪才，年纪轻轻便独树一帜，或领导着一个企业，或执掌一个组织；而“怪杰”则指年龄在 70 岁以上的领袖人物，性格诡异、做事不同凡响的人，他们年轻时也曾是极客，也风光一时。从这个角度看，极客与怪杰不是哗众取宠的代名词，而是有着深刻内涵的两种独特而又现实存在的优秀领导者。

二、极客与怪杰的特征与个性

相比而言，怪杰更像是从荆棘丛中艰难跋涉到顶峰的人，而极客具有更加开放和灵活的思维、步伐更快、百无禁忌、出类拔萃。从感觉上说，怪杰像是“负重的骆驼”，而极客则更像是百米赛道上冲刺的选手。极客偏重于“变”、怪杰侧重于“稳”；极客是在“变中求稳”，而怪杰是在“稳中求变”。或许生活中的每一个人都需要在“稳与变”的坐标轴上找到适合自己的位置。二者的特征与个性见表 6 - 3。

表 6 - 3　极客与怪杰的特征与个性

极客	怪杰
● 不喜欢读名著，却勤于思索，善于向一切人包括向亲属和下属学习 ● 不那么推崇英雄，大胆怀疑前人的定论 ● 注重工作、事业与个人生活的平衡协调 ● 直言不讳地声称要开创事业、追求财富 ● 不端架子，仅把自己视为团队的一员 ● 经验不多却眼光独到、敏锐，善于捕捉新经济时期每一个稍纵即逝的商机	● 饱读名著 ● 崇拜伟人和英雄 ● 遵从教诲、听命前辈 ● 不惧艰辛 ● 严于律己 ● 勇担责任 ● 忘我工作 ● 经验丰富

从上面的对比中，我们可以明显地看出极客与怪杰之间的区别，他们在生活习惯、工作行为、为人方式等方面风格迥异。由于这是基于实证研究的分析结果，更多是对一个个成功领导者的案例研究和经验总结，因此这些个性可能缺乏规律可循，也没有很强的逻辑体系，但是这都不妨碍我们认识和理解这两种领导者。

三、极客与怪杰的相似之处

我们上面分析了极客与怪杰的各自特性，表面上看，他们有着极大的不同。但是这两种优秀卓越的领导者确实存在着某些相似之处。而这些相似之处在某种意义上成就了他们的成功。接下来我们就向大家介绍极客与怪杰的关键相似之处。

（一）赤子心态

每一位能取得成功的极客与怪杰，都有一种决定性的重要品质——赤子心态。说得形象一些就是好奇、活泼有趣、热诚、无所畏惧、热情洋溢、精力充沛，不像那些被时间和岁月击垮了的人。

所以成功人士的赤子心态可以概括成：开放，愿意承担风险，对知识和经验如饥似渴，勇于向前，翘盼明天。成功者最重要的品质之一是适应能力。而最高境界的适应能力要求人们带着赤子之心——好奇、热情，不断失败但仍不断尝试，随时准备为新的探索而放弃已经取得的成就。

正如沃伦·本尼斯在访问的过程中，感受到这些成功者们都具有非常强的亲和力，这让他们看上去智慧和美丽。总之这些和年龄无关。他们的机智、灵活、好奇、精力充沛的赤子心态造就了其个人魅力，这种神奇的特质不断吸引着人们接近这些极客和怪杰，使他们永远都有支持者和舞台。

（二）“熔炉”之境

任何时代的领导者都或多或少、或大或小地受到时代背景的影响。要成为出色的企业和机构领导者的一个重要因素就是审时度势、乐观向上，把自己放到时代和社会特定的“熔炉”中，经过一番脱胎换骨的锤炼和锻造，并具有很强的适应能力，善于变通，甘愿在各种艰难困苦的环境下进行自我磨砺，方能成为合格的领导者。这是历史发展告诉我们的真谛。极客与怪杰同样面临着这样的考验。

“天将降大任于斯人也，必先苦其心志，劳其筋骨，饿其体肤，空乏其身，行拂乱其所为，所以动心忍性，增益其所不能。”然而逆境或者其他的生活经历能否变成“熔炉”，关键在于你能否从逆境中学习，从各种经历中总结经验，实现升华。正如《极客与怪杰》一书中写道：对于成功者来说，逆境的用处是真正甜蜜的。

在对极客与怪杰有了一定了解之后，我们也许会钦佩极客们天马行空、不拘一格的创新能力，也会赞赏怪杰们精力旺盛、长久不衰的风范。但最重要的是学习他们这种赤子心态，去感受那种“熔炉”之境，说不定，你就是下一个极客或者怪杰。

第五节

平衡领导模式

“平衡”一词相信大家都不陌生，无论在中国传统文化的精髓中，还是在西方管理的流行思维里，都渗透着平衡的智慧。如以孔子为代表的儒家所倡导的中庸之道，提倡“用中适时，不偏不倚，无过无不及”；如彼得·圣吉（Peter M. Senge）在《第五项修炼》中强调的系统思维，平衡就是其基本元素之一；再如当今最有影响力的战略实施工具“平衡计分卡”，更是通过财务、客户、内部流程、学习与成长四个维度实现了组织内外部、长远与短期利益等众多要素之间的平衡……

作者在著作《平衡：构筑和谐领导力》中提出了适合中国文化环境的平衡领导模式。平衡对于领导者和整个领导过程有什么意义与作用呢？平衡领导模式的核心要求又是什么呢？接下来为大家简要介绍。

一、平衡的实质

“领导就像走钢丝，平衡是一种令人叹为观止的美，失去了平衡随时都可以坠落，无论你现在身处什么位置。”这句话很好地诠释了平衡在领导者职业生涯中的价值。那么领导学意义上的平衡又是什么含义呢？不妨先来看一个小案例。

案例链接

柳传志在谈到联想与国际商业机器公司（IBM）个人计算机事业部合并后人员与文化之间的磨合时说：“联想以前的首席执行官（CEO）杨元庆，在合并之后将担任主席；而CEO将从IBM原有人员中选拔。”习惯了当CEO的杨元庆是否习惯于做主席？他能否与新CEO配合好？实际中，两个人在工作中配合得非常好。他们提出三个词作为合作的指导思想——坦诚、尊重、妥协。双方都有各自的习惯，坦诚地亮出各自的观点后，总有一方妥协。这说明，妥协是领导者常有的行为选择之一。所以我们说，领导者离不开妥协，妥协是实现平衡的一种方法。

但是妥协并不是平衡。妥协是指用让步的方法避免冲突或争执，其核心是让步。平衡出自物理学的概念，指两个或两个以上的力作用于一个物体上，各个力相互抵消，使物体处于相对静止状态。在领导学上，平衡是指领导者在价值和行为选择中，兼顾不同利益相关者的需求，采用适当、适度的方式及方法，更有效地实现组织和个人的目标。在具体领导活动中，平衡体现在以下几方面：

（1）平衡不同利益相关者的诉求；
（2）平衡短期目标和长期目标的需求；
（3）维持组织能力与外部环境的平衡；
（4）维持个人能力与外部环境的平衡；
（5）能够在平衡中寻找处理事务的顺序；
（6）运用控制与激励的平衡；
（7）关注文化与制度的平衡；
（8）保持上下级关系的平衡；
（9）做到领导风格与自我特质的平衡。

二、平衡领导模式的关键

要做到上述诸多方面的平衡，关键在于找到相应的平衡点，找到恰当、合适的度，而“平衡点”和“度”正是平衡领导模式最精彩的内容。接下来我们就将平衡领导模式的要求介绍给大家，给大家更加全面系统的认识。

（一）领导定位——内在因素与外部环境的平衡

国家应有国家的发展定位，地区应有地区的发展定位，组织应有组织的发展定位。同样，领导者也应该有自己的发展定位。对领导者个人来讲，定位是否清晰、合理，会影响自己的发展机会与速度。

领导者定位首先要考虑自己在组织中的位置，这一位置不单是指自己的职位，还包括自己在上级、同级、下属心目中的地位。领导者定位既要考虑内在因素，又要注重外部环境，做到二者之间的平衡。其中内在因素与外部环境详见表6-4。

表6-4 领导定位的内在因素与外部环境

内在因素	外部环境
强项弱项分析	竞争对手情况
个人价值	时代期望
自身条件	外部机遇

表6-4展示了内外部因素所包含的基本内容，领导者在定位时必须充分考量，并做到内外部因素的平衡。其中外部机遇一般包括：新机构组建时、领导班子更替时、领导成员出缺时、工作停滞不前或危机时、公开选拔时、竞争上岗时、伯乐推荐时。

（二）领导决策——多元价值的平衡

领导者在完成自身定位后，就要开始行使自己的职权展开工作，而领导决策无疑是领导者的重要的日常工作。领导决策也是多元价值综合考量、多方利益兼顾平衡的过程。

首先要受到政治价值的限定。无论什么时候、什么事件，领导者都对照政治标准，不与占主导地位的政治价值相冲突，从而避免权力冲突，平衡多元利益。其次要接受法律价值的规范。在公民法律意识日益提高的今天，在法治化不断进步的今天，领导者必须用法律标准衡量决策，做到决策有法可依。最后要注意管理价值的挑战。实现理性决策向有限理性转变，决策内部导向转变成为决策外部导向。

（三）领导用人——忠诚与贤能的平衡

除了决策之外，用人同样是领导者必修的技能。古往今来，国内国外，因为用人不当而导致事业遭受重大挫折的案例不计其数；而领导用人有方，使事业扭转颓势，取得关键胜利的案例也不胜枚举。因此领导者必须重视用人，寻找用人的平衡点。

平衡领导模式要求领导者在用人方面做到三个要素的相互平衡：一是审查忠诚度，确保下属忠于组织、忠于领导、忠于自身的职责；二是评估能力，确保下属能够胜任职位，做出业绩；三是考察情商，注重下属的品行、交际等综合素质。

（四）领导激励——正负激励的平衡

无论领导者做出多么英明的决策，选出多么有能力的下属，但是如果不会激发下属的潜能、主动性、积极性，领导也很难取得预想的绩效。因此，领导激励对于领导者来讲至关重要，激励能力已经成为衡量领导者成功与否的重要指标。所以，如何做好激励，也就成为领导者不得不考虑的课题。

激励发生作用的动力源泉是人的期望，期望源于人的需求。因此激励措施应与下属的需求相平衡，与多种激励工具综合运用。

总之，平衡领导模式认为领导定位、领导决策、领导用人等领导环节均是追求一种多元的平衡，找到适当的“平衡点”和“度”，以达到人生平衡发展的目标。

第六节 量子物理视角下的领导模式

前面介绍的领导模式集中在社会科学范畴，接下来要介绍的这种领导模式，已经走出这一框架，进入了自然科学领域。肯定会有同学好奇，量子物理和领导力怎么会有交集和联系呢？有，而且有很大的联系。通过这一节的介绍，你会发现它们的联系是如此密切，从而引出了新型的领导模式。

一、物理学发展的三个时期

在介绍量子物理之前，有必要简单地梳理一下物理学的知识，方便我们做进一步的分析。

物理学是随着人类社会实践的发展而产生、形成和发展起来的，它经历了漫长的发展过程。纵观物理学的发展史，根据它不同阶段的特点，大致可以分为物理学萌芽时期、经典物理学时期和现代物理学时期三个发展阶段。

（一）物理学萌芽时期

在古代，由于生产力水平低下，人们对自然界的认识主要依靠不充分的观察，和在此基础上进行的直觉的、思辨性的猜测，来把握自然现象的一般性质，因而自然科学的知识基本上是属于现象的描述、经验的总结和思辨的猜测。

（二）经典物理学时期

15 世纪末，资本主义生产关系的产生，促进了生产和技术的大发展；席卷西欧的文艺复兴运动，解放了人们的思想，激发起人们的探索精神。近代自然科学就在这种物质的和思想的历史条件下诞生了。牛顿力学体系的建立，标志着近代物理学的诞生。人们以力学的模型去认识各种物理现象，使机械论的自然观成为 18 世纪物理学的统治思想。

（三）现代物理学时期

19 世纪末物理学上一系列重大发现，使经典物理学理论体系本身遇到了不可克服的危机，从而引起了现代物理学革命。相对论和量子力学的建立，克服了经典物理学的危机，完成了从经典物理学到现代物理学的转变，使物理学的理论基础发生了质的飞跃，改变了人们的物理世界图景。

通过上面对物理学发展的简单梳理，我们可以了解到量子物理属于现代物理学的范畴。同时我们还可以发现，在不同的发展阶段物理学有着自己的指导思想，而这种指导思想不仅影响着物理学的发展，还指导着现实世界，从而影响人们认识世界和改造世界的思路和方法。

二、牛顿经典力学及其指导下的领导模式

随着资本主义的萌芽与发展，加上文艺复兴运动对思想的解放，自然科学得到了突飞猛进的发展。以牛顿力学为核心的经典力学构成了这一时期自然科学的核心。牛顿力学的主要思想在世界观上体现在以下几个方面：

(1) 机械宇宙观，强调控制；

(2) 将控制与秩序混为一谈，秩序因控制而存在；

(3) 个体之间孤立存在，空间空无一物，无联系；

(4) 世界充满界限；

(5) 存在一个有秩序、有规律的、可预测的世界。

在这些思想指导下，我们可以想象到相应的领导方式与方法：过分强调控制，缺乏创新性、自主性；忽视联系，忽视组织中"相互影响和无形的力"；机械与界限导致流程管理，忽视"人"的因素；世界可知论忽视变化，导致静态思维；等等。

想一想

和你的同学讨论一下，自己是否经历过牛顿力学式的领导？有什么明显的感受呢？

三、量子物理的革命性思维

针对牛顿的经典力学存在的弊端和对现实解释力的下降，量子物理应运而生。量子物理所弥补的不仅仅是牛顿经典力学在自然科学范畴的不足，同时也对其倡导的世界观与方法论产生了影响。由于知识背景的原因，我们无法深层次地解读量子物理的理念，但是总结出了与领导学相关的几点见解。

量子物理的革命性思维包括：

(1) 物质是相互关联的，世界是一个整体；

(2) 关系是决定万事万物的关键；

(3) 空间不"空"，存在无形的场；

(4) 你看到了什么就是什么（宇宙是人类介入的产物，具有参与的特质）；

(5) 世界是变化和不可预知的。

我们可以看出，量子物理在许多方面与牛顿的经典力学存在着区别甚至是对立，这种区别在指导领导行为时直接导致了领导模式的不同。

四、量子物理的借鉴意义

通过我们前面对牛顿经典力学下的领导模式的剖析和对量子物理基本理念的解析，我们可以想象出量子物理视角下的领导行为。但是若要构建出一种模式或者严密的体系还有些困难。玛格丽特·惠特利（Margaret J. Wheatley）在《领导力与新科学》一书中，通过介绍量子物理对领导力培养与组织管理的借鉴意义，给出了以下相关建议。

（一）重视关系的作用

与牛顿力学强调的不同，量子物理认为物质是相互联系的，世界是一个整体而非孤立存在，并且在空间中构成了各种错综复杂的关系网络。关系在组织中极其重要，如果一

个领导者能够理顺各种关系，维持好与各方的关系，将会收到事半功倍的效果。因此作为领导者要充分重视关系的作用，试图去发现关系、维持关系、建立新的关系。领导者所构建的关系网络也可称为社会资本。社会资本不同，领导者的影响力也存在着较大的差异。

这首先就要做到不断提升自己的倾听能力，交流不仅仅意味着滔滔不绝地说话，还意味着静静地倾听，在倾听中抓住有效信息，为交谈做准备；还要练习交谈的能力，如何能够让别人听进你的话、服从于你的指示，这都需要练习；尊重彼此个性，这是建立并维持关系的关键，领导者要做的不是控制和改变下属，而是学会尊重下属的个性，在尊重的基础上因势利导，关系才能更好地维持。

（二）运用组织中无形的影响力

量子物理认为，空间不“空”，存在着无形的场。引申到组织中，则是组织中存在着一些看不见的影响力。如文化、价值观、愿景、道德规范等。这些所谓的“场”虽然看不到、摸不着，但是作用却十分重要。

因此作为领导者要学会运用这些看不见的力量，通过组织文化创造一种团结向上的氛围，通过价值观增强组织的向心力，通过愿景描述一个美好的未来，增加组织动力，通过道德规范指导人们的行为。

重点提示

也许没有人会把牛顿力学或者量子物理与领导力联系在一起，但就是这样看起来风马牛不相及的概念，延伸出了这样一种新的领导模式。因此无论是治学还是工作或生活，都要善于发现与思考，说不定一个偶然的机会，你也会得到有关领导力的启发。

想一想

你如何看待组织中这些无形力量的作用？

（三）参与式管理

量子物理认为宇宙是人类介入的产物，具有参与的特质，而不是界限清晰、等级森严的。这就要求领导者注重参与、注重授权。

一方面要善于培养下属的主人翁意识，增强下属的参与意识和参与热情；另一方面要保持信息的通畅，建立信息交流与反馈机制，让下属了解情况，才能激发其参与的积极性，提高参与的有效性。同时要学会授权、敢于授权、乐于授权，领导者只需要在战略层面和重大决策上保留充分的权力，其他一些事务性或操作性的任务完全可以放手给下属去做，自己注意监督就可以了。

经过上面的介绍，相信已经解开了我们最初的疑问，量子物理的理念的确对领导力的培育与开发、领导方式与方法的变革，颇具突破性的指导价值。在互联网企业、创新性组织中，量子物理理念的适应性日渐突出。

现代领导模式仍在不断向前发展，相信随着社会科学和自然科学理论的不断完善，与领导学相关的理论与模式也将日益丰富。

内容提要

1. 不同的学者对魅力型领导的特质提出了不同的看法与行为方式。

2. 变革型领导把领导者和下属的角色相互联系起来，并试图在领导者与下属之间创造出一种能提高双方动力和品德水平的过程。变革型领导的四个维度与行动指南为我们提供了清晰的行为模式。

3. 五级经理人体系从低到高列举了五个层次的领导者，第五级经理人的谦虚的品格与坚强的意志令人印象深刻，应通过赤子心态与“熔炉”之境提升领导能力。

4. 两种新的领导群体“极客”与“怪杰”，既有区别又有共性，为两种年龄、心态等特征不同的人提供了领导模式借鉴。

5. 领导者在价值和行为选择中，兼顾不同利益相关者的需求，采用适当、适度的方式及方法，更有效地实现组织和个人的目标，从而实现平衡领导，尤其是在定位、决策、用人与激励方面的平衡艺术，值得寻味。

6. 将领导学与自然科学结合起来，通过剖析牛顿经典力学存在的不足，阐述量子物理视角下领导模式：重视关系的作用、运用组织中无形的影响力、参与式管理。

活动拓展

学习完本章之后，你对现代领导模式是否有了一个清晰的把握？对于每一种领导模式的基本特点与核心要素是否有了全面的认识？你是否赞同作者对现代领导模式的描述？其他学者的相关研究观点是怎样的？请登录学校数字图书馆，以现代领导模式为主题，查找相关的论文，然后比较、分析、总结这些论文的观点，给出你自己的理解。建议你查找相关案例，通过案例分析，加深对不同领导模式的认识，也可以就某一领导模式跟其他同学一起讨论，展开进一步的思考。

课后作业

1. 通过学习不同学者对魅力型领导特质的描述，你能总结出魅力型领导的共性特征吗？

2. 如何才能成为变革型领导？

3. 通过对五级经理人体系的分析，提炼出第五级经理人的特征。

4．如何才能按照平衡领导模式的要求发挥领导艺术？

____

____

____

5．根据量子物理倡导的世界观，总结量子物理视角下的领导方式。

____

____

____

第七章

战略管理与领导力

不谋全局者，不足谋一域。

——［清］陈澹然《寤言二·迁都建藩议》

知识结构

战略管理与领导力
- 战略管理与战略领导
- 愿景与使命
- 领导战略管理的关键
- 领导组织变革

内容简介

战略管理是领导者的重要职责，愿景、使命、战略及其执行构成了战略领导的内容。本章主要对战略管理和战略领导进行研究，研究内容包括：战略管理的概念和过程；战略领导的概念；愿景的内涵和作用；使命的组成部分；战略领导的本质及作用；领导者如何构建战略；SWOT 分析模型；变革的障碍和途径；执行变革所需要的领导行为。

学习重点

- 战略管理的过程
- 战略领导的概念
- 愿景的作用
- 战略领导的本质及作用
- 领导者构建战略指南
- SWOT 分析模型
- 变革的障碍、途径
- 成功执行变革所需要的领导行为

学习目标

学完本章之后，你要能够：

- 理解战略管理和战略领导的概念
- 了解战略领导的作用
- 理解愿景的功能
- 熟悉领导者战略制定的基本步骤
- 掌握 SWOT 分析模型
- 了解变革的障碍和途径
- 掌握执行变革所需要的领导行为

第一节 战略管理与战略领导

战略管理是高层领导者的首要职责。这一职责完成得好坏是领导者称职与否的评判标准。在环境不确定性日益增加的当今，长期的规划常常被“黑天鹅”“灰犀牛”事件所打断，战略管理所面临的挑战越来越大。如何制定更具弹性、敏感性的战略是当今领导者致力解决的课题。

一、战略的概念

战略一词最早起源于军事领域，意指赢得战争胜利的目标。相比较而言，战术或策略意指赢得局部或某一战役的低层目标。战略一词后来被用于管理领域。在一般管理领域，战略就是组织的总目标，它涉及一个时期内带动全局发展的方针、政策与任务。

对于战略管理和战略领导来讲，战略指的是有关行动的常规计划，它描述了组织为实现目标和适应外部环境而进行资源调配及其他活动的过程。制定战略时，领导者通常会关注这些问题：组织目前处于什么位置？组织将向何处去？竞争环境中的变化和趋势是什么？哪些行动能帮我们实现愿景？

二、战略管理的过程

一般而言，战略管理可视为管理者有意识地选择政策、发展能力、解释环境，以集中组织的努力，达到目标之行为。

战略管理具有以下特征：（1）未来导向的；（2）着重于较长远的、总体的谋略；（3）是组织寻求成长和发展机会及识别威胁的过程；（4）是直觉与理性分析的结合；（5）是持续性与循环性的过程。

战略管理可以视为一种客观、逻辑、系统的过程和步骤。管理学家斯蒂芬·P. 罗宾斯

(Stephen P. Robbins) 将战略管理划分为九个步骤：(1) 确定组织当前的宗旨、目标和战略；(2) 分析环境；(3) 发现机会和威胁；(4) 分析组织的资源；(5) 识别优势和劣势；(6) 重新评价组织的宗旨和目标；(7) 制定战略；(8) 实施战略；(9) 评价结果。为了简化起见，通常将战略管理的过程分为四个步骤：环境分析、战略规划、战略实施和战略评估。

重点提示

战略管理的过程是本章学习的重点。

(一) 环境分析

环境分析的主要任务在于运用系统思考去识别与组织相互作用的以及影响组织的外部系统，进而掌握组织内部的优势与劣势，了解外部的机会和威胁。这一分析通常被称为SWOT分析。

(二) 战略规划

战略规划是在环境分析的基础上研拟战略的过程，也是将战略意图转化为战略决策的过程。一般而言，它包括以下几个方面的主要活动：(1) 确认重要的环境变化及趋势；(2) 选择重大的关切性议题领域；(3) 设定基本的、明确的策略方向；(4) 选择恰当的策略；(5) 创设执行这些策略方向的行动议程。

(三) 战略实施

战略实施是建立和发展行动的能力和机制，将战略构想转化为现实绩效的过程。战略实施涉及的问题很多，主要包括以下几个方面的活动：(1) 明确实际目标与进展的指标；(2) 进行有效的资源配置；(3) 建立有效的组织结构；(4) 建立和发展有效的沟通与协调机制；(5) 克服变革的阻力，促进战略实施。

(四) 战略评估

战略评估是监控战略实施，并对战略实施的绩效进行系统性评估的过程。从战略管理整体来看，它着重于建立一种反馈机制。战略评估主要涉及以下几个方面的活动：(1) 检查战略基础，以了解构成现行战略的机会与威胁、优势与弱点等是否发生了变化，发生了何种变化，因何发生变化。(2) 衡量战略绩效。将预期目标与实际结果进行比较，研究在实现战略目标过程中已取得的成绩。(3) 战略的修正与调整。在战略检查与绩效衡量的基础上，做出是否持续战略、调整战略、重组战略或终止战略的决定。

三、战略领导的内涵

组织的成功并非只是机遇的问题，它在很大程度上取决于领导者所做的选择。高层领导者有责任监测组织的内外部环境，追踪竞争趋势，为组织寻找新的机会，识别可能遇到的威胁，并提出令下属深信不疑的未来愿景。这一系列活动构成了战略领导的主要内容。

战略领导是指预测、展望、适应、进行战略思维以及与他人协作共同发动变革，从而为组织创造更美好未来的能力和行为。

愿景、使命、战略及其执行构成了战略领导的核心内容，图7-1揭示了它们的不同层次。顶部是一个清晰的、引人注目的愿景，告诉人们组织将要达到什么境地。愿景是对环境的反映，并与组织的使命共同作用于组织核心价值理念、目标和存在原因。战略为愿景转化为行动提供方

重点提示

战略领导的不同层次内容是本章学习的重点。

向，是帮助组织实现目标的特定机制的发展基础。战略就是意图，而执行就是通过组织的基本架构贯彻落实。图 7－1 中的每一层都对上一层的内容提供支持。

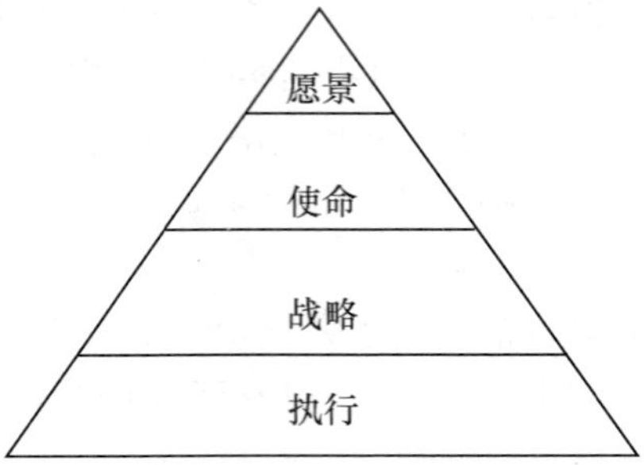

图 7－1　战略领导的构成

四、战略领导的本质

重点提示

战略领导的本质是本章学习的重点。

战略领导一方面是指为组织指引方向、提供必要灵感的过程；另一方面是指有效执行战略管理所必需的领导类型。战略管理是面对组织内外部环境变化，选择组织发展道路的决策过程。战略领导因此成为进行战略性思考所应具备的思维模式和复杂的人格特质。

图 7－2 中描述的一些相关的人格特征、行为和实践将帮助我们理解战略领导的本质。

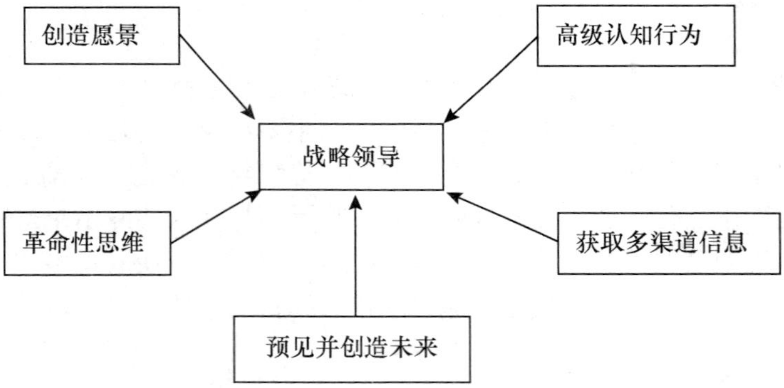

图 7－2　战略领导的本质

（一）高级认知行为

战略思维需要高水平的认知能力，比如，抽象思维、弄清问题的多重倾向性、将所有信息提炼成一份简单明了的工作计划等。有效地处理信息，并且洞察这些信息会给组织和环境造成怎样的影响，这种能力通常被称为“系统思考”。

从系统论的角度出发，与那些制定决策的人相比，初级管理者在做决策的时候需要更少的认知能力。随着管理者的不断晋升，他们会需要越来越多的想象力和解决问题的能力。当他们成为从事战略管理和战略领导的领导者时，抽象思维的能力和创造性解决问题的能力对他们而言将不可或缺，因为战略领导者必须制定一套可供选择的行为准则，从而让组织具备成长的基础。

（二）获取多渠道信息

很多领导者都是在跟工作伙伴反复地商量之后，才制定出决定组织未来走向的战略决策，这一过程与愿景的产生非常类似。信息提供了外部环境、内部环境的变化状况，是领导者制定战略的基础。只有在获取多渠道的信息后，领导者才能做出正确的战略选择，带领组织走上一条通往成功的道路。中国互联网行业的开创者，如马云、李彦宏、张朝阳、王志东等都具备良好的英语语言能力，正是这项语言能力使他们捕捉到了外部世界互联网萌芽的信息，成为中国互联网企业的首创者。

（三）预见并创造未来

领导者的任务就是为组织设定一个未来的目标，然后引领组织成员向这个目标前进。要预见并创造未来，领导者需要付出艰辛的努力。领导者必须对组织未来十年以上的发展状况做出预测，然后选择一条凸显组织优势的发展道路，并带领大家沿着这条道路前进。而且，领导者必须意识到，要想使组织在将来的竞争中处于优势地位，从现在开始就要持续积累。

（四）革命性思维

如果要使用比“再造未来”更有力的词语来描述战略领导的特征，那应该是“革命”。组织要关注革命，并且要与众不同——这一观点已经被广泛接受。一个能够进行革命性思考的领导者总是能够产生新颖的想法，引领发展的潮流。比如苹果公司的创始人乔布斯、特斯拉公司的创始人马斯克，他们是具有革命性创新思维的领导者。一定程度上讲，他们是环境的改变者。当然，也有一些领导者过于谨慎，总是使用那些被证明行之有效的策略，而且同样也获得了成功，但是他们永远都居于人后，因为人们倾向于记住“第一个吃螃蟹的人”。

（五）创造愿景

愿景是战略领导不可或缺的组成部分。为了得到广泛接受，愿景的制定应该是所有组织成员共同努力的结果。精心制定的愿景要足够简单以便于理解，足够可信以使组织成员觉得可以实现，足够吸引人以便于激发组织成员全身心投入。

五、战略领导的作用

战略领导主要包括六项战略要素：文化、结构、战略、环境、科技、领导。文化指的是组织内部成员所共享的一套信仰和假设。结构指的是将人力资源组织起来的所有设计维度。战略着眼于组织如何朝它所期待的方向运营，即组织如何实现其目标。环境包含所有可能影响组织的外部力量。科技指的是投入转化为产出的方法。领导则是指组织内部所有层次上的管理者和监督者。

战略领导需要在战略要素之间保持相互平衡和适应。各个战略要素之间的适应性越高，组织就越有效率。六项战略要素的协同管理是战略领导的精髓。高层领导者的作用在于平衡这些不同要素间的关系，并为组织设定未来的发展方向。一旦选定组织的发展方向，内部要素（如文化、结构和领导）将再一次运转起来，使组织朝着既定的方向前进。

战略领导者主要负责：设定和改变组织的环境、文化、战略、结构、领导和科技，激励下属执行决策。他们扮演着战略设计者和执行者的双重角色。如果组织还未草拟战略，或正在寻求重大战略变革和战略方向的转变，领导者将凭借着他们对环境的理解，在新的战略的形成之中发挥重要的作用。如果组织已经拥有公认的、成功的战略，领导者则是执行战略的关键因素。

第二节 愿景与使命

一、愿景的内涵

对组织而言，愿景是充满吸引力的理想未来。愿景不仅仅是梦想，它还是可以使每个组织成员坚定信念的宏伟未来，是可以切实达到的、优于现实情况的光明前景。20 世纪 50 年代，索尼公司想要成为一家改变“日本产品品质低”这一全球性观念的著名公司。现在看来，这个目标作为愿景令人难以置信，而在当时这却是一个很有抱负的目标。有时愿景是简练的、强制的、口号性的、易于向组织成员传达和理解的。例如，可口可乐的“成为地球上每个人都触手可及的可乐”以及特斯拉的“加速全球向可持续能源的转变”。

愿景以现实为基础，关心的却是完全不同于现状的未来。一项愿景代表了一项挑战。许多成功的组织没有简短的、能轻易交流的口号，但它们的愿景强大而有力，因为领导者为组织的未来绘出了一幅耀眼夺目的图画。强有力的、有启发的愿景能给组织带来更好的成绩。在组织未来蓝图的激励下，人们齐心协力实现组织愿景。

在愿景的引导下，组织的每个成员都沿着同一条路径走向未来，而战略领导者走在所有成员的前面，带领整个组织沿着这条道路前进。

重点提示

愿景的作用是本章学习的重点。

二、愿景的作用

愿景通过多种途径发挥作用。一个有效的愿景能够在今天和明天之间搭起一座桥梁，能够为员工注入活力，能够使员工的工作更有意义，能够为组织中的卓越行为提供评价的标准。

（一）连接现在和未来

愿景把组织的现状和期望的目标紧密联系在一起。愿景总是面向未来，却要始于足下。今天的领导者需要“双焦愿景”——既能满足当前需要，又能着眼于未来。要实现这种“双焦愿景”，领导者必须具有战略性思维，不仅要经常回顾短期运作目标，发现目前的焦点问题，更要洞悉未来情势，迅速抓住新的机会。

（二）为员工注入活力，赢得他们的承诺

一个强有力的愿景能够给员工提供一个值得为之奋斗的挑战，使他们从日常琐事中解放出来。一些人激情澎湃地参加政治运动或者环境保护活动，却在工作的时候无精打采。原因就在于，他们在这些活动中能够找到自己为之奋斗的信念，在工作中却找不到。员工热切地希望他们不是为了工作而工作，而是为了那些真正值得的、能够为他人带来更美好生活的信念而工作。亨利·福特（Henry Ford）为福特公司创立的最初愿景是："我将为大众制造一种汽车……这种汽车的价格要足够低，让那些没有很高收入的人也有能力拥有一辆，使他们能够和家人一起，在开阔天地中分享数小时的快乐……当我过世时，每个人都有能力买一辆车，而且每个人都有一辆车。马匹将从高速公路上消失，汽车将取而代之，我们将给许多人提供有不错薪水的就业机会。"员工们被福特的愿景所激励，因为他们看到了能使自己和他人生活得更美好的机会。

（三）使员工的工作富有意义

人们需要在工作中寻找尊严和意义。即使是那些从事日常例行工作的人，只要他们感到自己的工作是有意义的，他们也会为自己的工作而自豪。让他们认识到工作意义的方法之一就是给予他们一个愿景，让他们知道他们努力工作是为了实现一个伟大的目标。所以，有远见的员工在面试的时候会询问有关组织愿景的问题，并以此作为是否选择这项工作的标准之一。

（四）为组织提供了优秀的评价标准

愿景为员工提供一种尺度，他们可以借此判断自己为组织所做的贡献有多少。大多数员工都希望了解，如何使自己的工作符合组织的整体利益。愿景的存在满足了这种需求，它明确了组织未来的发展前景，让员工知道如何做出贡献才符合组织的整体利益。利丰公司是一家专营流行服饰、家具、礼品的大型贸易公司，它的总部设在香港。利丰公司的员工对他们的工作了然于胸，那就是"在适当的时间、适当的地点销售适当的产品"。这就强调员工的注意力必须与环境相适应，并做出变化去适应新需求。愿景意味着挑战，它推动人们进入以前未曾涉足的领域。因此，愿景鼓励员工敢于承担风险，开辟全新的行事方式。

良好的愿景通过与员工的心灵对话来实现最佳的效果，它让员工参与到追求伟大目标的事业之中。良好的愿景应该是关于未来的清晰蓝图，而勾画这一蓝图是领导者的一项重要职责。但是，只靠领导者是无法完成这项任务的，愿景的产生还需要其他人的广泛参与。每个获得成功的组织，其愿景都是集体认同的。

■ 三、成功愿景的共同点

强有力的愿景都有以下五个共同点：体现广泛的诉求；帮助组织应对变化；激发对未来的信念和希望；体现组织的伟大理想；决定组织的目标及其实现的过程。

（一）体现广泛的诉求

尽管愿景只有通过所有员工的执行才能实现，许多愿景的制定却只局限于领导层，缺乏员工的充分参与。愿景不是领导者的个人财产，理想的愿景是将组织视为整体，它的产生需要组织成员的广泛参与，而不是仅涉及个别领导者。也只有这样，愿景才能抓住每个人的心，激励他们向着共同的目标努力。

（二）帮助组织应对变化

愿景描绘的是不同于现在的美好未来，这就意味着要实现愿景就要进行改变。这种为了迎接更美好未来而进行的改变，是人们所乐于接受的。除此之外，组织还会遇到一些预料之外的变化。人们对这种突如其来的变化既没有准备，也不清楚它们将如何发展。这种未知的变化会令人害怕，但是愿景指引着明确的方向，它帮助人们在变化过程中从容应对不确定性和困难。

（三）激发对未来的信念和希望

愿景是无法事先观察或验证的，那些相信愿景的人必定相信未来并对之充满信念。强有力的愿景能够使人相信：通过自身的努力和行动，一定能达到更美好的未来。从这个角度来看，愿景是建立在人们自我实现需求基础上的情感诉求，它让人感觉到自身的重要性和价值，并让人们相信可以一起创造一个与众不同的世界。约翰·肯尼迪（John F. Kennedy）为美国国家航空航天局（NASA）制定了一个愿景：在20世纪60年代末把人类送上月球。这个愿景是如此强大而有力，以至于虽然在当时看来遥不可及，却仍然激起了成千上万人的热情。

（四）体现组织的伟大理想

好的愿景都是理想化的，是众多组织成员对未来的美好想象的集合。也正是因为愿景看起来如此美好，而又不是遥不可及，它才能够激发和鼓励人们的斗志。中华民族伟大复兴的中国梦是当前中华民族共同的愿景。

（五）决定组织的目标及其实现的过程

好的愿景应当包含着组织期望取得的特定目标。同时，它也应当包含着能帮助组织达到该目标所隐含的价值。这一价值是梳理组织行为的标尺，是内在激励的驱动。中国梦包含“两个一百年”的奋斗目标：到中国共产党成立一百年时，全面建成小康社会；到新中国成立一百年时，建成富强民主文明和谐的社会主义现代化国家。

有效的愿景只有被清晰地传达给组织中的每个人，才能对该组织产生深远的影响。相对于用语言与每位员工交流，愿景能够通过视觉化的陈述被更广泛地分享。毕竟，文字不可能像图像那样达到美学和情感上的影响。

四、凝聚共享的愿景

迄今为止，我们讨论的多是整个组织的愿景。但是，机构、部门和个人也拥有愿景，而且同样重要和有力。

凡事预则立，不预则废。同样是完成一件事，与毫无准备的人相比，事先在脑海中清晰地勾勒出具体步骤的人，无疑更容易取得成功。一个员工，当他怀揣明确的愿景时，会变得和领导者一样高效。相反，如果一个领导者没有愿景，他的工作就与组织更高的目标脱节。所以，领导者必须清晰地定义他们的愿景，这样追随者才能每天都紧密围绕着愿景高效行事。

处于金字塔顶端的领导者设定的是组织整体的愿景，他们之下的各个层级的领导者又会为所率领的团队制定出各自的愿景。每个部门、机构、团队的领导者都可以用愿景领导他人。

当组织的愿景作为整体在组织成员和次组织中传递时，它就会产生真实的影响。因此，高层领导者不仅要使其他所有人都明白组织的愿景，还要帮助他们产生相应的愿景，从而让每个人都有清晰的目标。彼得·圣吉在其《第五项修炼》一书中指出：共享性的愿景会改变人们和组织的关系。它能够使每一位员工都站在领导者的立场上，从“我们的组织”这一角度出发思考问题。于是，员工对组织的认同感油然而生。愿景就是将组织中的每个人连起来的线，让他们全身心地融入组织。

如果每个人都能理解和拥有愿景，那么即使行为各异，他们都在向着共同的方向努力，组织就能够自我协调发展。在新兴科学研究中，这种行为被称为自我指涉。自我指涉意指当系统中的每一个元素都在理解系统整体的基础上被嵌入，这时它们就能为系统整体服务。因此，愿景的作用就是指引并控制人们为了他们自己和组织的利益而行动。

要形成共享的愿景，领导者不仅要与他人分享自己的愿景，还要鼓励别人说出他们对未来的设想。领导者最根本的责任就是要在分享员工的希望和梦想的过程中，发现一个个孤立的希望、梦想中的共同点，并通过这一纽带把个人梦想升华为组织能共享的愿景。这就需要领导者具有开放的心态、良好的倾听技巧和敢于在情感层面与员工沟通的勇气。

■ 五、使命

虽然使命与愿景经常交织在一起，但它们并不是一回事。使命是组织的核心目的和存在的根本原因。它决定了组织的核心价值和存在理由，并为愿景的产生奠定基础。愿景是对未来的雄心勃勃的希望，而使命是组织在更广意义上所象征的事物。真力时（Zenith）和摩托罗拉的例子证明了牢固的组织使命的重要性。真力时和摩托罗拉都曾是成功的电视生产商。当真力时停滞不前的时候，摩托罗拉却转而生产微处理器、集成电路、手机和其他产品，并不断取得突破，最终成为一家享有盛名的公司。同样是电视生产商，为什么真力时停滞不前，摩托罗拉却能及时转变方向？原因就在于摩托罗拉将自己的使命定义为“运用技术，造福大众”，而不仅仅是“制造电视机”。在面临移动电话技术升级换代时，摩托罗拉没有能够引领时代，在触摸屏、视听技术方面落伍了，结果被苹果、华为等新一代移动通信商超越，走向破产。始终忠实践行自己的使命比使命本身更重要。愿景是不断发展变化的，使命在面对不断变化的技术、经济情况或其他环境变迁时却能坚持不变。

使命定义了组织经久的特征，它可以成为领导工具，帮助员工找到工作的真正意义。当人们把自己的工作和更高的目标联系在一起，工作本身就能够起到很大的激励作用。如果员工相信组织使命使自己的工作变得重要，他们会有更强的自豪感和忠诚度，会更主动地投入工作，使工作更有效率。对于使命的这种作用，有一个故事可以形象地加以阐释：有人路过一个建筑工地，看到三个工人在工地上汗流浃背地干活，于是好奇地问这三个工人在做什么。第一个工人疲惫地说：“我在砌转头。”第二个工人自信地说：“我在盖房子。”第三个工人则充满希冀地说：“我在建一栋雄伟的高楼！”同样一份工作，对工作使命的不同认知造成了三个工人相差巨大的工作态度，由此可见使命确实可以帮助员工找到工作的真正意义。

通常，使命由两个重要部分组成：核心价值观和核心目的。核心价值观定义了组织的基本立场，指导组织的一切事物。即使在某些情况下，核心价值观会使组织暂时处于竞争劣势，组织仍然必须坚持。强生公司在核心价值观引导下，不惜自动从市场上撤走所有的泰诺（Tylenol）药丸，使公司损失超过一亿美元，原因是有一些泰诺药丸使用者报告有氰化物中毒现象。虽然在当时看来，强生公司对于自己核心价值观的坚持使得自己遭受了重大损失；但是从长远来看，强生公司赢得了大众的支持和信任，树立了良好的形象。

使命也包括组织的核心目的。有效的目的不是仅仅描述产品或服务，它描述的是组织所服务对象的广义需要。也就是说，在确定组织使命的时候，不能只考虑服务对象的当前需要，还要有长远的思考，对服务对象将来的需要做出合理的预期。只有这样，所确立的组织使命才能够经历时间的考验，经久不衰。现实生活中有许多活生生的例子：对于玫琳凯（Mary Kay）来说，使命是“让女性生活丰富多彩”；对福特公司来说，使命是“让质量、工作成为一体”；对于默克（Merck）来说，使命是“维持和改善人类生活”；对阿里巴巴来说，使命是“让天下没有难做的生意”……从上述的例子之中，我们可以发现：这些成功组织的使命从没有提到任何具体的产品或服务。事实证明，好的使命并不把重点放在具体的产品或服务上，它所关注是产品或服务能够满足服务对象什么样的需要。相对于那些没有使命的组织而言，有一个好的使命作为发展动力的组织，能够创造长期的价值，获得成功的机会更大。

愿景代表了组织未来的发展志向，而使命代表了组织的价值观和目的。愿景会不断发展变化，而使命则持久不变。

第三节 领导战略管理的关键

领导者进行战略管理的过程中最为关键的是如何构建战略。这一节向大家介绍战略构建核心环节和 SWOT 分析模型。

一、战略构建指南

战略是实现使命和达到特定目标的一个计划或蓝图。当环境的复杂性和模糊性增加时，战略更是尤为重要。制定一个成功的战略必须依照组织的长处和弱点，并考虑外在环境的变化。战略构建是领导者最困难的责任之一，下面的战略构建指南会对领导者有所帮助①。

（一）决定长期目标和优先性

如果领导者不知道组织所要达到的目标以及这些目标的重要程度，他就很难制定出正确的战略规划。确定组织的长期目标是领导者的重要任务。长期目标的产生应当基于组织的愿景。如果同一时间组织存在多个目标，领导者应当根据不同目标的相对重要程度，决定各个目标的优先性。于是，最终形成的战略计划中可能会包含多个战略目标，而这些战略目标具有不同的优先性。德鲁克在《管理实践》一书中提出了八个关键领域的目标：

（1）市场方面的目标：应表明本公司希望达到的市场占有率或在竞争中达到的地位；

（2）技术改进和发展方面的目标：对改进和发展新产品、提供新型服务内容的认知及措施；

（3）提高生产力方面的目标：有效地衡量原材料的利用，最大限度地提高产品的数量

① ［美］加里·尤克尔. 组织领导学. 丰俊功，译. 北京：中国人民大学出版社，2015.

和质量；

（4）物资和金融资源方面的目标：获得物质和金融资源的渠道及其有效的利用；

（5）利润方面的目标：用一个或几个经济目标表明希望达到的利润率；

（6）人力资源方面的目标：人力资源的获得、培训和发展，管理人员的培养及其个人才能的发挥；

（7）职工积极性发挥方面的目标：对职工激励、报酬等措施；

（8）社会责任方面的目标：注意公司对社会产生的影响。

（二）评估现在的强项和弱点

综合客观地评价组织中与战略目标和竞争者相关的当前绩效，有助于促进战略计划的构建。而进行这个评价所需的大多数信息，是通过对组织内部和外部的仔细研判而获得的。要获得这些信息，领导者可以采取如下策略：考察每个产品、服务和市场的绩效（如销售、市场份额、成本、利润等），以此确认哪些产品和服务获得成功、哪些没有达到预期目标。

与竞争者比较组织的产品和服务，从而确认组织的强项和弱点。要确认组织的强项，可以从以下几个方面入手：考察组织能否提供优于竞争者的可用资源，如金融资产、独特的设备和设施、用于工作的产品或技术专利等；考察组织是否具备优越的条件，如较低的操作成本、拥有相关技能的雇员、与供应商的特别关系、在质量或服务上的杰出声誉等。如果相对于竞争者而言，组织在某些方面反而处于劣势，那就意味着它们就是该组织的弱点。

组织的强项和弱点都是相对于竞争者而言的，它们并不是固定不变的。相反，无论是竞争者还是组织自身发生变化，这种强弱的对比都会发生改变。所以，领导者不得不在思考如何消除组织弱点的同时，评估组织现有的强项可以维持多长时间。组织可以从现有的强项中获得竞争优势，但这种竞争优势能够持续多长时间决定于竞争者模仿它们的困难程度。例如，一家制药公司拥有比其他公司更好、更便宜的新专利药品，就使得该制药公司拥有一个强大的、可能持续几年的竞争优势。俗称“护城河宽大”。相反，一个通过提供特别的折扣而谋求新的吸引力的服务公司，却很可能只能享受几个月甚至几个星期的竞争优势，因为它的竞争者能够很容易地模仿这种策略，从而使得该服务公司的竞争优势迅速消失。同样的道理，如果一家公司率先进入新的市场，它的竞争者又难以快速跟上，它就能够保持自己的竞争优势。但是，如果面对的是一个开发成本比较高，却能很容易、成本很低地复制的产品、服务或工艺，那么竞争者就能够以更低的价格快速地占领市场，如此一来，率先进入的公司也只能保持很小的优势。

领导者应当对组织的能力进行综合评价而不是单独评价。即使拥有一个独特的资源（如一个改进的产品或生产过程），如果组织的弱点或外部条件阻止它的有效使用，组织仍然不能获得竞争优势。反过来，如果一个弱点能够很快地被纠正，或者被其他强项所抵消，那么这个弱点也不会影响到组织的竞争。

（三）确认核心能力

组织的核心能力指的是实现一个特别类型的活动必须具备的知识和能力。与那些用了就消费掉的可见资源不同，核心能力在使用中不断增加。核心能力通常涉及技术专长和应用技能的结合。甲骨文（Oracle）公司就是典型的例子。当年，拉里·埃利森（Larry Ellison）及共同创始人认识到在关系型数据库模型方面存在极其巨大的商业潜力，于1977年6月成立公司，凭借这一核心技术能力，公司不断发展壮大，如今，世界上的所有行业几乎都在应用Oracle技术，且《财富》100强中的98家公司都采用Oracle技术。Oracle是第一个跨整个产品线（数据库、业务应用软件和应用软件开发与决策支持工具）开发和部署100%基于互联网的企业软件的公司。Oracle在软件方面的核心能力使其成为世界领先的信息管理软件供应商和世界第二大独立软件公司。然而，除非领导者确认了组织的核心能力，并围绕它们制定了相关的战略，否则潜在的优势并不一定能转化为现实的竞争力。

一个组织能否获得成功，核心能力非常关键。它们有助于保持组织在现有业务上的竞争力，并使之扩散到新的业务中。佳能公司通过生产高质量的照相机获得了在光学上的核心能力，并将之运用到其他的相关领域，从而促使公司成为复印机、传真机、半导体印刷设备和专业影视系统的成功生产者。卡西欧公司拥有在显示系统上的核心能力，其中就包括微处理器设计的相关知识。正是这些知识，使得卡西欧公司在诸如计算器、微型电视系统、电子表、笔记本电脑显示器等众多的业务上取得了成功。

一个绩效下降的组织要想复兴，确认自己的核心能力最为重要。当迈克尔·埃斯纳（Michael Eisner）接任迪士尼公司的首席执行官时，迪士尼还是一家业绩不断下滑，并且面临被兼并威胁的公司。在埃斯纳的领导下，迪士尼很快变成一个国际性的娱乐巨头。埃斯纳之所以能够带领迪士尼走向成功，原因就在于他确认了迪士尼公司的核心能力，并围绕它们建立了新的战略。在埃斯纳看来，迪士尼公司具有一个特别重要的能力，那就是创造性和市场能力的结合。它能够将人们想象中的东西，通过电影、音乐、玩具、主题公园等各种不同的形式变成现实。

（四）评估战略所需的重要变革

领导者制定战略的时候，必须区分什么情况下进行渐进的改变，什么情况下发动重大变革。当组织的绩效存在危机，而现有的措施又不能有效应对危机时，组织需要重新制定战略。如果绩效危机是临时恶化的环境条件引起的，或者只是现有战略的执行上产生的问题，那么组织的战略就不需要发生重大的变化。这个时候，领导者的责任是向组织成员解释清楚，然后决定组织的战略需要做出多大的改变。但是，如果组织的危机非常严重，那么与坚守原来的战略相比，做出战略上的改进，从而灵活地应对危机才是更为合适的选择。在这种情景下，固守过时战略的领导者很可能会被取而代之。

（五）确认可信的战略

如果战略需要做出重大改变，领导者最好制定出多种可供选择的战略方案，并详细探讨。对领导者来说，把注意力过快的集中于某一个战略上并不是恰当的做法，这可能会妨碍领导者发现更好的战略。但是，如果领导者已经掌握了清晰而有意义的组织使命、长期的战略目标、核心能力、现在的绩效等信息，那么他就能够更迅速、更准确地找出新的战略。有的时候，组织面临重大变革，必须根据环境变化和组织的核心能力，重新选择组织从事的领域。

案例链接

1975年来，威廉姆斯机床公司一直为用户提供高质量的产品。到1980年，它已成为美国第三大基础机床公司，有着很高的利润和极低的人员变动率，工资和效益都非常好。

20 世纪七八十年代，公司的利润猛增，其成功源于一条标准制造机床生产线。威廉姆斯公司花费大量的时间和精力来改进用以维持生计的生产线，而不是致力于开发新产品。这条生产线如此成功，以至于其他公司愿意为这些机床改变自己的生产线，而不是要求威廉姆斯对其机床做重大改动。

这一巨大成功使得威廉姆斯公司沾沾自喜，妄想这种由一条生产线带来成功的现象可以持续 20～25 年或更长时间。然而，1979—1983 年的大衰退迫使其管理者放弃了这一想法。生产的削减已引起了对标准机床需求的减少，越来越多的顾客要求标准机床做重大改动，或是进行全新的生产设计。市场发生了变化，高层管理者意识到新的战略焦点是必不可少的，但是基层管理者和工人尤其是工程师却强烈反对。很多在威廉姆斯公司工作了 20 多年的职员不承认这种变化的必要性，他们相信昔日的辉煌在衰退结束后仍可恢复。到 1985 年，大衰退已经过去了至少两年，但威廉姆斯公司仍没有新的生产线。收入下降、标准产品的销售量（包括改变的与未改变的）也下降，但职员们仍反对变革。裁员变得迫在眉睫。

1986 年威廉姆斯公司被克洛克公司收购。克洛克公司有自己富有经验的机床部门，并了解机床业务。克洛克公司在将威廉姆斯公司的所有高层管理者换成了自己的员工之后，对所有职工宣布，威廉姆斯公司将成为一个特种机床制造商，过去的“黄金时代”将一去不复返。在随后的 12 个月内，顾客对特种产品的需求增长了 3 倍之多。克洛克公司明确表示，不支持新方向的员工将被解雇。

资料来源：［美］哈罗德·科兹纳. 项目管理案例集. 3 版. 陈丽兰，译. 北京：电子工业出版社，2018.

即使组织的战略不需要做出重大改变，高级经理也应当时刻寻求机会对组织加以改进，毕竟有效的组织开拓会提升组织的核心能力。如果能够避免把组织局限于一个僵化而狭窄的使命之中，高级经理甚至可以带领组织进入一个新的领域。亚瑟·安德森（Arthur Andersen）以前依照传统的会计公司定义自己的企业（安达信国际会计公司），即必须与客户保持“距离”以维持公正。随着时代的发展，尽管公司在审计业务上非常出色，其高级经理还是决定重新定义公司的使命，把信息和技术咨询纳入公司的业务范围。与过去的要求相反，这项业务需要与客户密切合作。公司在这项新的业务上取得了很大成功。

（六）评估战略的可能结果

战略的结果应当至少包含两个方面的内容：执行这个战略所要付出的成本以及可能获得的利益。但是，战略执行的结果很难预计，因为当组织实施新战略的时候，它的竞争者很可能会做出相应的调整。如果要对战略可能的结果进行预测，比较可行的方法就是“德尔菲法”。根据这种方法，领导者可以选择不同偏向的人组成专家小组，他们会按照系统的程序，采用匿名方式发表意见。在给予他们相关的背景材料之后，每个专家都做出自己的预测，并说明做出这种预测的原因。将各位专家的第一次预测汇总之后，进行对比，再分发给所有的专家，让他们根据对比的结果，修改自己的预测。这样重复收集所有专家的预测，并为他们提供反馈信息，直到整个专家小组中的所有成员得出一个相似的预测。

（七）邀请其他执行官参与战略选择

执行官的一个关键责任是做出战略变化的相关决策。然而，很少有人能单独地做出这样的决策。战略的发展应当有其他执行官团队成员的充分参与。对战略的共识是有效执行的前提。如果最佳战略难以确定，而执行官团队的成员又存在很大的分歧，明智的做法是选择一个足够灵活的战略方案，以便在获得有关信息之后方便地加以修正。

二、SWOT 分析模型

SWOT 分析是目前战略管理领域广泛使用的分析工具。从某种程度上看，战略乃是将组织内部的资源因素与外部因素造成的机会与风险进行合理的、有效的匹配。SWOT 分析是通过了解自己组织的优势（strength）与弱势（weakness），掌握外部机会（opportunity），规避威胁（threats），从而制定良好战略的方法。SWOT 分析的主旨在于给出一个有关组织内外环境、问题的集中图画，并激励组织调动其优势，以便最大限度利用机会、规避风险。SWOT 矩阵如表 7-1 所示。

表 7-1　SWOT 矩阵

外部因素	内部因素	
	优势（S）	弱点（W）
机会（O）	SO 战略 发挥优势 利用机会	WO 战略 利用机会 克服弱点
威胁（T）	ST 战略 利用优势 规避威胁	WT 战略 减少弱点 规避威胁

依据 SWOT 矩阵，进行 SWOT 分析，建构 SWOT 矩阵的过程有八个步骤：

（1）列出组织的关键外部机会；

（2）列出组织的关键外部威胁；

（3）列出组织的关键内部优势；

（4）列出组织的关键内部弱点；

（5）将内部优势与外部机会相匹配，形成 SO 战略；

（6）将内部弱点与外部机会相匹配，形成 WO 战略；

（7）将内部优势与外部威胁相匹配，形成 ST 战略；

（8）将内部弱点与外部威胁相匹配，形成 WT 战略。

> **重点提示**
>
> SWOT 分析的过程是本章学习的重点。

SWOT 分析的关键是进行优势与劣势、机会与威胁的分析，并在此基础上形成行动的战略。考察关键的内部因素和外部因素是进行 SWOT 分析最困难的部分，它要求有良好的判断。经过 SWOT 分析，一个组织可以有不同的战略匹配和选择。

（1）优势-机会（SO）战略。SO 战略是一种发挥组织内部优势，并利用外部机会的战略。所有的组织都期望可以利用自己的优势，同时抓住外部环境所提供的机会，它们往往都会通过 WO、ST 或 WT 战略，使自己达到能够采用 SO 战略的状况。

（2）弱点-机会（WO）战略。WO 战略的目标是利用外部机会来弥补内部的弱点。运用这一战略的情况是：组织存在外部机会，但内部却存在着弱点，妨碍外部机会的实现。

（3）优势-威胁（ST）战略。ST 战略能利用组织内部优势回避或减轻外部威胁所造成的负面影响。

（4）弱点-威胁（WT）战略。WT 战略是一种旨在减少内部弱点，同时规避外部环境威胁的防御性战略。面对大量外部威胁而且内部存在许多弱点的组织的确处于不安全的境地，这种防御性的战略是最合适的选择。

第四节 领导组织变革

如今，组织面对的环境正在发生迅速的变化，组织需要不断创新，从而保持自己的竞争优势。绝大多数组织的生存能力，取决于它们能否在适应环境变迁的同时保持组织内部的健康。因此，领导组织中的变革是领导者所要面对的最大挑战，而这方面的技能也正是将平庸领导者和杰出领导者区别开来的最有效因素。优秀的领导者能够察觉到阻碍变革的因素，根据组织的内部和外部因素选择正确的变革途径，并成功地执行变革。

一、变革的阻碍

无论对个人还是组织来说，阻碍变革都是常有的现象。人们阻碍组织变革的原因是多种多样的。

（一）缺乏信任

阻碍变革的一个重要原因是彼此的不信任。这种不信任可以放大其他阻碍因素的影响效果。相互之间的不信任还可能促使领导者对变革的原因保密，而这种行为又会增加人们的怀疑和阻碍。神秘管理、黑箱决策是导致缺乏信任的主要因素。

> **重点提示**
>
> 变革的障碍是本章学习的重点。

（二）认为变革不会成功

如果现行的做事方式在过去是成功的，而且也没有明显的证据表明它存在严重的问题，那么人们就会认为并不需要变革，即使发动变革也不会获得成功。所以，在这种时候，组织变革将遇到巨大的阻力。

（三）认为变革不可行

即使人们已经知晓组织存在的问题，如果变革看起来不可执行，这个变革建议也会受到阻碍。

（四）经济威胁

变革会对一部分人的个人收入和工作保障造成威胁，无论它对组织多么有益，都可能受到这些人的阻碍。变革需要冲破固有利益的藩篱。

（五）相当高的成本

变革要求人们改变熟悉的工作方式，这将引起人们的不便。在转变期间，新的工作方式需要慢慢学习，新的工作程序需要演练，组织的绩效将不可避免地遭受损失。

（六）害怕失败

变革需要人们去学习新的工作方式。一些人缺乏自信，认为自己很难学会新的工作方式，于是他们会尽力阻止变革的发生。从这个角度来讲，渐进式的变革更容易被人们接受，因为它能够给人们适应的空间，帮助他们逐渐学会新的工作方式。

（七）地位和权力的失去

组织的主要变革将导致一些个人和下属机构的权力与地位发生变化。出于对失去权力与地位的恐惧，这些人更可能反对变革。大我与小我之间利益的冲突是组织失去变革机会、走向衰落的原因。

（八）威胁到价值和理想

如果变革与组织的理想和组织文化发生冲突，那么它将受到大多数人的阻碍。价值、理想层面的变革是最难的，成功的领导者可以引导人们突破思维的局限，走向成功的道路。邓小平就是带领大家进行价值突破的领导者，提出“不管黑猫白猫，抓住老鼠就是好猫”的工具性理念，使中国的变革突破了价值的羁绊。

（九）憎恨干涉

一些人阻碍变革是因为他们不希望被他人控制。企图操纵他们或迫使他们变革将引发他们的憎恨和厌恶。除非人们知道需要变革，并且认为他们有权选择如何去变革，否则他们将阻碍变革。

理解变革的阻碍需要超越对单个阻碍原因的考察。单个水平的阻碍能在团体和组织水平上构成系统的力量。系统的一个部分发生变革可能引起其他部分的反应，这种内在关联性造成了组织倾向于维持现状的惯性。

案例链接

加拿大公司捷讯移动（RIMM）曾是移动电话领域的天之骄子，很多重量级人物——社交名流、华尔街的投资银行家、硅谷的企业家们，无不手持其研发的黑莓手机，何等风光！

即使在2010年，黑莓手机仍然领先所有其他智能手机，在市场占有率方面雄踞榜首。然而，目前黑莓已经失去大量的市场份额，其股票价格曾在5个月内跌了50%以上。这是怎么回事？

捷讯移动诞生在加拿大安大略省的一个名叫滑铁卢的地方，这是一个名不见经传的小镇，距离多伦多的距离一如上海到杭州的距离。它的创始人迈克·拉扎里迪斯，毕业自当地的滑铁卢大学，获得了技术学科的学位。之后，拉扎里迪斯在这里创办了捷讯移动。

他很快就找了一位加拿大籍的伙伴帮他跑业务方面的工作，此人名叫吉姆·贝尔斯利。他们两人作为“联席首席执行官”，使公司逐渐成为加拿大市值最高的公司。

然而，捷讯移动最终重蹈奔迈（Palm）或诺基亚（Nokia）的覆辙，走向被消费者抛弃的绝境。

局面何以恶化得这么快？捷讯大致走错了以下几步棋：

1. 对iPhone的到来置若罔闻，等意识到自己错误的时候为时已晚。iPhone是在2007

年 1 月进入市场的。据说拉扎里迪斯当时告诉他的员工："放心吧，没有人会购买 iPhone 的，因为人们不希望自己的手机上有一部个人电脑，他们只是想查收邮件。"

2. 非核心业务的干扰使管理层对核心业务心不在焉。像许多加拿大人一样，吉姆·贝尔斯利是一名狂热的冰球球迷和球员。2006—2009 年，他先后以 2 亿美元的价格收购了 4 支职业冰球队。这段时间，也正是捷讯面对苹果公司的竞争优势开始滑坡之时。2006 年迄今，捷讯的股票价格已经下滑了 16%。而同期内，捷讯的纳斯达克指数上扬了 24%，而苹果更是劲飙 358%。

3. 因循守旧，慢于创新。当贝尔斯利从他的冰球梦中醒来，当拉扎里迪斯终于发现用户对 iPhone 万般宠爱的时候，他们临时抱佛脚，在 2010 年 4 月匆匆地收购了 QNX 软件公司，为下一代黑莓手机开发新的操作系统。不幸的是，配置这一工作系统的黑莓手机最快也要到 2012 年底才能进入市场，而黑莓用户对目前版本的黑莓早已意兴阑珊，他们根本就没有耐心花一两年的时间等待新一代黑莓手机的到来。

4. 封闭式的企业文化。捷讯过分强调法律保护方面的繁文缛节，甚至达到了令人难以置信的地步。在首次坐下来谈合作以前，不得不签署一份长达 20 页的保密协议。当时，捷讯曾跟一家叫 NTP 的公司打一场漫长而昂贵的官司，后者控告捷讯在多个专利方面侵权。也许这场官司影响到了公司的行事方式，但不管怎么说，这样疑神疑鬼的行事方式实在是消极的、得不偿失的，尤其是当公司面对激烈竞争不进则退的时候。

5. "小地方、大人物"的问题。滑铁卢只有 20 多万人口，贝尔斯利和拉扎里迪斯就是这座城市家喻户晓的"英雄"。当他们漫步在这座城市的街道上，碰到的每个人都有可能曾经在捷讯工作过，或有亲戚朋友在捷讯工作，或他们拥有一个依赖于捷讯成功的小生意（如小餐厅或干洗店)。在这座城市里，在这些人面前，贝尔斯利和拉扎里迪斯的自豪感不言而喻。

可以想象，在这样一种氛围下，这两位捷讯的领头羊在过去的几年中很自然地沾沾自喜，坚信捷讯仍然是伟大的公司，不必过于忧虑苹果和谷歌的崛起。在这样的一座小城里，又有谁会自讨没趣，给两位"英雄"泼冷水、敲警钟呢？更有甚者，当地的媒体和金融分析师更是惯于报喜不报忧，认为捷讯有过辉煌的业绩，而今也一定能够力挽狂澜。当然这些报道只是他们的一厢情愿，而非客观之见。如果捷讯身在更具竞争性的地方，如硅谷，则他们仅仅是大池塘里的小鱼，或许就不会如此安于现状，毫无危机意识了。

6. 没有中国市场战略。苹果电脑 2011 年有 10%的营业额来自中国，中国市场是苹果公司可持续发展策略中不可或缺的一部分。反观捷讯，这方面的市场动作之少令人费解。

资料来源：http://cn.wsj.com.

二、变革发生的逻辑

变革发生的逻辑有多种类型，典型的有如下几种。

（一）反对和冲突

在组织中，变革可能是当权者提出的，而这种自上而下的变革很可能会引起下属的不满，会导致越来越深的积怨，最终引发冲突。

重点提示

变革发生的逻辑是本章学习的重点。

（二）信任和诚实

积极的变革要求信任、透明和参与。优秀的领导者能够赢得人们的信任，他们清楚地表达自己的愿景，使人们在理解和认同的情况下加入变革之中。

（三）派系和小集团

派系把持了组织中的权力和资源，并且极力阻止他人分享；而小集团虽然通常比较年轻，但总是野心勃勃。除非派系能够拉拢小集团，否则变革不可避免。稍有不慎就会形成派系和小集团对抗的僵局。

（四）外部事件

社会因素可能会强加到组织头上，从而引起变革。例如，受政府管制和国外竞争所迫，汽车工业不得不改变产品的标准，更加注重环保和安全。

（五）文化或者范式的转变

最重要的变革途径是文化或者范式。组织的大规模变革通常都需要变革组织文化。历史悠久的组织在推进变革时，往往面临较大的传统文化阻力。同理，新兴的地区、组织没有旧的文化束缚，易于推行新的变革，发展速度更快。

三、执行变革

成功地执行变革需要充分有效的领导行为，这些行为可以分成两个相互联系的类别：政治或组织行动、以人为导向的行动。

重点提示

成功执行变革所需要的领导行为是本章学习的重点。

（一）政治或组织行动

当组织推行主要变革的时候，领导者将会面对组织内部的政治和结构问题，他们必须考虑采取行动去处理和应对这些问题。

1. 判断谁反对变革、谁促进变革

组织在实施重要变革的时候通常会制定各种不同的战略，然后对这些战略进行评价，从中选出最优战略。要想评价这些战略的可行性，领导者必须理解政治过程、权力分配，确认要使变革发生谁的支持是必不可少的。在开始变革之前，确定可能的支持者和可能的反对者也是非常必要的。

2. 建立支持变革的广泛联盟

劝导人们支持变革对领导者来说并不是一项容易的任务。但是，组织要想成功实现变革，就必须在内部和外部建立支持者的联盟。在西方国家的领导者胜任力架构中，明确将这一能力称为联盟的能力。任何一位领导者，无论你的变革主张多么正确，都需要一个联盟来对变革进行支持和推进，否则，变革流于失败的可能性非常之大。

3. 安排支持变革的人出任关键的岗位

一些关键的岗位对变革的进行有重要影响，应该让支持变革的人出任这些岗位。在可能的时候，应当撤换那些处于这些岗位上却不支持变革的人。

4. 运用任务小组指导执行

临时的任务小组通常对指导组织中变革的执行是很有价值的。任务小组的典型责任包括：充分表达愿景中的关键价值；拓展执行新战略的行动计划；设计执行新活动的具体步骤；等等。任务小组能够向下属传达领导高度关注的信号，进而促进下属对任务的投入。

5. 做出戏剧性、象征性的变革以推进工作

戏剧性、象征性的变革强调领导者对新愿景的忠诚，特别是当变革会影响组织成员的日常生活时。象征性变革涉及诸如符号、感情和仪式等文化形式。

6. 如果必要，从小范围开始

在一个规模较大，而且有很多下属单位的组织中，所有单位同时执行变革并不容易。由松散的部属单位结合成的组织，它的主要变革应当以小单位为基础进行。一部分组织成功地实现变革能够刺激整个组织的变革。另外，相同的变革可能并不适用于所有的下属单位，小范围的变革能够及时发现这种状况，积累经验，完善整体变革方案。

7. 改变组织结构，适应变革需要

成功地执行一个新战略需要改变组织结构，使之与新战略相一致。这种改变可能涉及下属单位的活动方式、沟通网络、奖励系统、绩效标准、人事决定标准等。如果这种组织结构的改变受到阻碍，可以建立非正式团队去推动转变。中国改革开放 40 余年中，政府的组织结构进行了八次调整，以适应不断变革的需要。

8. 监督变革的过程

发动变革之前，领导者不可能预见所有的障碍和困难。执行变革的过程中，应当收集和分析变革效果的反馈，并以此来评价变革的过程。变革的执行需要不同方面的协调，对它们的监督也非常重要。领导者需要及时得到有关人员、过程和绩效的准确信息。

（二）以人为导向的行动

改进变革过程的一个重要环节是鼓动、支持和指导参与变革的人员。当变革出现不可避免的困难时，即使是那些最初同意变革的人员，也需要支持和协助。

1. 制造需要变革的紧急意识

当环境是平和的，并且不存在明显危机时，许多人不能认识到刚刚出现的威胁或机会。领导者的一个重要角色就是劝导其他人员相信需要进行重要的变革，而不是逐渐的调整。为鼓动他们支持变革，领导者必须解释为什么变革是必要的，如果不变革将付出什么样的代价。

2. 使人们准备适应变革

即使变革是必要的和有益的，它也需要那些受到影响的人们做出困难的调整。那些热衷变革的人们也会遇到困难，进展缓慢和新的障碍都会增加他们的疲劳和挫折感。但是，如果人们预料到可能的困难，并且早就知道如何应对这些困难，变革的负面影响就比较容易应对。

3. 帮助人们处理变革的伤痛

当激进的变革发生时，许多人都会经历改变所带来的痛苦。而且变革就意味着过去的失败，人们通常很难接受这种现实，领导者必须帮助他们接受变革，给他们表达痛苦的机会，安抚他们的情绪，给予他们美好的期待。

4. 让人们尽早看到变革的初步成果

在变革的早期阶段就让人们获得成功的进展，这可以增加个人和团队的信心。只有在看见以新方式行事取得进展的证据之后，一些怀疑者才会变成支持者。

5. 让人们了解变革的进展

如同任何其他危机一样，重大的变革也会给人们带来焦虑和紧张。在执行变革的过

程中，应当向人们传达变革的进展。举行仪式告知重要变革的施行，或者庆祝有意义的进步，都会使人们认识到他们的贡献和成就，从而强化他们对组织和变革的认同。当遇到障碍时，向人们解释这些障碍是什么以及如何应对，将会缓解人们的担忧和紧张情绪。

6. 表明对变革的持续支持

领导者作为变革的主要推动者和发起者，必须从头到尾一直关注变革，并提供持续的支持。当遇到问题、出现反复或者需要付出必要的代价时，人们对变革的热情和支持可能会下降。这个时候，人们期望得到领导者支持变革目标和愿景的信号。领导者应当持续地推动愿景，指导变革过程，并展示出克服困难的乐观主义。在合适的时候，领导者还应当参与涉及变革的活动，比如一些涉及变革的会议和仪式。

7. 授权人们执行变革

如果领导者试图详细地指示计划中的每个部分如何去执行，这个变革计划不可能成功。应当授权关键职位的支持者，让他们以自己的方式去执行变革。在执行过程中，领导者应当给予这些人鼓励和支持，给他们提供必要的资源，并从整体上对变革加以指导和协调。

内容提要

1. 战略管理的过程通常分为四个步骤：环境分析、战略规划、战略实施和战略评估。

2. 战略领导是预测、展望、灵活适应、进行战略思维以及与他人协作共同发动变革，从而为组织创造更美好未来的能力。

3. 愿景、使命、战略及其执行构成了战略领导的内容。

4. 战略领导的本质是一种复杂的人格特质、思维模式、有效的竞争手段和战略性考虑问题的能力。

5. 构建战略包括以下活动：决定长期目标和优先性，评估现在的长处和弱点，确认核心能力，评估战略所需的重要变革，确认可信的战略，评估战略的可能结果，让其他执行官参与战略选择。

6. SWOT 分析是通过了解自己组织的优势（strength）与弱势（weakness），掌握外部机会（opportunity），规避威胁（threats），从而制定良好战略的方法。

7. 无论对个人还是组织来说，阻碍变革都是常有的现象。人们阻碍组织的变革有许多不同的原因。

8. 成功地执行变革需要充分有效的领导行为，这些行为可以分成两个相互联系的类别：政治或组织行动、以人为导向的行动。

活动拓展

学习完本章之后，你认为战略管理和战略领导之间存在哪些区别？你是否赞同作者对战略领导的定义？其他学者的相关研究观点是怎样的？对于战略领导，你有没有独特的见解呢？请登录学校数字图书馆，以战略领导为主题，查找相关的论文，然后比较、分析、总结这些论文的观点，给出你自己的理解。并就这一主题与其他同学一起讨论。

课后作业

1. 构成战略领导的要素包括哪些？它们分别处于什么层次？

2. SWOT 分析的步骤是怎样的？它最后会形成哪些可供组织选择的战略？

第八章

决策与领导力

没有“尽善尽美”的战略决策。人们总要付出代价。对相互矛盾的目标、相互矛盾的观点及相互矛盾的重点，人们总要进行平衡。最佳的战略决策只能是近似合理的，而且总是带有风险的。

——［美］彼得·德鲁克

知识结构

决策与领导力
- 政治价值与领导决策
- 法律价值与领导决策
- 管理价值与领导决策
- 多元价值平衡与领导决策
- 领导决策的优先权
- 决策的四大悲剧
- 危机决策的四大误区

内容简介

领导者的决策选择并非由单一价值因素决定，而是通常受到多元价值的影响和制约。本章从政治、法律、管理的角度分析领导决策，引导领导者在决策过程中寻求多元价值的平衡，促进决策的科学制定与良好执行。其内容主要包括：政治价值与领导决策；法律价值与领导决策；管理价值与领导决策；决策的核心要素；多元价值平衡与领导决策；领导决策的优先权；变革决策中的顺序；决策的四大悲剧；危机决策的四大误区。

学习重点

- 多元利益平衡是领导决策艺术
- 处理权力冲突是领导决策的策略

- 决策的核心要素
- 决策中的责任道德
- 领导决策的优先权
- 决策的四大悲剧
- 危机决策的四大误区

学习目标

学完本章之后，你要能够：

- 了解领导决策的政治、法律、管理价值考量
- 理解领导决策过程中多元价值平衡的艺术
- 把握变革决策等各种决策情境中领导决策的优先权
- 知悉领导决策的四大悲剧及避免决策悲剧发生的策略
- 掌握危机决策的四大误区及避免走入误区的策略

2004 年上海汽车收购韩国双龙，2009 年韩国政府宣布双龙破产；TCL 收购汤姆逊在欧洲遭遇滑铁卢；中国平安收购荷兰-比利时富通集团，美梦最终成噩梦；经济危机中逆势扩张的中国远洋集团 2011 年成为证券市场的亏损大王，且后续几年连续亏损；信威集团曾经计划出资 500 亿美元，开挖尼加拉瓜大运河，打通太平洋和大西洋，于 2019 年爆雷触发退市；曾经红极一时的乐视，创办人贾跃亭美国躲债，企业 2020 年退市……

> **重点提示**
>
> 从政治、法律、管理三个角度来分析决策，是本章学习的重点。

如果说这些决策失误，完全归结于领导者的腐败，一些领导者肯定大叫冤屈，但归结为领导者决策能力有限，将无可争议。那么，领导者究竟应该怎样决策才是最佳呢？这可能又是一个复杂的命题。因为，领导者特别是公共部门的领导者，其决策行为往往是多目标决策，受到多元价值的影响和制约，任何一个角度下的简单分析都容易失之偏颇。戴维·罗森布鲁姆提出，应从政治、法律、管理三个角度来分析决策（见图 8 - 1），这对我国政治文化环境中的领导者决策颇具启迪意义。

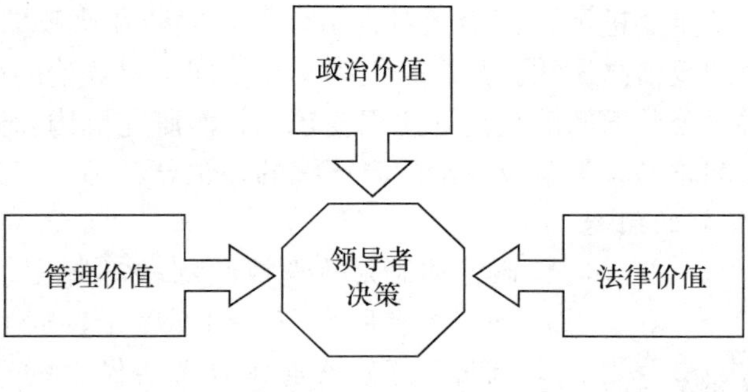

图 8 - 1　领导者决策的多元价值框架

第一节 政治价值与领导决策

政治价值是中国领导者在决策过程中所应考虑的首要价值因素。泛政治化是中国社会的重要特征之一。政治的触角已经延伸到生活的各个角落，直接或间接地与社会各个层面的生活联系在一起，并成为人们判断是非、成败的重要价值标准。所以，在决策过程中，领导者们必须懂得从政治价值的视角来分析问题。

政治价值包含三个方面：一是由政党政治而产生的价值标准；二是由社会利益群体的多元利益需求而产生的价值标准；三是由组织内部权力冲突而产生的价值标准。因此，要想透彻了解政治价值对领导者决策的限制作用，就必须对这三个方面有一个相对全面的认识。

一、政党政治是领导决策高压线

政党政治的核心是党的执政地位的获取与巩固。围绕政治地位的获取和巩固，政党会提出自己的执政纲领、执政理念和执政原则。这些就是领导者决策所应关注的政治价值的核心内容。对于一个政党来讲，党的执政地位问题是党的最重要的问题。一旦涉及这一问题，任何政党都不会轻易让步，都会不惜一切代价维护自己的执政地位，甚至不惜动用武力。所以，政治问题是领导者决策中的高压线。这就是说，所有领导者的决策都应该用政治价值进行衡量，不能与占主导地位的政治价值相冲突。这对于本身就是中国共产党员的干部来讲，是当然的义务和责任。不能说你既是中国共产党员，又做出一些影响党的执政地位的行为，或与党的执政理念不一致的决策，这是很荒谬的事情。

政治价值的高压线因环境的不同而有所差异。首先，时代不同，对政治的敏感程度差异性很大。在“以阶级斗争为纲”的年代，任何言行都可能被别人与政治价值挂钩。而现在，政治民主化有了长足的进展，言论相对自由多了，但涉及执政的理念和原则问题的，仍是领导者不可忽视的政治高压线。其次，组织文化不同，对政治的敏感程度也存在着较大的差异。相对来讲，公共部门的政治敏感程度较高，而研究机构和民营机构的政治敏感程度较低。以下三类问题是容易触及政治的高压线的，领导者必须谨慎应对。

（一）涉及政治体制的问题

> **记一记**
>
> 容易触及政治的高压线的三类问题。

政治体制是政党执政的根本制度，虽然也需要依据时代的不同而有所变革，但不属于普通的领导者所应考虑的问题范畴，即使普通领导者所做出的选择是符合未来发展方向的。更何况，历史学上还有一种说法，“符合未来的不一定符合现在”。符合未来的政治体制改革方向的议题，最多只能是理论上的探讨，不能成为领导者的现实选择。领导者不能拿再过若干年后的政治价值标准来衡量当今的决策行为。不明白这一点，是一些领导者触及政治价值高压线的主要原因。企业的领导人同样也需要重视政治价值。

（二）涉及民族、宗教事务的问题

政治学家亨廷顿（Huntington）将民族、宗教之间的冲突归为文明的冲突，并在其《文明的冲突》（*Clash of the Civilization*）一书中提出，当今世界的冲突主要是文化的冲突所造成的。不同的民族、宗教存在着文化之间的显著差异，判断事物的价值标准存在着区别甚至是冲突。而这类冲突事件的处理标准也往往没有普遍意义的价值标准。所以，领导者在处理涉及民族、宗教事务的问题时，不能简单地拿社会的普适性价值标准作为决策的依据，而应充分考虑民族、宗教问题的特殊性，审慎地进行决策，否则，就会造成难以收拾的局面。

（三）涉及国际事务的问题

执政党执政地位的合法性有两个来源：一个是国内民众的拥护程度；另一个是国际上其他国家的认可度。所以，任何一个执政党都既关心其在国内民众心目中的形象，同时又注重其国际形象。对于国内事务执政党可以单独凭借自身的力量来进行处理，而国际事务就要牵涉到其他的国家，需要国际沟通与协商，不是执政党单方面能够决定的，其处置成本也往往要比国内事务的处置成本高得多。国际事务处理不当，就有可能影响执政党和国家的国际形象，甚至导致国际争端与冲突。所以，执政党对国际事务十分重视和敏感。因此，涉及国际事务的问题同样是领导者不可小觑的决策议题。否则，就会带来比国内问题更为严重的后果。

二、多元利益平衡是领导决策艺术

领导者的决策往往就是组织资源的分配与再分配，所以，各方利益团体都会尽力通过各种途径来影响领导者的决策，以期获得最大的利益。政策分析理论中的团体理论对此有着良好的解释。团体理论认为，社会上存在着大量的、潜在的社会团体。这些团体并不总是以显现的形式存在，而一旦有人破坏现有的游戏规则，威胁到团体之间的原有平衡，潜在的团体力量就会被激活，奋起反击，对规则的破坏者形成压力。利益团体就是社会中拥有共同观点，并有权力对其他团体提出要求的社会团体。社会中的个人，只有在成为团体成员并为团体的利益进行活动时，其才能在政治生活中发挥作用。

团体理论认为，领导者所制定的政策，实际上是团体斗争中相互妥协的结果，是不同利益集团之间平衡的产物。制约这种平衡的力量来自不同利益团体之间的相互影响力。拥有较大影响力的利益团体往往会获得更多的领导决策倾斜。团体之间影响力的相对均衡状态的持续是政策稳定的基础。而团队之间的影响力又是会随着社会经济、政治因素的变化而此消彼长的，领导者的政策制定也应随着团体间影响力的变化而不断调整。因此。领导者的任务就是对团体影响力的变化做出反应，通过讨价还价、相互妥协、折中调解，寻求利益团体之间冲突性诉求的平衡。同时，领导者还应制定利益团体间相互争斗的游戏规则，并担任裁判，力求将利益团体间的冲突限制在许可的限度之内，维持社会的稳定。多元利益下的领导者决策平衡模型如图 8－2 所示。

在我国，显形的利益团体并不多。许多行业协会虽说是利益团体的形式，但基本上是准政府机构，其对领导者决策的影响力也有限，因此，大多数领导者对利益集团的诉求并

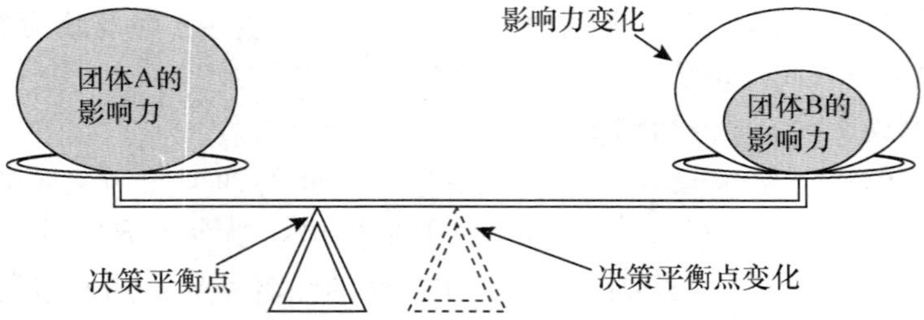

图 8－2　多元利益下的领导者决策平衡模型

不敏感。但是，随着民众自我权力意识的增强，互联网联络手段的普及，潜在的利益团体为了共同的利益而显形化的现象却有所增加。在规模较大、历史较长的企业中，多元利益的存在也是一种常态。所以，对多元利益诉求的关注是现代领导者决策时的必备意识。

三、处理权力冲突是领导决策的策略

重点提示

了解多元利益平衡的领导决策艺术和处理权力冲突的领导决策策略，是理解领导决策政治价值的关键。

依照组织理论，超过 6 个人的团体就可能分为小的派别。因此，凡是超过 6 个人的组织就可能存在小的派系，有小的派系存在就存在派系间的利益纷争和权力争斗。所以，组织内的权力冲突是任何一位领导者都必须面对的现实。战略管理学家亨利·明茨伯格对组织中的政治对策进行了系统总结，其中以下几点是值得我们借鉴的①：

（1）建立联盟对策——在同僚之间建立彼此相互支持的默契，以此构建领导者的权力基础。

（2）建立帝国对策——与下级形成牢固的默契关系，以此构建领导者的权力基础。

（3）知识技能对策——凭借独特的、不可替代性的、决定性的知识技能，树立自己的专家地位；或者将自己的工作包装成专业知识性工作，形成专家地位，获得独立控制权，以此构建领导者的权力基础。

（4）拉大旗对策——凭借与上级领导的良好关系，获得上级领导的支持，以此构建自己的权力基础。

（5）告密对策——将组织中的可疑行为或非法行为向有影响力的外部人员告密，以此增加自己的权力。

（6）少壮派对策——由少壮派组成接近权力中心的小集团，图谋组织内部权力结构的调整。

（7）反叛乱对策——掌握核心权力的领导者运用合法或灰色的政治手段，回击叛乱者。

在组织政治对策中，建立联盟对策是需要特别强调的。因为，一个领导者的良好建议通常不会自然地上升为组织的决策意志，它需要通过联盟来寻求支持。美国高级公务员的任职资格中就明确提出，高级公务员必须具备联盟的能力。其主要包括四个方面的能力要素：

---

① ［加］亨利·明茨伯格，布鲁斯·阿尔斯特兰德，约瑟夫·兰佩尔．战略历程．魏江，译．北京：机械工业出版社，2020：162．

（1）影响与协商（influencing and negotiating）：说服他人的能力；达成共识的能力；获得他人合作实现组织目标的能力；构建双赢局面的能力。

（2）人际关系技能（interpersonal skills）。

（3）建立伙伴关系（partnering）：发展网络，构建联盟，从事跨功能活动的能力；跨边界合作能力；与众多利益相关者达成共识的能力；与上下级广泛接触，形成并加强内部支持基础的能力。

（4）政治敏锐（political savvy）：了解影响组织运作的内外部政治因素；清醒地研究每一个问题所面临的政治形势；了解不同路线选择的后果。

所以，我们说，领导者必须建立自己的联盟，但不要营私。这是领导者将自己的主张上升为组织决策意志的必要渠道。为了组织未来的发展，大公无私的领导者更应该建立自己的联盟，否则，营私者就会得利，因为营私者往往更善于结成联盟。这就出现了一个不可回避的问题，即面对营私者的联盟，领导者应该如何应对？战略管理学者伊恩·迈克米兰（Ian MacMillan）认为，应对对立的联盟有以下几种策略①：

（1）构建一个先发制人的联盟：抢先在组织中建立支持决策的联盟，争取潜在的支持者，减少对立联盟成功建立的机会。

（2）改变对立联盟领导人在组织中的地位：将对立联盟领导人调动到非核心职位，甚至将其降职，能够大大削弱对立联盟的影响力。

（3）增选联盟成员：将支持决策的联盟成员增选到决策委员会里，以此改变联盟的力量对比。

（4）将对立联盟领导人从组织中排除出去，这样就会起到“树倒猢狲散”的效果。

（5）尽力增加与联盟成员的沟通：良好的沟通、信息共享，可以增加联盟的凝聚力。

第二节 法律价值与领导决策

任何组织中的领导者在决策过程中都需要接受法律的约束。在公民法律意识日益提高、国际合作不断增加的时代，学会用法律价值来分析和约束自己的决策行为是许多领导者的必修课。

一、决策程序需正当

程序正当是现代法律与行政的基本价值追求。程序正当是实现实体正义目标的保障。

---

① ［加］亨利·明茨伯格，布鲁斯·阿尔斯特兰德，约瑟夫·兰佩尔．战略历程．魏江，译．北京：机械工业出版社，2020：169.

约翰·罗尔斯（John Rawls）认为，程序的公正才是真正的公正。他将程序公正分为三种类型：一是纯粹的程序公正，指不存在衡量结果公正的标准，只存在衡量程序公正的标准；二是完全的程序公正，指既存在衡量结果公正的标准，也存在衡量程序公正的标准，而且只要按照程序公正去做，结果公正也就能够实现；三是不完全的程序公正，指虽然衡量结果公正标准存在，但公正程序却不存在，无论怎样保证程序公正，都不能完全实现结果公正。罗尔斯还指出，实体公正与程序公正之间存在三种关系：第一种是“程序即实体”，是在特定条件下存在的，同研究行政程序基本无关；第二种是“程序可能实体”，是在社会生活中大量存在的，需人们不断探索；第三种是“程序必定实体”，这正是行政程序探索的目标。罗尔斯关于程序公正的理论，恰当地反映了程序公正的性质，程序公正总是与通过程序达到公正的结果联系起来。换言之，只要遵守正当程序，结果就被视为合乎公正。

人治与法治的关键区别之一就是对程序正当是否重视。人治更为注重结果的公正，即理论上所讲的实体正义。领导者为了正当的结果可以不计较程序是否正当，结果的正当是主要的判断标准。少了烦琐程序的约束，领导者的效率自然相对更高。人治的问题关键在于，当遇到职业操守比较高的优秀领导者时，可以更为高效地达成组织正当的目标。但是，当遇到缺乏职业操守的邪恶领导者时，同样可以高效地达到非正当的目标，而不用顾及程序的约束。而法治追求的是任何领导者都必须按照法定的正当程序进行决策，以此来保障结果的正当。这实际上是牺牲一定的效率，来换得结果公正度的提高。

正是因为程序的烦琐和对效率的影响，优秀的领导者和邪恶的领导者同样厌恶程序的约束，都有一定的规避程序约束的动机。但是，为了组织的平稳健康发展，任何组织都应重视管理的规范化、法制化。规范化程度提高了，组织对领导者的个人依赖程度就会相应降低，不会因领导者的变更而出现大的震荡。近十几年来，日本首相频繁变更，但日本社会运转很平稳，这就是法治的优势。不单行政系统如此，企业也同样如此。若企业管理规范化程度低，过度依赖杰出企业领袖，则这位领袖发生变故了，企业也会跟着发生变故，不可能成为百年老店。

重点提示

用法律的价值来考量自己的决策行为，领导者应追求决策程序的正当、避免明显歧视、注重抗辩机制。

二、明显歧视须避免

歧视是指相同的人（事）被不平等地对待，或者不同的人（事）受到同等的对待。具体地讲，歧视就是用性别、种族、身份等因素来替代公正的评判标准，对人进行区别性地对待①。其结果是对一部分人正常权力的剥夺。反对歧视，使每个人的权利得到平等的保护是现代法律的基本价值追求。在向法治化日益迈进的今天，歧视已经成为越来越敏感的话题。常见的歧视现象有以下几种：

（1）国籍歧视——因国籍的不同而受到区别性对待。如在西方国家，主要是对非自己

---

① ［美］安塞尔·M 夏普，查尔斯·A 雷吉斯特，保罗·W 格兰姆斯. 社会问题经济学. 郭庆旺，译. 北京：中国人民大学出版社，2015：150.

国家人员的歧视。

（2）种族歧视——因种族的不同而受到区别性对待。如西方国家对有色人种的歧视。2020 年，美国爆发的“黑人命贵（Black Lives Matter）”运动就是种族歧视累积的结果。

（3）地域歧视——因来自不同的地域而受到区别性对待。假如企业不解决地域歧视用工问题，就很难换来员工对企业的忠诚，没有员工的忠诚也就没有企业未来的发展。

（4）性别歧视——因性别的不同而受到区别性对待。在中国，女性就业歧视不容忽视。大学毕业生就业过程中，在学识素养同等的条件下，女生很少能够竞争过男生，女生就业中的歧视不是个案。没有法律的强力保护，这一不平等现象很难有所改观。

（5）个人自然长相歧视——因个人的高矮、胖瘦、俊丑等自然长相因素的不同而受到区别性对待。中国有句俗话讲：“人不可貌相，海水不可斗量”，就是提醒人们不要因自然长相而歧视他人。

（6）疾病歧视——因患有某种疾病而受到区别性对待。如艾滋病歧视、乙肝歧视等。

（7）身份歧视——因职业的不同而受到区别性对待。如对农民工的歧视。

歧视的形成可能来自社会偏见、个人经验、个人伤害性体验等因素。要想领导者做到绝对的无偏见实际上是很困难的事情，但领导者不能制定带有明显歧视的排斥性制度。对于公共部门的领导者来说，不但不能形成歧视性的制度安排，而且还应对社会弱势群体给予特别的关注，给他们以平等的机会，这是现代公平理念的内在要求，也是构建和谐与稳定社会的必然要求。当然，这也是领导形象塑造的关键点。

三、抗辩机制应重视

抗辩机制是实现法律公正价值的基本机制，即在法律裁决中，给诉讼双方当事人以自我辩护、质询对方证据和辩词的权力和机会，以此来保证法官裁决的公平、公正。在决策过程中，核心领导者就好比是法官，处于相对超然的地位，尽力避免先入为主、先行表态。领导者应给予赞成方和反对方以陈述理由、质询对方的机会，这样就能够使得一项决策利弊更为清晰，领导者在权衡之后做出理性的决策。

在进行重大决策时，决策的可行性论证是必不可少的。怎么样论证信息才会充分呢？我们可以想象大学中的辩论赛，围绕一个主题，正方和反方分别论证陈述自己的观点。假如领导者就是辩论赛的主席，对正方和反方的信息都客观地倾听，然后再依据领导者的价值与经验做出决策的判断与决定，那么决策的正确性将会得到可靠的保证。在决策方案的论证过程中，领导者可以有意组建 A、B 两个论证小组，由 A 组专门负责论证决策的积极效应，B 组专门负责决策的负面效应。领导者依据 A、B 双方的论证报告进行最终的决策。这种机制可以称为决策中的 AB 制。这一机制虽然简单，但它能够使领导者做到兼听则明，可以有效避免领导者决策过程中的低级失误。

抗辩机制在国际大型企业中也被广泛应用。一些优秀的企业甚至做出这样的规定：凡是没有反对声音的决策将暂缓执行。他们的理念是，任何决策都会有负面效应，没有人反对，就可能集体犯重大的错误。

第三节 管理价值与领导决策

管理价值是所有领域领导者决策的通用价值，对于商业领域的领导者来讲，尤其重要。关于决策的程序、技术理论主要是以管理价值为基础来构建的。决策理论的演变呈现出两条清晰的线索：一是由理性决策转变为有限理性决策；二是由决策的内部导向转变为决策的外部导向。

一、“理性”与“有限理性”

理性与感性相对应，指的是人用理智来控制自己的行为选择。赫伯特·西蒙（Herbert Simon）认为，“理性就是要用评价行为后果的某个价值体系，去选择令人满意的备选行为方案”①。通过抽签、抛硬币、拍脑袋等方式来决定自己行为选择的做法是非理性的典型代表。理性决策模型来源于经济学的理性经济人假设，即认为经济人是自私、功利的，做任何事情都以满足个人最大利益需要为目标。将之运用到决策理论中就是，任何决策都是目标性的行为，达到目标的途径和手段会有多种选择，理性的做法是做出最大价值的选择，即寻找达到目标的最优方案。要想做到最优选择，需要满足下列条件：

（1）视决策目标为整体行为而不是群体行为。因为群体成员存在着理念和价值的差异，其选择目标的价值标准也必然存在着分歧。只有整体行为才能实现价值标准的一致性。

（2）决策者具备绝对的理性。也就是说，决策者拥有完备的相关知识和信息，能够穷尽备选方案，并且能够清晰地预测各种方案的未来结果。

（3）决策目标明确、单一。

（4）在决策过程中，决策者的价值偏好始终不变。

（5）决策过程中，决策者不考虑时间和其他资源的消耗。

理性决策的主要程序为：确定决策目标；提出备选方案；分析比较备选方案及其结果；通过方案排序，做出最优决策。

由理性决策的条件我们可以看出，其要求的决策条件在现实生活中很少能够达到。首先，领导者所面临的决策目标常常不是明确、单一的，反而常常是目标多元的、模糊的。尤其是决策目标的多元化，已经成为现代决策理论的共识。假如说原来的领导者决策单单考虑组织的价值或股东的价值就足矣的话，现在则还要考虑决策对顾客的价值、决策对社会的价值和决策对员工的价值。否则，决策的目标就有可能失之偏颇。其次，在有些情况下，决策是群体行为，而不是整体行为。参与决策的人有可能都从自己的经验和价值出发

① ［美］赫伯特·西蒙．管理行为．杨砾，译．北京：北京经济学院出版社，1988：74．

来进行行为选择，并且，每一个人都需要了解其他人的行为选择，这就大大地增加了决策的不确定性。再次，领导者的知识能力是有限的，在大多数情况下是不能够拥有完备的决策信息的。同时，要想对每一个决策备选方案的结果进行预测和描述是很困难的，即使能够对结果进行预测，也很难与实际的感受相同。因为，我们的头脑无法在某一瞬间抓住所有后果。最后，在决策过程中，领导者的价值判断标准可能会发生变化，很难做到始终一致。再加上人是感情的动物，有时候感性会占据主导地位，要想做到完全的理性是比较困难的。所以，西蒙认为，这种理论只能处理相对稳定和与竞争性均衡相差不大的经济行为，无法满意地处理有关不确定和不完全竞争情况下的决策行为。这时，代替“完全理性”的就是有限理性模式①。

有限理性决策模式的核心就是，领导者不要试图寻找最佳的决策方案，实际上也是做不到的，取而代之的是寻求满意的决策方案。也就是说，领导者的决策不是寻求最为经济、最有效率、最有效能的方案，而是寻找能够满足经济、效率和效能要求的平衡方案。

■ 二、“内部导向”与“外部导向”

决策由内部导向转变为外部导向，源自管理理念的两个变化：一是管理价值链理论的兴起；二是战略管理的兴起。

价值链管理（value chain management，简称 VCM），是指按照组织的价值产生链条来重塑组织的管理流程，并对之进行管理。组织的价值链始于组织的外部客户，终于外部客户。价值链管理的最终目的是，快速响应客户需求并提高客户的满足度。提高对外部客户需求的理解、把握和满足，是价值链管理的出发点和归宿点。同时，价值活动的各种联系不仅存在于组织价值链的内部，而且存在于组织与组织的价值链之间，包括组织与供应商、组织与营销渠道、组织与其他合作伙伴之间的各种活动，因此，价值链管理是一种基于协作策略，将跨组织的业务运作连在一起，以期实现市场机会的共同愿景的管理过程。所以，在价值链理念下，对外部客户的关注、对外部合作伙伴的关注就成为领导者决策外部导向的主要内容，它是增加组织价值的当然选择。

随着战略管理理念的日益深入，领导者决策过程中的外部导向也日趋明晰。战略管理与传统管理的最大区别就是对组织外部环境因素的关注。它要求领导者在决策过程中不单要注重组织内部的能力，更要关注与市场环境中竞争对手相比，自己组织的相对优势和劣势。在对内外环境的分析的基础之上，制定出能够赢得外部竞争优势的战略决策。因此，外部导向是战略管理的基本要求。

在公共部门，决策的外部导向是新公共管理理念的题中之意。新公共管理的核心是主张用管理企业的方法来管理政府部门，政府扮演的角色是掌舵而不是划桨。新公共管理理念在公共部门领导者的决策过程中主要体现为三点：一是顾客导向。与传统公共管理将服务对象视作管理对象的理念不同，新公共管理主张公共部门应将服务对象视作顾客，应不断满足顾客的需求，不断提高服务质量，并将之视为公共部门的主要工作。二是决策中的分权。新公共管理认为，现代的公务人员受过良好的教育，具备良好的素质；信息化的发展与推广使基层公务人员拥有了许多原来只有高层才能拥有的信息。基层公务人员由于直

---

① ［美］赫伯特·西蒙．管理行为．杨砾，译．北京：北京经济学院出版社，1988：3.

接与顾客打交道，更为了解顾客的需求。因此，只有授予基层公务人员更多的决策权力，才能为顾客提供更为及时、有效的服务。三是要有评价决策结果的价值标准。新公共管理主张应用企业的绩效考核方法来评价领导者的决策结果，尤其强调量化的评价标准。

三、决策的核心要素

管理价值不单关注决策的取向，同时也关注决策的核心要素，以此来保障决策的高效与理性。这些核心要素包括以下内容。

（一）辨明问题的特性

所有的决策都是因为问题而发动的，这就需要决策者首先对问题的特性进行分析。具体来讲，就是看该问题是经常发生还是偶尔发生，也就是看问题的特性是经常性的还是偶发性的。假如问题是经常性的，那么，对于决策者来讲就不是去寻找具体的应对方案，而要制定相应的制度和标准，类似的问题照此办理。假如问题是偶发性的，那么，决策者需要一事一议地制定应对的方案。缺乏对问题特性的区分，将经常性问题和偶发性问题混为一谈，会使经常性问题很难得到根本上的解决，领导者也会疲于频繁的应对。领导者须把握的诀窍是，所有的问题都先从经常性的角度去思考，排除之后，再以偶发性问题策略应对。

（二）明确决策的底线

决策的底线指领导者所能够接受的最低条件。现实中的决策达成往往是讨价还价的结果，假如领导者仅仅关注决策方案的共识和大家的接受度，那么，最后所形成的决策方案有可能和领导者的初衷背道而驰。所以，领导者在决策之前必须明确决策的底线，触动了底线，领导者是不能接受的，只有这样，领导者的决策才不会偏离自己的初衷。

（三）描绘决策的标杆

描绘决策的标杆是指领导者在决策讨论之前描绘出决策的理想方案，将这一方案作为决策过程中努力的标杆。上有标杆，下有底线，只要最后所达成的决策方案是在底线和标杆之间的，领导者都是可以接受的。最后方案越是接近标杆，结果越是喜人。这里的标杆就是决策过程中的努力标准，所以，我们提倡要先有标杆，然后再去折中、平衡。否则，缺失决策中的标杆，最后形成的方案往往会使领导者感觉遗憾。

重点提示

为保证决策制定的高效与理性，促进决策的良好执行，领导者应关注决策的五个核心要素。

（四）决策转换行为

决策转换行为考虑两个层面的内容：一是考虑决策是否可执行。决策方案本身无论看起来多么美好，假如不可执行，它就不能化作现实的价值，仅仅是镜中花。从这个角度讲，在现实管理中，领导者往往选择次优方案而不是选择最优方案，大多数情况下就是出于可行性的考量。二是领导者应将决策的制定和执行看作行为的博弈。所有的决策都会影响相对人的利益，领导者应当从博弈的角度思考相对人会怎么应对决策方案，依据可能的应对方案对决策进行考量，如此这般，所形成的决策就更加能够应对现实的变化，可执行度就更高。否则，就会像水平不高的牌手一样，自鸣得意地出了一张牌，结果对手一出牌，自己傻眼了。

（五）决策印证

决策印证指的是决策方案在实践中的检验与修正。决策方案往往是未来情境下的行为选择，预设可能与实际情况有所出入。所以，根据实际情况对初始的决策方案进行修正往往不可避免。这就要求领导者从心态上接受方案的调整和变化，调整和变化并不证明领导者的决策能力高和低，这只是决策过程中的常态反应。领导者应将初始的方案作为试行方案，为后来的调整留下时间和空间。

假如领导者能够形成关注决策的核心要素的习惯，那么，领导者的决策水平将会不断提升。

第四节　多元价值平衡与领导决策

由前文的分析我们知道，领导者在决策过程中面临着政治、法律、管理价值的多元影响。政治价值追求不同利益群体的代表性、对不同利益相关者的回应性以及责任性；法律价值追求决策程序的正当、公平与平等的权力保护；管理价值追求决策中的效率、效能、经济和对顾客的回应性。这三种价值往往是相互冲突的，比如管理价值追求效率，而法律价值下的严格、烦琐的程序和政治价值下多方利益兼顾都是与效率相左的。这似乎将领导者置于多元价值的困境之中，但这正是要求领导者具有决策艺术的原因之所在。解决这一困境的艺术之道就是，寻求多元价值的平衡。平衡点的选择要依据决策类型的不同而有所变化，这是决策中价值平衡的关键。但更为关键的是领导者要具备责任的道德观，这是决策有效性的内在保障。

一、决策类型不同则价值偏好不同

组织的类型不同，领导者决策的价值偏好自然不同。在经营性组织中，领导者会更偏重于管理价值，政治和法律价值居于次要地位；在公共部门中，政治和法律价值会更为重要，管理价值归于次要。不同的领导者，其内心的价值偏好也会存在较大的差异。所以，要清晰地分析领导者决策中的价值偏好，事实上是很困难的。但我们可以从决策类型的角度，对分析领导者的价值偏好给予一般意义的指导。

（1）内部管理性决策。主要是指组织内部运作的一系列决策。效率、经济和效能应是这类决策的基本追求，因此，其价值偏好应偏重于管理价值。但其中人员配置方面的决策应管理和政治价值并重。

> **重点提示**
>
> 决策类型不同，领导者的价值偏好有所不同。

（2）社会治疗性决策。主要是指那些旨在改善某一社会群体不理想生活状况的决策，如扶贫、“三农”、拆迁安置、困难补助等类问题的决策。在这类决策中，受益者的参与以及对他们需求的回应性显得十分重要。同时，其他社会群体的认同也极其重要。因此，这类决策的价值偏好应偏重于政治价值。

（3）管制性决策。主要是指行政机关所制定的管制性行政行为决策。管制性行政行为牵涉到对行政相对人利益的限制，因此，必须严格遵守法律的权限规定和程序规定，以公平保护行政相对人的权利。政府定价行为、环保标准制定、卫生标准制定、产品技术标准制定等都属于典型的管制性决策。听证、公示等法律程序都是这类决策所必须严格遵循的。所以，法律价值是管制性决策首先考虑的价值偏好。

（4）与政治体制、国际事务、民族宗教事务相关的决策。对于这三类事务的决策，政治价值偏好是必须予以重视的。

（5）影响国家安全、社会稳定的决策。国家安全、社会稳定是执政党的基本政治追求，所以，一旦决策涉及国家安全、社会稳定，都会被执政党施以政治价值的评判。在领导者决策过程中，政治价值不可或缺。

二、决策中的责任道德

在政治、法律和管理的多元价值张力之下，领导者会采取什么样的决策行为呢？这可能是许多中高层领导者较为关心的问题。

伊克·艾赞（Izek Ajzen）和马丁·费希本（Martin Fishbein）的合理行动理论（theory of reasoned action）对人的行为选择进行了经典的诠释。合理行动理论认为，人的行为选择受两个因素所决定：一是态度，指人对采取某一行为的肯定性或否定性的感觉。个体对行为结果的预期及价值评判决定个体的态度。二是主观规范（subjective norm），受个体的规范性信念所决定，个体的规范性信念又来自个体对其他人的感知，即其他人尤其是关键人物是否认为应该采取某一行为①。这两个因素的结合决定了个体的行为选择。而对这两个因素起决定性影响作用的途径无非两条：一是上级领导者和周围同事对决策者决策行为的期待。对决策绩效的关注和评价体系的建立是这一途径的制度化措施。二是决策领导者责任道德观的构建。

领导者的责任可以分为客观责任和主观责任。“客观责任源于法律、组织机构、社会对行政人员的角色期待，而主观责任却根植于我们自己对忠诚、良知、认同的信仰。”②

责任的道德观是著名管理学家切斯特·巴纳德（Chester Barnard）有关管理者功能的主要理论内容之一。巴纳德认为管理人员的责任，是特定的个人道德准则在各种强烈相反的欲望或冲动面前，对个体行为的控制力量。依照巴纳德的观点，“责任并不是由某种单一的规律所决定的，而是由道德的、法律的、技术的、职业的以及组织的各种规律所共同决定的。这些规律的效率主要不在于外在的制裁，而在于人的内在义务感，即当其违背该项义务时，内心感到歉疚的苦痛”③。这里的内在义务其实就是道德准则对人的内在自我要求。这说明道德在对领导者的行为约束中有着比法律、规则等外在规范更大的优势。这是因为，首先，“法律和内部的组织政策不可能具体到足以涵盖行政所遇到的所有情形和偶发事件；公众参与也不可能深入到日常行政行为的细节中去；上级对行动范围的监督也

---

① AJZEN I，FISHBEIN M. Understanding attitudes and predicting social behavior. Englewood Cliffs，NJ：Prentice Hall，1980.

② ［美］特里·L 库珀. 行政伦理学：实现行政责任的途径. 张秀琴，译. 北京：中国人民大学出版社，2010：74.

③ 张润书. 行政学. 台北：三民书局，1995：84.

是有限的。这些差距的存在是显著的和广泛的。只有被深深内化的一系列个人的道德品质才能够保证既与组织的目标之间保持和谐，又能与民主社会中的公民义务之间保持一致”①。其次，道德观对个人来讲是一种内化了的态度、价值观念和信仰，是内部的力量，而内因是起决定作用的因素，因此，道德因素在人的行为选择中也起着更为重要的作用。最后，从对人的行为规范的成本来说，道德观是通过自我的内在约束来规范个人行为的，而法律等外在因素，则需要借助于正式的权威系统来实现对人的行为的约束，其运作成本要比道德内化高得多。因此，责任道德的建设应是领导者决策管理中不可或缺的重要内容。

从 20 世纪 80 年代以来，国际上流行的企业公民（corporate citizenship）理念实质上就是对企业社会道德责任的明确要求。企业公民指企业在社会中的角色与责任。美国波士顿学院给出的企业公民定义是：“企业公民是指一个公司将社会基本价值与日常商业实践、运作和政策相整合的行为方式。一个企业公民认为公司的成功与社会的健康和福利密切相关，因此，它会全面考虑公司对所有利益相关人的影响，包括雇员、客户、社区、供应商和自然环境。”

依据世界经济论坛的观点，企业公民包括四个方面：一是好的公司治理和道德价值，主要包括遵守法律、现存规则以及国际标准，防范腐败贿赂，包括道德行为准则问题以及商业原则问题；二是对人的责任，主要包括员工安全计划、就业机会均等、反对歧视、薪酬公平等；三是对环境的责任，主要包括维护环境质量、使用清洁能源，共同应对气候变化和保护生物多样性等；四是对社会发展的广义贡献，主要指广义的对社会和经济福利的贡献，比如，传播国际标准、向贫困社区提供要素产品和服务（如水、能源、医药、教育和信息技术等），这些贡献在某些行业可能成为企业核心战略的一部分，成为企业社会投资、慈善或者社区服务行动的一部分。所以，企业领导者在经营决策过程中，必须考虑企业公民的责任与道德，不道德地谋取商业利润必将有损于企业的长期发展。例如，《世界新闻报》是英国销量最大的报纸之一，已有 168 年历史，以刊登名人消息为办报特色。但是，该报窃听众多名人、政治家、军人，甚至伦敦地铁爆炸案遇难者家属的电话，冲破了社会的道德底线，引起公愤，不得不于 2011 年 7 月 10 日宣布关闭。其大股东新闻集团董事长鲁伯特·默多克也不得不接受一系列的谴责。

第五节　领导决策的优先权

我们经常讲，领导者须举重若轻。那么，如何做才能够举重若轻呢？优先权的管理就

① ［美］特里·L 库珀. 行政伦理学：实现行政责任的途径. 张秀琴，译. 北京：中国人民大学出版社，2010：74.

是举重若轻的关键之所在。优先权管理（priority management）的核心是次序的管理，实质上就是先做什么、后做什么的选择艺术。从领导者决策的角度思考，就是如何来选择决策的顺序。

重点提示

优先权管理是本章学习的重点。

在现实生活中，领导者所面临的事务千头万绪、纷繁复杂。缺乏优先权的管理，领导者就会百事缠身、疲于奔命、忙而无效，甚至会因为次序的错误而带来障碍和挫折。那么。优先权管理的关键是什么呢？关键在于对事务的分类。

一、从时间、价值和发展趋势的平衡中寻找优先权

时间和价值是优先权管理中常用的两个维度。具体做法是，依据时间的紧急程度和价值的高低将要决策的事务分为四类，如图 8－3 所示。

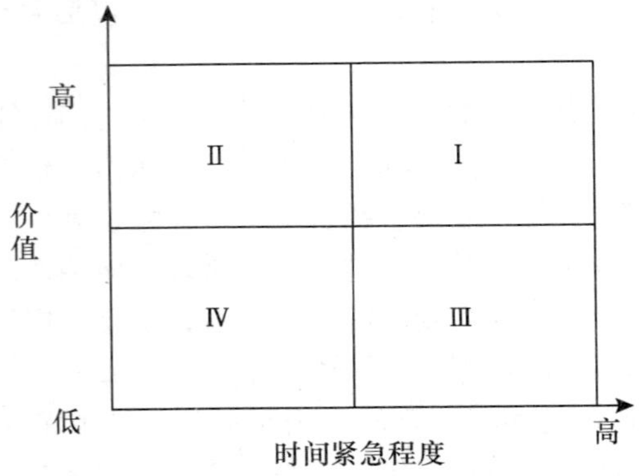

图 8－3　事务的类型

（一）Ⅰ类事务

Ⅰ类事务是既紧急价值又高的事务。正常情况下，领导者都能给予足够的重视。

（二）Ⅱ类事务

Ⅱ类事务是不紧急但价值高的事务。这类事务往往关系到组织未来的发展，是领导者必须拿出时间来考虑的事务。许多领导者埋头于眼前的紧急事务，而忽略了事关发展的价值更高的事务。这类事务是最易被领导者忽略的事务。在企业中，典型的Ⅱ类事务是企业产品的研发和企业员工素质的提高。所有的领导者都明白研发很重要，没有研发就没有企业的未来；员工素质提高了，工作的效率和质量自然就提高了。但是，只有优秀的企业才会给这类事务以足够的关注。中国发展最快的民营企业之一——华为，一直以来坚持以不少于销售收入 10%的费用和 43%的员工投入研究开发，并将研发投入的 10%用于前沿技术、核心技术以及基础技术的研究。近年来华为的研发投入一直位于世界同类企业的前列，在 5G 方面的投入使其成为世界领先的 5G 通信公司。

（三）Ⅲ类事务

Ⅲ类事务是紧急但价值低的事务。由于这类事务的价值较低，不需要领导者浪费精力去决策，而是应该委托其他人，并指导他人进行紧急处理。缺乏优先权管理，简单按照事件发生的时间顺序来进行决策的领导者，往往也将此类事务纳入自己决策的范畴，造成了

自我资源的浪费，我们称之为“救火队长式”的决策。但只有委托而没有指导也是处理这类事务所不应有的做法。因为事关紧急，下属处理过程中容易出现问题，并且由于紧急往往来不及补救。

（四）Ⅳ类事务

Ⅳ类事务是既不紧急价值又低的事务，这类事务是不需要领导者来决策的事务。事无巨细的领导者就会处理许多这类不该自己处理的事务，比如有的单位高层领导者带头检查办公室的卫生状况等。

由以上的分类我们可以了解到，单单依照时间维度来决定领导者的决策顺序，就会陷入优先权管理的误区，时间和价值维度之间的平衡是领导者应有的选择。但即使同样按照时间和价值两个维度来进行决策顺序的优先权管理，对于同样的事务，不同领导者的顺序选择可能也会存在较大的差异，因为，不同领导者的价值判断标准是不一样的。

优先权管理的知识培训在西方国家的领导力培训中日益盛行。阿拉姆（Alamo）培训公司的首席执行官盖伊·黑尔在时间、价值两个维度的基础上提出了优先权的第三个维度，即发展趋势维度。他认为，在确定优先权时还要考虑该问题是否有恶化的趋势，如果不对其采取措施会怎样。如果不采取措施，事情也不会恶化，或者结果可以忍受，那么这类事务就不具有优先权；反之，则应赋予相应的优先权。他认为最为简便的优先权管理方法是，给时间、价值、发展趋势这三个维度赋以相应的分值，通过对每个决策议题的考量，算出每个决策议题的总得分，然后通过比较来确定决策议题的优先权。经实践证明，事务繁忙的领导者都觉得盖伊·黑尔的优先权管理方法简单、有效。

二、从可控度和关注度中寻找优先权

众所周知，非政府部门和政府部门的目标之间存在着明显的区别，非政府部门的决策更为强调效率和效能，而政府部门的决策要兼顾公平和效率。因此，在优先权管理过程中，公共部门简单地按时间、价值和发展趋势三个维度来进行管理，就有可能顾及了效率而忽视了其他价值。所以，保罗·纳特（Paul C. Nutt）所提出的依照利益相关者的关注度和议题的可控度两个维度来对决策议题进行分类的方法，对于公共部门的领导者更具参考价值。可控度（tractability）在这里指的是，组织可能成功解决某一问题的前景，其取决于技术、目标人群混合度、目标人群的人口构成、目标人群的可变性等因素。依据关注度和可控度这两个维度，可以将领导者所面临的决策议题做如下划分（见图 8-4）。

（一）坐鸭类议题

坐鸭类议题（sitting duck issues）既具有较高的公众关注度，又具有较高的可控性。也就是说，公众比较关切此类议题，组织拥有足够的资源，领导者本身又有足够的能力来解决此类议题。这类议题就好比坐着的鸭子，一抓一个准儿。因此，此类议题应是领导者考虑首先解决的议题。这类议题既可以为领导者提高声誉，又可以为怒虎类议题的解决赢取时间。如对下属符合组织战略目标的行为予以奖励，就是坐鸭类议题。

（二）怒虎类议题

怒虎类议题（angry tiger issues）具有较高的公共关注度和较低的可控性。从公众的角度看，此类议题很严重，应给予重视和解决。但由于技术局限或目标人群复杂等原因，此类议题目前根本不可能解决，领导者的可控度较低，故领导者最好是暂缓解决此类议

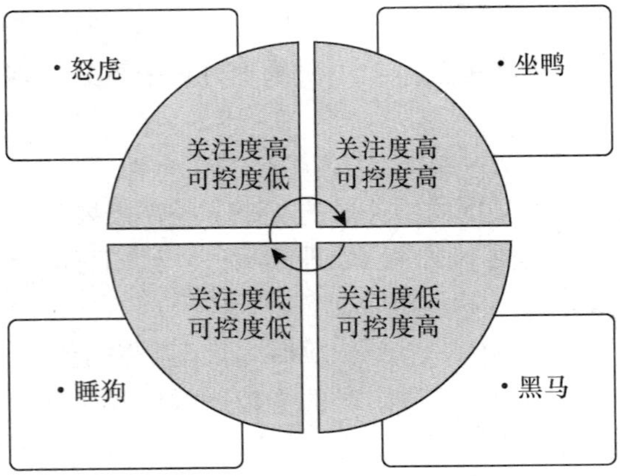

图 8-4　决策议题的类型

题。否则，就有可能会降虎不成反被虎伤。如一些行业的灰色收入问题，就属怒虎类议题，虽然社会的关注程度很高，致力于解决此类问题也会赢得社会的一片喝彩，但作为组织的领导者很难解决，可控程度较低，并且搞不好还会失去组织内部已有的群众基础。所以，对于怒虎类问题，领导者不能作为优先决策议题。从领导者的角度来讲，对怒虎类议题的区分更为偏重领导者的可控性，即领导者有无能力解决好此类议题。假如答案是否定的，即使下属关注程度再高，领导者也不能承诺会解决此类议题，否则，领导者会因说了却做不到而失去在下属中的威信。

案例链接

某位市团委书记上任做的第一件事就是设计了一份问卷，下发给市里的各级团组织，调查各级团干部的需求。问卷统计后发现，各级团干部最为关心的是自己年龄大了之后的转岗问题，普遍对目前的转岗状况不满意。于是，这位市团委书记在全市大会上就表态，要切实解决团干部的转岗问题，让大家满意。广大团干部听了之后都很是兴奋，掌声长达 5 分钟，认为遇到了关心团干部发展的难得的好领导。但问题是，团干部的转岗问题常常不是市团委书记能够决定的，而是由组织部门和接收部门决定的，市团委书记的可控度太低了。于是，一年多下来，转岗问题毫无改善。团干部的埋怨、牢骚日渐增多，市团委书记的威信也日渐下降。

（三）黑马类议题

黑马类议题（dark horse issues）的公众关注度低，但组织和领导者有能力解决好，即可控性高。领导者也应将此类问题作为决策议题予以解决，并作为领导者的业绩予以宣传，树立良好的形象。例如，郑州市曾面向国内外公开招聘选拔具有博士学位的人才，直接担任副处级领导职务，总共招揽了国内外 100 多位博士，产生了极大的轰动效应。这一决策既符合党的干部知识化、年轻化的政策导向，领导者的可控程度又极高，并且与经济发展、环境保护等议题相比要容易解决得多。因此，黑马类议题就好比是买股票买到了一匹黑马，会给领导者带来意想不到的收获。

（四）睡狗类议题

睡狗类议题（sleeping dog issues）像沉睡的狗一样，公众的关注度低，领导者对议题的可控性也低，并且睡狗一旦被人弄醒是会咬人的，会给领导者带来麻烦。因此，睡狗类议题不应纳入领导者的考虑范围。

三、变革决策中的顺序

重点提示

面对多元变化的决策环境，掌握变革决策的顺序与艺术，是领导决策的关键。

在现今的组织管理中，对变革的领导是领导者的核心职责之一。而变革必然带来利益关系的调整。原来的既得利益者会想尽办法阻碍变革的进行。预期能够从变革中获利的群体也往往因对变革者的怀疑而处于观望状态。所以，主导变革的领导者经常面临一种尴尬境地。并且，变革所面临的阻力会随着变革力度的增加而呈几何级数上升。

面对变革决策的压力，领导者应该如何应对呢？“摸着石头过河”是许多领导者的睿智选择。首先，领导者要认真体会“蛙跳”理念。“蛙跳”理念讲的是，将一只青蛙突然放到一锅沸腾的开水里，青蛙会出于本能而一下子跳出来。但是，如果将一只青蛙放到一锅冷水里慢慢加热，青蛙会因为对缓慢升温麻木，而直到被煮熟了也不会跳出来。变革中也存在同样的道理。力度大的改革会因突然间刺激力度过大而激起反对者的反抗和阻挠，而渐进式的、力度较小的改革则会因慢慢的、轻度的刺激使反对者因麻木而失去反抗的力量。

其次，领导者要学会对大的变革决策进行分解，即将一个大的变革决策分解成一系列小的决策。因为决策越小，利益相关者会觉得斗争越不重要，构建和加入反对者联盟的动机也相应越小。一系列小的变革决策也会增加反对者联盟保持稳定的难度，削弱反对者联盟的能量。因此，对决策进行分解是领导者赢得决策主动权的最佳工具。对变革决策进行分解的实质就是主张渐进性变革。这一点对于公共部门的领导者来讲尤为重要。因为，公共部门的领导者所面临的决策环境要比私营企业的领导者复杂得多。查理·林德布罗姆在其《蒙混过关的科学》中谈到，政策的制定在政府中并不是一个单纯、有序、可控的过程，而是一个非常麻烦的过程。在这一过程中，政策的制定者试图应付一个对他们而言过于复杂的世界。所以，政策的制定是一个典型的永无尽头、连续、按步骤进行的过程。零碎的、慢慢补救的渐进主义者，或易于满足的人，看上去也许不像英雄人物，但却是一位真正聪明、睿智的解决问题者①。不明白渐进决策的价值是许多公共部门领导者决策失败的主要原因。

第六节　决策的四大悲剧

客观地讲，领导者决策中的失误，大多不是出于主观故意，而是由于理念和思维上的

① ［加］亨利·明茨伯格，布鲁斯·阿尔斯特兰德，约瑟夫·兰佩尔. 战略历程. 魏江，译. 北京：机械工业出版社，2020：124.

局限性造成的。弗朗西斯·培根（Francis Bacon）在其《学习的进展》（*The Advancement of Learning*）中讲到，人的思维错误可归为四种“偶像”①：

一是部落的偶像（idols of the tribe），即人们倾向于按照系统中现有的次序和规则来进行思考，而不是依据事实的真相来进行思考，实质上是一种先入为主的思维模式。

二是洞穴的偶像（idols of the cave），即个体依据自我的个性和好恶进行思考，形成对事物的偏见。它就像长期居住在洞穴里的人，仅仅凭洞口看到的景象来判断世界，而看不见洞外多彩世界的真相。

三是市场的偶像（idols of the marketplace），这一误区来自人们所用语言的混乱和一些容易引起歧义的词语的使用。这就造成同样的词语在不同的市场中产生了不同的理解和认识。因为，每一个市场中都有自己对语言、文字的特定理解。

四是戏院的偶像（idols of the theatre），这一误区来自人们对权威者的崇拜与迷信。人们只知道按照权威者的哲学和方法进行思考，而忘记了自我的思考与分析。这就像人们在戏院里看演出一样，只是跟着舞台上的焦点人物进行思考，而忘记了自我。

领导者要想在决策中避开培根所讲的四种认识和思维的误区，就必须学会用系统理念进行思考。系统理念来自路德维希·冯·伯塔朗菲（Ludwig Von Bertalanffy）的系统论。系统论认为，整体性、关联性、层次结构性、动态平衡性和时序性等是所有系统所共有的基本特征。任何系统都是一个有机的整体，它不是各个部分的机械组合或简单相加，系统的整体功能具有各要素在孤立状态下所没有的新特性。依照系统论的观点，领导者在决策过程中应尽力避免以下悲剧。

■ 一、公共地悲剧

整体性是系统所具有的首要特征。领导者的决策无非是要解决系统所面临的问题，整体性思考自然是领导者在决策过程中所必备的基本理念。整体性思考首先要求领导者在分析问题时尽力占有更为全面的信息，防止以偏概全，出现盲人摸象的片面错误。前文谈到的决策中的AB制应是避免此类错误的有效机制。其次，整体性思考要求领导者要拥有更为广阔的视野，站在系统整体的高度来思考决策，而不是仅仅站在自己部门、组织、地区的角度进行局限性思考。否则就会出现目前常见的“公共地悲剧”（tragedy of the commons）。

公共地悲剧的概念是由英国生态学家加勒特·哈定（Garret Hardin）于1968年提出的，现已被广泛应用于管理领域。哈定用公共草场来形象地解释其公共地悲剧的概念。在一个公共的草场中，每一位放牧者都会尽其所能地增加自己的牲畜喂养数量。这种安排已经持续了数个世纪，而且没有出现什么问题。这是因为，部落之间的战争、疾病等因素使得放牧者和牲畜的数量一直没有超出草场的承载能力。但是，随着社会的发展，这一情景发生了变化，人们所长期渴望的社会稳定的理想变成了现实。原有的公共草场放牧逻辑就残酷地导致了悲剧的发生。作为一个理性的人，每一位放牧者都会追求自己利益的最大化，他会潜意识地思考，增加一头牲畜对自己的效用究竟是什么。这种效用由积极和消极

① E D HIRSCH, Jr, JOSEPH F KETT, JAMES TREFIL. The new dictionary of cultural literacy. 3rd ed. Boston: Houghton Mifflin Company, 2002.

两个方面组成：积极的一面是增加一头牲畜所产生的功能。由于放牧者可以获得出售所增养的牲畜的所有收益，所以，积极的效用是接近+1的效用。消极的方面是由于增加一头牲畜所导致的过度放牧所产生的结果。由于过度放牧的结果是由公共草场中所有放牧者来共同承担的，所以，对增加牲畜的个体决策者来讲，其承担的负面效应仅仅是−1的一部分。将积极的和消极两方面的效用加在一起进行思考，理性的放牧者必然得出一个唯一的明智选择，即增加自己的牲畜数量。并且，其他的理性放牧者也会做出同样的选择。这就导致了悲剧的发生。在有限的领域里，每一个人都锁定一种行为，即无限制地增加自己的牲畜数量。在一个自由、免费享用公共资源的社会中，每一个人都寻求自己利益的最大化，毁灭就成了所有人注定的命运。公共地的自由、免费给所有人带来了共同的悲剧。①

公共地悲剧告诉我们，对个体或部分有益的决策，可能会给整体带来灾难。所以，领导者要注重公共资源的管理，避免造成公共资源的浪费。同时，公共地悲剧也告诉我们，领导者在进行决策时，不能只考虑本部门、本地区的利益，而要从整体的角度来思考决策的选择。这是每一位现代领导者所应有的整体意识，我们常说的大局观就是这一意识的体现。现实生活中的地方保护主义、企业经营中的部门主义等都是典型的公共地悲剧行为。由此我们也想到，规模较大的企业在进行组织变革时，应将公共地问题的解决放在总公司层面管理，这样就更有利于分公司之间的合作。

二、“今天的睿智，明天的灾难”悲剧

动态平衡是系统所具有的另一个重要特征。也就是说，系统自身和系统的外部环境都是不断变化的，只有保持动态平衡的系统才能良好、顺利地运转下去。从系统动态平衡的角度来讲，领导者在决策时就要具有未来导向，即将未来的变化因素纳入自己当前的决策思考。

决策中未来导向的提出者是哈佛大学的社会学家艾德华·班菲尔德（Edward Banfield）。艾德华·班菲尔德经过50年研究于1965年提出：将未来因素纳入现时的决策是人生中取得成功和财富的关键因素。他研究发现，当个体在进行当前的计划和行为决策时，其考虑的未来时间跨度越长，越有可能在未来取得较大的成就②。对于组织中的领导者来讲，这一点同样重要。领导者应具备这种未来导向的决策能力，即在未来几年的思考框架下来决定目前要做什么的能力。这就像下棋一样，你对未来设想得越远，你现在决策的正确概率就越高。这一能力也是当前流行的战略管理的内在要求。战略管理就要求领导者的现时决策要符合未来战略的要求，与战略目标保持一致。有利于未来战略实现的决策就是正确的决策，与未来战略相关度较小甚至与未来战略相冲突的决策都是领导者应该放弃的决策。学习型组织中的愿景塑造，培养的也是领导者的未来导向与能力。因此，反映系统动态平衡理念的未来导向决策能力是现代领导者所必备的能力要素。

如若不然，领导者仅仅依据眼前短期的需求进行决策，就会出现“今天的睿智，明天的灾难”的悲剧，尤其是当事情的因与果在时空上并不直接相连时，出现悲剧的概率更

① http://dieoff.org/page95.htm.

② http://getmotivation.com/articlelib/articles/brian_tracy_long_term_success.htm.

大。这类悲剧在现实生活中并不陌生。投资过热的 20 世纪 90 年代，许多地方政府的领导者无畏地借钱贷款上项目，结果后任的领导者面临债台高筑的局面无所适从。还有一些大学贷款建豪华新校区，结果还不起贷款，不得不拍卖校舍。此类事例不胜赘述。所以，领导者在决策时，应多一点未来导向，少给后任带来麻烦。

三、"对策比问题更糟"悲剧

寻找杠杆解是系统结构性特征的必然要求。当系统运转出现问题时，解决问题的办法往往不是仅凭系统表面的因果关系就可以寻找到真正的解决办法的。它需要透过系统的表面，深入到系统的内在结构，去寻找解决问题的最为省力的杠杆解。

领导者所面临的问题往往是极为复杂的，要寻找杠杆解并不是件容易的事。正因为不容易，才更需要领导者系统思维能力的提升。因为，非杠杆解往往会带来一系列的负面作用，其中最为主要的有两个方面：

一方面，非杠杆解的善意干预，会带来补偿性回馈。在寻找不到杠杆解时，人们就倾向于采取善意的补偿性措施，但这些措施会反过来抵消善意干预的作用。比如，我国对贫困地区的财政援助，就不属于解决贫困的杠杆解。调查显示，长期的援助导致一些地区对中央财政的依赖，产生贫困地区与中央政府的博弈行为。一些贫困地区的领导者想尽办法保住贫困的帽子，好向中央索取援助，而不是想办法摆脱贫困。这里的杠杆解可能在于知识、技术、人才的援助而不在于财政的补贴。这类现象也常常发生在我们的日常生活之中，家长对孩子的过度关爱，会降低孩子未来的独立能力，产生补偿性回馈。并且，善意干预的力度越大，补偿性回馈的力度也会越大。

另一方面，一些非杠杆解的对策往往会比问题本身更为糟糕。这就像一个人一肚子痛就吃止痛药一样，表面看，肚子不痛了，状况好转了，实际上可能给身体带来了更大的伤害。现实中最典型的这类对策是一些地区对农村的管理。农村土地承包后，农民经济上相对独立了，出外打工的人多了，意识上也变化了，而法律意识仍比较淡薄，农村的管理难度大幅度增加了。为了达到对农村有效管理的目的，一些地区采用比较极端的管理办法来管理农民，这样表面上是将农民管住了，但破坏了政府与农民的关系，损害了党和政府的形象，恶果比管不住问题本身要严重得多。这就是典型的"对策比问题更糟"的悲剧。

四、"夜郎自大"悲剧

注重外部平衡是系统论中系统关联性特征的自然要求。系统不是独立存在的，它与外部系统存在着必然的联系。领导者的决策要尽力做到内部与外部的平衡。

首先，领导者要清晰地了解自我专业与知识的局限。无论级别多高的领导者，其专业和知识总是有局限的，不可能做到对所有要决策的事情都样样精通。特别是，领导者的级别越高，事务越繁忙，越没有足够的时间来全面了解组织外部的信息。因此，领导者要建立自己的决策信息支持系统，不管是正式的还是非正式的都可以。决策信息支持系统最好是组织外部的，因为外部支持系统可以从相对超然的角度，为领导者决策提供较为客观的外部信息。而组织内部的信息提供者，有时会按照领导者的意图来对信息进行歪曲和加工，领导者以此信息为依据进行决策，就会出现相应的偏差。

其次，领导者善于运用定位的思想、博弈的理论进行决策分析。领导者在进行决策时，不单要考虑自己所在的组织、地区的自身状况，还要考虑其他组织、地区的影响因素。尤其是在事关组织、地区的核心竞争力塑造，发展模式转型的问题上，更应该运用定位理念进行分析，在充分分析外部因素的基础上，进行决策的选择。否则，仅仅依靠组织、地区内部的状况进行决策，就不可避免地会出现“夜郎自大”的悲剧。

第七节　危机决策的四大误区

经历 2020 年新冠肺炎疫情危机之后，社会对危机管理的关注度提升到了前所未有的高度。社会对领导者危机应对能力的期望值也有了大幅度的提高。由于危机应对决策不力而被免职的领导者也越来越多。一位领导者也许日常决策很成功，但一项危机决策失误，就有可能被一票否决。所以，可以说危机状态下的决策知识成了每一位领导者的必修课。

危机是指那些能够对组织正常运行产生重大影响的潜在的或正在发生的往往带有突发性的事件。危机产生的原因既可能是洪水、台风、地震、战争、高危险传染性疾病等不可抗因素，也可能是他人故意破坏、媒体不公正报道、小道消息、同行的连累等人为因素。但突发性、影响大是危机所固有的共同特点。这就决定了危机状态下的决策具有不同于常规性决策的一些新特性，如时间紧迫，要求领导者立即做出定夺，没有足够的时间让领导者去获取更为全面的信息，决策信息匮乏；决策体制应高度集权，没有时间来进行多次的沟通和磋商；必须有专家参与，避免领导者专业知识局限而造成重大失误；决策属于高风险决策，决策结果很难预测，且一旦造成失误，恶果很难挽回；等等。表 8 - 1 是危机决策与常规决策的比较。

表 8 - 1　危机决策与常规决策的比较

内容		类型	
		危机决策	常规决策
目标取向		迅速控制危机事态的蔓延 保护人民生命和财产安全 维护组织和产品信誉	解决常见的组织问题，实现组织目标
约束条件	时间	时间紧迫，及时决策	时间充足，反复酝酿
	信息	信息有限（不完全、不及时、不准确）	信息比较完全，分析比较透彻
	人力	缺乏：决策者自身专业技术、能力严重不足	丰富：通过日常的培训措施，提高决策者的能力
	技术	危机发生后，普通的专业技术设备往往会失灵，特别需要一些高精尖的技术设备	技术手段比较成熟

续表

<table>
<tr><td rowspan="2">内容</td><td colspan="2">类型</td></tr>
<tr><td>危机决策</td><td>常规决策</td></tr>
<tr><td>决策程序</td><td>快速决策：决策权力高度集中；决策者主要依靠个人的智慧、胆识进行审时度势，相机决断；同时也需要聘请相关专家介入决策</td><td>程序性决策：遵循例行程序进行规范决策</td></tr>
<tr><td>决策效果</td><td>模糊决策、非预期性决策，结果常常难以预料，风险较大</td><td>过程可控制，结果可预期</td></tr>
</table>

资料来源：郭济．中央和大城市政府应急机制建设．北京：中国人民大学出版社，2005：106.

对于社会公共领域的危机，人们关注比较多，但经营性组织的危机同样不容忽视。调查显示，财富500强的企业高层人士中，有高达80%的领导者认为：现代企业不可避免地要面临危机，就如人不可避免地要面对死亡。所以，我们讲，危机状态下的决策是所有领导者都不容忽视的课题。当危机发生时，如何应对才能将危机给组织造成的信誉、财产和人员的损失降到最小呢？这可能是一个颇为复杂的问题。但是，下面四个方面的误区是领导者在危机决策中应尽力避免的。

一、态度傲慢，反应迟钝

危机应对中，态度决定一切。危机往往会给他人的财产、身体甚至生命造成危害。无论领导者是否搞清了危机发生的原因，是否找到了解决的办法，都应该先有一个正确的态度。显示出对其他人财产、生命的关切，表示出正在积极努力地想办法，给外界树立一个负责任的形象，是每一位领导者都应该做到的。即使当时没有很好的对策，也能够争取外界的谅解和支持。外界往往依据出面领导者的级别来判断态度是否认真、诚恳。所以，当危机发生时，最好是组织的首要领导者出面，而且能够到达事故现场。否则，就会形成外界的误解，给危机的解决增加障碍。2008年汶川地震发生之时，温家宝总理第一时间赶到地震灾区，给了灾区人民信心，受到国际、国内的一致赞赏。

在危机应对中最要不得的是态度傲慢。组织和领导者的傲慢态度只会增加危机处理的难度，不会带来任何益处。可口可乐公司对1999年可乐中毒事件时的应对就是经典的案例。1999年6月，比利时有100多名中小学生因喝了可口可乐而感觉身体不适，出现恶心、呕吐的症状。起初，可口可乐公司认为可乐没被污染，没采取任何行动，事发第二天才决定收回部分可乐，但中毒人数已经达到200多人，并且法国也出现了中毒者。当比利时、法国的卫生部部长下令强制可口可乐公司收回所有的可乐时，公司还在向媒体和政府辩称可乐是安全的，只是口感不好。可口可乐公司所发新闻稿中也没有表现出丝毫对中毒者的关切和道歉，并且还打出关于“可乐是安全的”的广告。这一傲慢态度更加引起当地政府、消费者和舆论的不满，可口可乐因此面临全球性信任危机。时任公司总裁道格拉斯·依维斯特事发时正在欧洲，但他并没有重视，坐飞机回到了美国亚特兰大总部。当他认识到问题的严重性时，才又重新飞回欧洲。事发一周后依维斯特才召开记者会，在记者的追问下答应付给中毒者医药费。最后查明，中毒的原因是可乐受到了污染，责任在公司。可口可乐公司声誉受到重大影响，曾为公司成长做出重大贡献的依维斯特不得不引咎辞职。可口可乐公司的可乐中毒危机应对失败的主要原因就是态度傲慢、反应迟钝。

二、沉默应对，拒绝申辩

重点提示

了解危机决策的四大误区，有助于领导者在危机情境中自觉避免这些误区，做出科学合理的决策。

当引发危机的原因是由外界的不实传言、歪曲报道、造谣中伤等因素造成时，一些缺乏危机应对经验的领导者往往倾向于采取沉默的方式予以应对。选择这类对策的主要原因来自传统的处世哲学，“身正不怕影子歪”“走自己的路，让别人说去吧”的理念在潜意识之中影响着许多人的行为选择。他们认为，出事时朋友不需要你的解释，敌人不信你的解释，结论是不要多说话，说了也没用，沉默成了应对危机的自然选择。殊不知，除了对你十分了解的朋友和对你有敌意的对立者之外，还有一个更大的群体，这个群体既包括组织现有的客户和潜在的客户，也包括与领导者接触较少的下属。他们原有的态度是客观中立的，至于认识如何转变，可能更多地取决于他们所获得的信息。同时，领导者的合作者、经销商也迫切需要领导者声音的支持。所以，领导者的沉默等于放弃了解释和辩解的权利，只会给危机的处理带来更大的难度。山东福胶集团领导者在“假阿胶”事件中的沉默可看作这种案例的典型。2004 年 4 月 14 日中央电视台《焦点访谈》节目披露山东福胶集团用马头皮、马腿皮做原料，制造原本应该用驴皮做原料的中药材阿胶的黑幕，并指出这样做将严重危害病人的健康和安全，引起舆论的哗然。感觉自己很冤屈的福胶集团选择了沉默，没有向社会表明自己的清白。这使得负面的信息更为肆虐，危机迅速蔓延。半个月后，国家药监局调查宣布：福胶集团不存在造假行为，并宣布恢复生产。但福胶集团品牌形象严重受损，经营跌入低谷，年销售额曾达 2.3 亿元的福胶产品，当年就下滑至不到 6 000 万元，同时也引发阿胶产品行业的信任危机。福胶集团总经理杨福安在事后总结时说，公司错过了很多可以利用的机会。一些媒体在批评福胶集团时也质疑福胶为何保持沉默。2001 年福特汽车所使用的凡士通轮胎接连发生了几起爆胎事件，使公司信誉受到了极大影响。福特公司第一时间做出了反应，首先进行了公开道歉，并耗资 350 万美元在全美 200 多家知名网站上刊登告示，称有关凡士通轮胎一事请点击福特的正式新闻主页。主页上介绍了更换轮胎的地址、公司新闻公报以及联系方式。广告刊出后的 7 天内，点击率达到 5 000 万次。福特广告传达给公众的信息是：我们一直在努力，请相信我们，所有问题都会得到解决的，我们是一家负责任的企业。福特以此来维护自己的百年品牌和信誉。

所以，当危机发生时，领导者第一时间所做出的应对中，必须包括“声音”上的应对。主要的声音应对内容包括：

记一记

当危机发生时，领导者的“声音”应对内容。

（1）通过媒体表达对他人生命、财产损失的负责任态度。这就是危机决策中所讲的第一关键问题——态度。对他人生命、财产的关注是社会对团体公民角色期待的基本内容。

（2）委派沟通能力强的人员及时向外界和媒体传递事件进展信息，做到一个声音说话，压缩谣言的传播空间。发言人的选择甚为关键。领导者应选择有经验、有能力的人，以谨慎、诚恳的态度与之进行沟通，从语言上尽量减少媒体猜测与发挥的空间。

（3）利用权威机构和专家的声音，为自己赢得更多的支持。专家既有本领域的专业知识，又处于客观的第三方立场，拥有更高的公信力，因此，专家的声音支持很重要。

（4）告知员工危机的实情，取得员工的支持，给员工以信心，团结起来，共渡难关。

（5）公布危机产生的原因，取得社会的谅解。危机发生的原因调查清楚后，应及时向社会公布，如果是组织内部的原因，更应将进一步的改进措施公布给民众，树立社会对组织的信心。

（6）重塑良好形象。危机的发生肯定会给组织带来一定的负面影响。要想获得危机后的重生，就必须加大声音的力度，重塑良好的形象。

三、掩盖事实，蒙混逃避

当危机发生时，一些领导者选择掩盖事实、蒙混逃避的策略，往往出于两种原因：一是本能的自我保护。他们潜意识中认为，多掩盖一些事实，自己就可以少承担一些责任。二是心存侥幸心理，认为掩盖起来其他人发现不了，就可以蒙混过关、逃避惩罚了。其实，这是一个心理上的误区。

首先，在现代社会，要想掩盖事实是很困难的。领导者自己可以做到掩盖事实，但受害者及其家属肯定是不愿意掩盖事实的。同时，平时与领导者有间隙的组织内部人员、觊觎领导者职位的其他领导班子成员都有披露危机信息的动机。更何况，现代通信工具为揭发提供了不着痕迹的条件，要想做到完全掩盖事实太难了。其次，掩盖事实是要成本的。一旦被发现，可能要付出更大的成本来处理危机。最后，掩盖事实有可能会使危机进一步恶化。当危机发生时，有些领导者选择部分掩盖事实，大事化小地向上级汇报，这就使得上级领导依据错误的信息进行决策，错过最佳的挽救时机。所以，危机一旦发生，掩盖事实不是理性的选择。

在公共危机中，领导者对公众掩盖危机的信息同样不利于危机的应对。一方面，政府部门不对外发布危机信息，会进一步增加民众的恐慌。2005 年 11 月吉林化工厂爆炸，造成松花江江水污染。哈尔滨市政府开始就选择了掩盖事实的做法，告诉民众断水的原因是自来水管维修而不是污染，但却造成市民的更大恐慌，出现了抢购风潮。另一方面，对民众掩盖危机的事实，不能唤起民众的自我保护意识，同样会使危机进一步恶化。

四、落井下石，从中牟利

当组织或个人的竞争对手发生危机时，有些领导者常常采取落井下石的策略予以应对，期望从竞争者的危机中谋取利益，这同样是一种心理误区。

首先，自己的组织和竞争对手之间是既竞争又合作的关系。竞争的一面是组织相互之间市场份额的争夺。合作的一面是产品和服务的市场靠同行之间共同培育和开发，任何一家企业都不可能独自开发出一个市场，也不可能独占全部的市场份额。同行竞争者出现了危机，会给整个行业带来负面的影响，消费者会选择其他的替代产品和服务，或者减少消费，任何企业都不可能独善其身。所以，竞争者的危机越恶化，自己受到的负面影响就会越大。因此，落井下石不能成为理性领导者的选择，领导者也不可能从中牟利。明智的领导者在遇到此类局面时，会做出更为恰当的选择。前文提到的 1999 年可口可乐欧洲中毒危机中，其主要竞争对手百事可乐的欧洲总公司总裁迈洛克斯，就给所有的职工发出一封电子信函，明确讲到："我想强调的是，我们不应将此次可口可乐事件视为一个可以利用的机会，我们必须引以为戒，珍视企业与消费者之间的纽带。"这就是正确的决策。

其次，对手的危机不一定就是自己的机会。组织是这样，个体也是同样。当组织出现危机时，觊觎核心领导职位的班子成员有时会采取落井下石的决策，寄希望于核心领导者因危机而下台，自己能够取而代之。但结果往往不是这样的。危机恶化后，承担责任的有可能不仅仅是核心领导者一个人，而是整个领导集体，自己有可能会被"城门失火，殃及池鱼"。此外，即使像自己预期的那样由核心领导者单独承担了责任，并因此而下台，上级机构也可能从组织外部调任一位能力较强的领导者来重整局面。更何况，假如核心领导者一旦没有因为危机而倒下，危机过后，对于落井下石者采取更为猛烈的报复措施常常是自然的选择。所以，落井下石不一定会给自己带来机会。

最后，无论组织还是个体，对危机者采取落井下石的行为选择，有悖于公众同情弱者的心理预期，会有损于自己的道德形象，影响自己的长期发展。

内容提要

1. 政治价值是中国领导者在决策过程中所应考虑的首要价值因素。政治价值包含三个方面：一是由政党政治而产生的价值标准；二是由社会利益群体的多元利益需求而产生的价值标准；三是由组织内部权力冲突而产生的价值标准。

2. 用法律价值来分析自己的决策，领导者应关注的内容包括：决策程序需正当；明显歧视要避免；抗辩机制应重视。

3. 有限理性决策模式的核心就是，领导者不要试图寻找最佳的决策方案，实际上也是做不到的，取而代之的是寻求满意的决策方案。

4. 管理价值不单单关注决策的取向，同时注重决策的核心要素：辨明问题的特性；明确决策的底线；描绘决策的标杆；决策转换行为；决策印证。

5. 领导者在决策中应寻求多元价值的平衡，平衡点的选择要依据决策类型的不同而有所变化，更为关键的是领导者要具备责任的道德观。

6. 领导决策应从时间、价值和发展趋势的平衡中寻找优先权，从可控度和关注度中寻找优先权，关注变革决策中的顺序。

7. 依照系统论的观点，领导者在决策过程中应尽力避免以下悲剧：公共地悲剧；"今天的睿智，明天的灾难"悲剧；"对策比问题更糟"悲剧；"夜郎自大"悲剧。

8. 危机状态下的决策是所有领导者都不容忽视的课题，领导者在危机决策中应尽力避免如下误区：态度傲慢，反应迟钝；沉默应对，拒绝申辩；掩盖事实，蒙混逃避；落井下石，从中牟利。

活动拓展

学习完本章之后，你对领导决策应考量的价值因素是否有了更深入的了解？对于本章开篇所列举的关于决策失误的例子，你找到其失误之处及原因了吗？请你列出对这些决策失误类问题的认识，按照文中提到的决策中的 AB 制，与同学一起就每个问题成立 A、B 小组，进行辩论，由组长得出问题的最终答案。请登录学校数字图书馆，以决策与领导力为主题，查找相关的论文，然后比较、分析、总结这些论文的观点，给出你自己的理解。

课后作业

1．管理价值不单单关注决策的取向，同时也关注决策的核心要素，以此来保障决策的高效与理性。这些核心要素是什么？

2．在政治、法律、管理等多元价值困境中，领导者应如何决策？

3．历史学上有一种说法，“符合未来的不一定符合现在”；领导决策中，“今天的睿智，明天的灾难”是决策悲剧的一种。就这一问题，谈谈你对决策的理解。

第九章

用人与领导力

所任者得其人，则国家治，上下和，群臣亲，百姓附。所任非其人，则国家危，上下乖，群臣怨，百姓乱。

——［西汉］刘安《淮南子》

知识结构

用人与领导力
- 领导用人理念
- 领导察人之术
- 领导用人误区
- 团队管理

内容简介

古往今来，用人一直是领导事业成败的关键。领导者用人恰当与否直接关系到领导的其他职能能否顺利实现。本章主要对领导者的用人理念与策略进行研究，其内容包括：领导用人理念；领导察人之术；领导用人误区；新上任领导者的用人策略；领导团队管理等。

学习重点

- 领导用人理念
- 领导察人之术
- 领导用人误区及避免
- 领导团队管理的核心要素

学习目标

学完本章之后，你要能够：

- 领会领导用人理念

- 了解领导察人之术，学会运用能力测评工具
- 知悉领导用人误区及避免进入误区的方法
- 掌握领导团队管理的核心要素

“知人者，王道；知事者，臣道也”（刘向：《说苑·君道》），即懂得用人是为王之道，而懂得做事是做臣子之道。只懂得做事，不懂得用人，是许多心怀鸿鹄之志的领导者沦落为失败者的主要原因。古今中外，因为领导用人不当而致使事业遭受巨大挫折的案例不计其数，而因领导用人有方，使事业扭转颓势、取得关键胜利、确保持久繁荣的案例也不胜枚举。可以说，每一位领导者都想用好人、用对人，但对用人理念研判不深就会不可避免地陷入用人的误区。

第一节 领导用人理念

时代背景的不同、文化环境的差异、下属特征的变化、管理思想的演变都会影响到领导者的用人取向。在当今的社会环境下，领导者在用人过程中需反复揣度以下理念。

重点提示

领导用人理念是本章学习的重点。

一、不可委托责任理念

领导者的职能包括：战略决策、激励、协调、监督等。这些职能的落实都离不开领导者对人的管理。而对人的管理中，最为关键的是对人力资源的配置，也就是用人。领导者用人与领导者的普通职责相比其最大的不同是，其他职责领导者可以安排和授权其他人来做，但用人必须由领导者自己来承担，因为它是领导者其他一系列工作的基础保障。德鲁克曾说过，用人是领导者不可委托的责任之一。在领导者的用人职责中，确定和培养合适的事业接班人是领导者不可忽视的重要职责。这既关系到领导者治理理念的继承和发扬问题，又关系到组织未来的兴衰。许多组织的兴旺在杰出领导者离职之后无法延续，这都与接班人的任用与培养机制有关。古今中外，因为领导者用人不当而导致事业败走麦城的事例可以说不胜枚举。据统计，领导者所做的提升和任职的决定，至多 1/3 取得了成功，1/3 勉强合格，其余 1/3 则是彻头彻尾的失败。由此看来，用人又是领导者完成效果最差的职责之一。

用人之所以是领导者不可委托的责任，这与领导活动本身的特征是分不开的。与其他的活动相比，领导活动具有明显的间接性，即领导者是通过其他人来完成领导者的使命的。这就好比战争，领导者是指挥者，而真正进行战斗的是士兵。所以，决定战争结果的因素不单单是指挥者的才能，还取决于执行指挥者命令的士兵的能力和忠诚度。这也是中国传统领导学中“领导无能”理念的核心之所在。传统理念认为，领导者自身具体做事的能力可以不强，但只要善于用人仍能够取得成功。对此，中国传统的战争游戏——中国象

棋的规则设定就体现得十分明显，32 个棋子中 2 个将（帅）是能力最弱的，却占据着最高领导的职位。象棋充满了中国传统哲学的逻辑。中国历史上，自己能力弱但善于用人的汉高祖刘邦，战胜个人能力强但不善于用人的项羽，取得汉朝霸业的历史经典被人广为传诵。

案例链接

汉高祖刘邦在总结自己打败项羽、成就霸业的原因时讲到：夫运筹于帷幄之中，决胜于千里之外，吾不如子房；镇国家、抚百姓、给饷馈、不绝粮道，吾不如萧何；连百万之军，战必胜，攻必取，吾不如韩信。三人者皆人杰也。吾能用之，此吾所以有天下也。项羽有一范曾而不能用，此所以为吾擒也。

由此可见，现实中一些领导者主抓业务而委托他人负责用人的做法，是委托了自己不该委托的责任人。

二、成就取向理念

从一般意义上讲，职业领导者尤其是公共部门领导者的收益主要来自对领导职位本身的控制。因此，组织中的职位是领导者的核心资源之一。在过去的实践中，领导者的用人理念偏向于控制。这种控制取向，一方面能够保障领导者意志的顺利贯彻和指挥的高效统一，进而带来领导者地位的稳固与持久；另一方面能够带来一些灰色收益。控制取向在传统的社会环境下，没有遇到较大的挑战。但在行政理念变革的今天，民众已不满足于过去的神秘行政和控制行政，追求行政的公开、透明、民主和业绩导向。这里的业绩导向就是追求公共部门对公共利益、公共问题的回应能力。这就对公共部门的领导者提出了新的要求，一方面要保障自己所管辖的部门、领域、地区不出现大的恶性事故和问题；另一方面还要尽力做到在前任的工作基础上有所改进和提高。反映在领导用人上，就是单单听话、唯命是从的下属已不能满足要求，还必须有能力，能够将工作完成好，或最起码做到不出问题。也就是说，在用人上，成就理念将逐步取代控制理念。这一点在经营性部门中体现得更为明显。

对领导者自身来讲，传统的领导者将自己占据领导职位的时间长短作为自我的价值取向。但是，在历史长河中，能够被后人传颂的领导者是那些做出伟大成就的领导者，而不是以其在位时间的长短作为标准。因此，在当今社会，一些杰出的领导者将施展抱负、创造伟业作为自己的追求，这就要求领导者必须发现和任用有才能、能够满足领导者成就取向要求的人员作为关键职位的管理者。换言之，优秀的下属是领导者攀登成功之峰的阶梯。这也是成就取向逐渐演化为领导用人理念的主要原因之一。

成就取向的用人理念要求领导者将下属当作资本和资源来进行管理。“人力资本”概念的正式提出者是美国经济学家沃尔什（Walsh），而对人力资本理论进行系统、全面论述的是诺贝尔经济学奖获得者西奥多·舒尔茨（Theodore Schultz）。人力资本理论的核心思想包括：

记一记

人力资本理论的核心思想。

（1）资本分为物质资本和人力资本两大部分。单纯从自然资源、技术资源、货币资本这些生产要素的投入角度，无法解释现代社会生产力提高的全部原因，人们忽略了对人类社会进步起决定作用的人力资本要素。

（2）人力资本是对人力进行投资而形成的资本。人力指人的知识和技能。人力的获得不是无代价的，需要消耗各种稀缺的资源，即需要消耗其他资本、需要投资。它表现为组织为提高人力而投入的各项开支，如教育培训支出、保健支出等。

（3）人力投资的结果是将货币资本转化为人的知识和能力形态，使人力具有更高的使用价值和价值。并不是所有的人力资源都是最重要的资源，只有通过人力投资，掌握了知识技能的人力资源才是所有生产要素中最为重要的资源。

（4）人力投资是有收益的。人力投资同其他生产要素的投资一样是有投资收益的，而且其收益要远远高于其他生产要素的投资，具有高增值性。

“人力资源”一词在管理中的提出和应用反映了人们对组织中“人”的价值的认识的不断深化过程。传统的组织管理将人看作成本和消耗，与之相应的对人的管理也更着眼于对人的成本控制和使用效率；现代组织管理将人看作组织的资源，看作组织核心竞争力的主要源泉，与之相应的对人的管理更着眼于人力资源的开发。

人力资本和人力资源的理念是现代领导者用人的基本理念，它要求领导者不仅要用好人，还要对人进行投资和开发。领导者要将组织的发展、领导者个人的发展同下属的发展融合、协调、统一。也只有这样，领导者的成就追求才能变为现实。

三、政治忠诚度理念

政治忠诚度理念是公共部门的领导者必须了解的核心理念。与私营部门相比，公共部门的政治倾向性更为明显。从政党治理理论来看，一个政党能够对整个国家的领导干部进行控制和管理，毫无疑问，对这个政党的执政地位的巩固和延续是绝对有利的。西方国家的政党同样也行使着对政府领导干部的任用和管理权限，只不过这一管理权限被限制在政务官范围内而已。执政党对用人权的整体垄断，有可能造成“一朝天子，一朝臣”的局面，即执政党变了，所有的各级领导者都要跟着更替。西方国家文官制度的主旨之一，就是尽力减少因政治变动而带来的政府工作人员队伍的剧烈震荡。因此，政治中立就成为西方国家文官制度的核心精神之一。但是，作为政府工作人员要做到没有政治倾向性是不可能的，所以西方学者也发现，在实际运作过程中，公务人员的政治倾向影响到其对政府政策的理解与执行。西方国家的文官制度不是不讲求政治忠诚度理念，而是限定了以政治标准来衡量官员任用的范围，即只有副部级以上的官员才以政治标准来评判，由竞选中获胜的政党进行任命，并随政党进退。

我国的政党制度是共产党领导下的多党合作制。我国对领导者的政治要求是很高的，许多职位的任职资格就包括必须是共产党员这一基本政治要求。并且，我国的公务员法明确规定，公务员必须拥护党的各项方针政策，这就是政治倾向性的规定。党管干部原则是我国领导干部任用的首要原则。党管干部原则意即我国党政领导干部的最终管理权在中国共产党。具体承担领导干部管理职能的部门是党的各级组织部门。组织部门一般下管一级，其余干部管理权限归人事部门。领导干部的任命决策权归各级党的委员会或党的领导小组。从历史角度看，党管干部原则是我党革命战争年代成功管理军队的经验总结。这来自党的“支部建在连上”的军队干部管理思想和实践。这一思想确保了党对军队的领导和控制，党的各级组织也锤炼成了坚强的战斗堡垒，使党在革命战争年代取得了一个又一个的胜利。新中国成立后，党治理国家的实践也证明了党管干部原则行之有效。党管干部原则和各级党的组织部门负责对主要核心领导的考察和任免，这是政治忠诚度理念的制度与组织保障。因此，我国公共部门的领导者在用人时必须充分认识到政治忠诚度理念的重要性，要服从和拥护上级党组织的领导干部任免决策。我们还必须清醒地认识到，对领导者个人的忠诚是政治忠诚的组成部分，而不是全部。

四、"人先事后"理念

在西方最新的管理与执行理论中，已经从过去着重强调人员能力与职位的匹配，发展为"人先事后"理念。其首先看重的是下属与领导在价值观、对事业的理解上的一致，然后才是能力的匹配。西方学者将领导所追求的事业形象比喻为前进的列车，让价值观一致的人上车，价值观不同的人应趁早下车。价值观不一致，即使能力再强，也不一定对领导者事业有帮助，更多的是影响领导意志的贯彻执行。价值观一致，即使能力不足，也可以培养。只要认同领导者事业，愿意与领导者同甘共苦、共同奋斗，许多发展中的困难都可以迎刃而解。"人先事后"理念是现代执行理论的核心之一。

与"人先事后"理念相一致的是，领导学家约翰·C. 马克斯韦尔（John C. Maxwell）提出了领导用人中的核心圈层观点。核心圈层观点认为，一方面，领导的成功离不开素质高、忠诚度高的核心圈层。没有自己核心圈层的领导是很难取得成就的。另一方面，领导者身边的核心圈层足以影响领导者，以及影响整个组织潜力的发挥。因此，领导者应不断提高自己核心圈层的素质。

"人先事后"理念实际上是对传统管理主义任人唯贤理念的否定。也就是说，领导者在用人时，不是先看他的能力，而是要先考察其价值观和个人品质。价值观和个人品质存在问题的人，其能力越强，对领导者事业发展的潜在破坏力也越大。一些企业的销售主管带领一批下属和客户资源集体跳槽的事例，就是典型的例证。

第二节　领导察人之术

察人也就是识人和选人。察人是领导者用人的关键环节。一些领导者拥有良好的用人理念，但也常常用错人，这就是察人环节出了问题，没有较好地掌握察人的艺术。察人之术的核心内容包括以下几个方面。

一、下属忠诚度的审查

希望下属对自己忠心耿耿是所有领导者的共同愿望。但是，忠诚的标准是什么？如何判断下属是否忠诚？是摆在领导者面前的两个难题。从多如繁星的领导学书籍中，也很难找到令人满意的答案。于是，听话、顺从就成了许多领导者判断下属忠诚度的标准。但听话、顺从背后的动

> **重点提示**
>
> 掌握好察人之术，是领导用对人的关键。

机或真实面目是什么呢？这可能是领导者所必须思考的问题。否则，领导者就可能被蒙蔽，被假忠诚所害，以至于后悔莫及。所以，对下属忠诚的分析就成为我们不可回避的议题。我们认为，下属的忠诚可以分为以下三类。

（一）下属对领导者个人的忠诚

记一记

下属的三类忠诚及其特征。

下属对领导者个人的忠诚来自领导者自身的个人魅力。魅力型领导者在下属心目中有着超常的地位，是下属模仿的对象、未来的标杆、心中的偶像。因此，下属对领导者有着极高的忠诚度。那么，领导者的魅力源自什么呢？社会公认的优秀品质、超凡的个人经历、杰出的个人能力是领导者魅力的主要源泉。马克斯·韦伯认为，魅力型领导者主要有两类：一是凭借个人能力，经过常人所不能忍受的艰苦，开创一项新事业的领导者，是魅力型领导者。组织的创始人、某一领域的先驱者都属于此类。毛泽东、华盛顿等经过千辛万苦创立一个新国家的伟人，就是最为典型的此类魅力型领导者，在民众中拥有极高的忠诚度。二是具有超凡能力的领导者，大多是宗教领导者。

领导学家康格和凯南格认为，魅力型领导者的归因有三种：一是领导者热衷于一个超常的组织愿景，并且愿景仍处在下属的接受范围之内。这会给下属一个颇具战略眼光和能力的印象。如果愿景过于超前，超出下属的接受度，就会被看作是无能和疯狂的表现。二是领导者以非常规的、创新的方式实现愿景。这会给下属一个敢于变革、不同寻常的印象。墨守成规不属于魅力的指标。三是领导者做出个人冒险、自我牺牲，付出很高的代价来达成自己所推崇的愿景。这样的领导者会令下属感动、佩服和信任，是魅力的重要指标。① 所以，下属对领导者个人的忠诚虽然是下属与领导者之间的一个互动，但更多地取决于领导者自身。下属的忠诚是否属于对领导者个人的忠诚以及对个人忠诚度的高低，都有赖于领导者对以上魅力指标因素的考量。

（二）下属对领导者职位的忠诚

这类忠诚指的是下属忠诚的是领导者的职位，而不是领导者本身。这类忠诚的决定因素是领导职位所赋予的权力。通常权力越大，下属的忠诚度也越高。领导者离开了职位，自然也就人走茶凉。这类忠诚通常伴随着较高的功利性，即对领导者的忠诚是为了换取某种利益。在行为上表现为对领导者的百依百顺、极尽赞扬，甚至是奴役般的顺从，让领导者很是受用。领导者对这类忠诚可以受用，但必须保持警惕。因为这类忠诚行为往往是知识能力低下者的选择，是不可以委以重任的。并且，从人性的角度来看，通常人是不愿意接受别人的奴役的，一个人在领导者那受到了奴役，就要在他的下级那里找到平衡，所以他是不可能成为一个称职的领导者的。领导者重用这类忠诚者，肯定会使自己的声誉遭到败坏。如何将此类忠诚者和其他的忠诚者区分开呢？有两个方法可以供大家参考：一是看他的行为是否过分，即一旦到了“奴才”的地步，领导者就可以肯定地判断他是属于对职位的忠诚了。二是用马基雅维利的尺度进行衡量。马基雅维利认为：“君王要想知道一个臣仆的忠奸，这里有一个永远不会失误的标准：当你看见这个臣仆想到他自己的利益比想到你的多，而且不管做什么事，他总是在寻求他个人的好处，这样的人永远不会做一个好

① ［美］加里·尤克尔. 组织领导学. 丰俊功，译. 北京：中国人民大学出版社，2015：285.

的臣子，你永远不能信赖他。”也就是说对职位忠诚有着高功利性的特征。马基雅维利的观点虽然古老，但其以利益顺序的先后为判断标准的做法，在 21 世纪的今天仍具有实用价值。

（三）下属对自己职责的忠诚

下属对自己职责的忠诚也是对领导者忠诚的一种。这类忠诚的决定因素是下属的敬业度。在行为表现上，下属对领导安排的任务认认真真、兢兢业业、精益求精地完成。这类忠诚者往往不会对领导者一味地顺从，他会从负责人的角度出发，弥补领导者的失误，大胆并委婉地指出领导者的决策纰漏。责任感是此类忠诚者最为明显的个人特征。虽然这类忠诚者有时会让领导者感觉有一点点不舒服，但他们是组织业绩的可靠保障，是领导者事业发展的中坚力量。这种敬业的忠诚是西方领导者最为渴求的东西。美国前国务卿鲍威尔就谈道：“当争论问题时，忠诚意味着你把自己的真实想法告诉我，不管你认为我是否喜欢。意见不一致，在这点上使我兴奋。但是，一旦做出了决定，争论终止，从那一刻起，忠诚意味着按照决定去执行，就像执行你自己做出的决定一样。”通用电气（GE）原董事长兼 CEO 杰克·韦尔奇（Jack Welch）认为：“任何一家想靠竞争取胜的公司，必须设法使每一个员工敬业。”①

随着员工素质的提高和价值观的变化，前两种忠诚者会越来越少。竞争的日趋激烈和管理中对绩效重视程度的日渐提高，使对自己职责忠诚的敬业者越来越受到领导者的重视。但是敬业者在中国仍是稀缺资源。中国人力资源开发网曾公布的《中国企业员工敬业指数调查报告》显示，中国企业员工普遍敬业水平一般；十大城市中广州、深圳、北京三地员工最为敬业；职位越高的员工敬业度越高；从事不同职业的员工敬业度差别较大，金融业员工敬业度最高。所以，培养对自己职责忠诚的敬业下属是我国各类组织领导者所面临的共同任务。

二、下属能力的评估

对下属能力的关注自古以来就是领导者用人的重要环节。行为科学中关于人的能力的研究仅仅是近百年的事情。我国古代学者通过对领导者用人活动的总结，也形成了一套察人的方法，《庄子·杂篇》讲到察人的九征之术就是典型的代表。庄子提出，“远使之而观其忠，近使之而观其敬，烦使之而观其能，卒然问焉而观其知，急与之期而观其信，委之以财而观其仁，告之以危而观其节，醉之以酒而观其侧，杂之以处而观其色”。这些方法在当今仍颇具价值，一些崇尚中国传统文化的领导者仍喜欢以此方法来考察下属。

随着管理学的发展和信息技术的演进，在对人的能力的考察方面呈现出以下两个重要的趋势。

（一）能力测评工具应用越来越广泛

随着人力资源管理技术的发展，现代领导者选人用人已不再单单靠自己的观察来进行甄别，而更多地使用现代人力资源技术和工具，包括心理测试、行为模拟、评价中心等。

① ［美］马库斯·白金汉，柯特·科夫曼. 首先，打破一切常规. 2 版. 鲍世修，译. 北京：中国青年出版社，2011：279.

1. 心理测试

心理测试有许多种类型，但选人过程中所用的主要是能力测试和个性测试两种，因为这两种测试的结果对预测未来的工作绩效有较大帮助。

（1）能力测试。分为普通能力测试、特殊能力测试和成就测试。普通能力测试主要是测试候选人的思维能力、想象力、记忆力、推理能力、分析能力、数学能力、空间关系能力、语言能力等。一般通过词汇、相似、相反、算术计算、推理等类型的问题进行评价。在这种测试中得高分者，被认为具有较强的能力，善于找出问题症结，能取得优良工作业绩。现在公务员考试都有能力测试的相关内容，一些地区的领导干部公开招考也有能力测试的内容。特殊能力测试用于特定能力或才能的测试。成就测试是考察一个人已经拥有的能力，主要测试候选人已经具备的有关工作的能力水平。

（2）个性测试。一个人的工作能否做好，不仅仅取决于一个人的能力高低，个性品质也会对工作绩效起很大的影响作用。因此，把对候选人的个性测试纳入选人过程中就十分必要，对于那些需要比较多人际交流的职位更是如此。个性测试在发达国家领导干部选拔中已是常见的做法之一。个性品质主要包括人的态度、情绪、价值观、性格等方面的特性。对个性品质的测试主要有影射法、个性品质问卷调查法和兴趣盘存法等。

1）影射法，是让受测者看过一项不明的刺激物之后，如图片、墨迹等，要求他们诠释其意义或做出反应。因为刺激物相当模糊，所以候选人所做的诠释，事实上是他们内心状态的一种影射，他们会将自己的情感态度及对于生活的理想要求融入诠释中，由此测试出候选人的个性品质。此外，属于影射性的测试方法还有：要求候选人编造或创造出一些东西或故事；要求候选人完成某种材料，如句子的完成法；要求候选人依据某种原则对材料进行选择或排列的选择排列法等。

2）个性品质问卷调查法，是通过候选人对个性品质调查表中的问题进行回答，依据得分统计来判断候选人的个性品质倾向。调查表中的问题一般包含了与行为、态度、感觉、信仰等有关的陈述式问题。典型的调查表有明尼苏达多项个性调查表、爱德华兹个人偏爱顺序表、卡特尔 16 种人格因素问卷等。

3）兴趣盘存法，是将候选人的兴趣和各种人士的兴趣做一比较，判断候选人适合从事什么职位的工作。其理论依据是，假如候选人在兴趣方面与绩效优异的在职人员相同，候选人将来也可能有良好的表现。

总之，个性品质测试的根本目的是通过对候选人个性品质的考查，判断候选人工作动机、工作态度、情绪的稳定性、气质、性格等素质是否与空缺职位的要求相近或相同，若是，就是合适的人选。

2. 行为模拟

亦称情景模拟法，是指通过在一种情景下候选人所表现出的与职位要求相关的行为方式，来判断候选人是否适合空缺职位的一种测试方法。比较适合于评价具有某种与职位相关的潜能，但又没有机会表明的候选人。通常所采用的行为模拟方式有：

（1）文件筐处理，要求候选人对文件筐中的各类信件、便笺等进行处理，并做出决定、制订计划、组织资源和安排工作、要求合作、撰写回信和报告。以此测出候选人的工作主动性、独立性、敏感性、组织规划能力、合作精神、分析判断能力、决策能力等。

（2）分析模拟，是给候选人提供有关某种情况的资料，要求其进行分析并提出合理的行动程序，以此观察候选人筛选数据、分析问题、进行决策的能力，并进行评价。

（3）面谈模拟，是由候选人扮演一个角色，评价员扮演与之相对的角色，来进行与工作相关的某种情景下的模拟行为和对话，以此来评价候选人的组织能力、领导能力、灵活性、口头表达能力、控制能力、压力下的工作能力等。

3. 评价中心

评价中心在这里实际上是一个运作概念，而不是一个地理概念或机构名称。它是指将候选人（若候选人过多，可经筛选后进行）集中起来，采用多种评价方法进行集体评价，然后从中选出合格人员的过程。评价的地点可以是一间会议室，也可以是一间特殊的房间。评价中心要求有 10 多名评价员来参与，一是因为应聘人员多，需多人进行评价；二是可以保证评价结果的公正性。评价员一般是在暗中进行评价，也可通过录像进行评价。评价的时间需 2～3 天。评价中心一般包括下列项目：

（1）分内工作。让候选人实际面对担任职位时所要面对的一堆报表、备忘录、信件、电话以及其他文件，要求候选人逐一处理。如写信、记备忘录、安排会议日程等。然后由经验丰富的评价员对工作绩效予以评价。

（2）无主持的群体讨论。给一群候选人一个问题，让候选人一起进行讨论，并做出群体决策。然后由评价员对候选人的沟通技巧、领导能力、个人影响力以及群体接纳程度进行评估。

（3）管理竞赛。让候选人各代表一个组织，模拟这些组织在市场上存在着的激烈竞争，然后让候选人依据所代表的组织的状况做出一系列管理决策，由此来评价候选人的决策能力、组织能力、沟通能力及领导能力。

（4）口头报告。让候选人就某一主题做一个口头报告或演讲，以此来评价候选人的沟通技巧和说服能力。

（5）客观测试。对候选人进行一系列的内心测试。

（6）面谈。每位候选人至少都有一位评价员与其面谈，以发掘候选人的背景、过去的工作绩效、目前兴趣以及行为激励状态。

想一想

上述的人才测评工具，哪些为你所熟知？分别适用于哪些情境的能力评估？

（二）通过业绩来考察人的能力越来越受到重视

对业绩的注重是绩效管理理念的体现，这一理念的前提假设是：业绩是个体能力的真实体现。

这一理念在商业企业中的应用效果很好，但在公共部门中的适用性一直受到质疑。其主要原因是公共部门所面对的问题是复杂得多的公共问题，很难用一种原因或一种结果来分析公共问题的处理效果。当然，更为主要的障碍是公共部门的工作很难量化，这就使得绩效测评的效度大打折扣。所以说适合公共部门的绩效考评不能是单纯的实绩考评，而应是能力绩效的测评，即近几年推出的偏重能力向度的绩效测评方法。当然，推行能力绩效测评需要公共部门领导者知识能力的大幅提升。

对于一个地区的领导班子整体实绩的评价，是我国目前争论比较多的议题。过去，我国对地区发展的评价主要是看地区 GDP 的发展水平，这一标准虽然体现了经济建设是核心这一主导思想，但偏离了政府服务的综合目标。地方政府为了争取好的政绩，就着重在保证国内生产总值（GDP）增长率上下功夫。GDP 的“三驾马车”是出口、内需和基础建设投资。出口的增加和内需的扩大都是很困难的，那么只有在基础建设投资上下功夫，所以就会出现到处大兴土木的现象。中央政府往往采取限制银行贷款的方法来抑制过热的投资，但没有解决地方政府投资的真正驱动力问题。更为重要的是，GDP 的衡量指标并没有反映出经济增长的外在成本，比如环境污染、资源浪费、重复建设等。学界提出的“绿色 GDP”就是针对这一问题的。那么，地区发展水平应怎样衡量呢？国际上通用的方法是社会发展综合指标体系，即通过对一个地区的教育、医疗卫生、环境、经济发展等多项综合指标的评价，来衡量一个地区的发展水平。这一综合指标体系在我国的推行也面临现实的困难，主要是地方官员流动过快，而这些指标的变动都不是短期政策的效果体现。依据 2019 年的数据统计，GDP 百强市的市委书记过去 10 年的平均任职时间是 3 年。所以说，用这一综合指标来衡量地方官员的实绩，有可能会使自己的金贴在他人脸，或者他人的灰抹在自己脸上，出现滞后效应。我们认为，对地方财政预决算在各领域分配比例的评价，即看本年度政府在教育、科技、医疗卫生等领域的投入比例，可以侧面考评其对本地区社会综合发展水平的投入状况。通过这一方法，可以一定程度上解决实绩测评的滞后效应问题。

在对领导者的能力测评方面，西方发达国家已经形成了一套行之有效的方法。除了对在任领导者的全面、合理的业绩评价外，对领导者候选人的能力评价也形成了系统的能力指标体系。如英国、澳大利亚、美国都对自己国家高级文官的任职能力资格进行了明确而系统的规定，并指定专门的机构对候选人员的能力状况进行评价，合格后才能任职。

三、下属情商的考察

关于情商（emotional intelligence，简称 EQ）的研究最早出现在 20 世纪的七八十年代，哈佛大学的霍华德·加德纳（Howard Gardner）、耶鲁大学的彼德·塞拉维（Peter Salovey）、新汉普郡大学的约翰·迈耶（John Mayer）等心理学家都有相关的著作和文章。但直到 1995 年，哈佛大学的丹尼尔·戈尔曼教授关于情商的专著《情商：它为什么比智商更重要》（*Emotional Intelligence*：*Why It Can Matter More Than IQ*）出版之后，情商才引起了人们的正式关注。2001 年《哈佛商业评论》上一篇关于情商的文章，其被阅读的次数超过了《哈佛商业评论》近 40 年来的所有文章。强生公司的 CEO 将此篇文章复印了 400 份，分发给强生全球的高级主管人手一份。“情商”一词已成为管理领域最为热门的词语，情商理论的研究、情商测评工具的开发如火如荼。情商被广泛应用于各类人才的选拔、培训和绩效管理之中。美国联邦快递公司对其主管进行了情商培训，直接促使了其业务收入在 15 个月内增加了 247 万美元。实践证明，情商的作用十分突出。那么，情商究竟包括哪些内容呢？

记一记

戈尔曼所提出的情商模型的五个维度。

情商的理论前提是，成功需要对自身情绪和他人情绪进行有效的认知、控制和管理。因此，情商包含两方面的智能：一是了解自我，包括自己的目标、意图、反应、行为和其他；二是了解他人和他人的情绪。戈尔曼认为，情商是多种核心竞争力的组合，它有助于人们管理自我的情绪，准确地评价他人的情绪状态，并成功地影响他人的看法。戈尔曼所提出的情商模型包括以下五个维度。

（一）了解自己的情绪

了解自己的情绪是一种自我认知的能力，是情商的核心。高的自我认知能力，有助于形成准确的自我评价，并在此基础上建立对自我的信心。

（二）管理自己的情绪

高的自我管理和调节能力，可以有效地控制情绪的冲动和分裂，有效地维持自己的可信赖度，保持尽职尽责，适应新的变化，平和地接受新的思想和方法。

（三）自我激励

激励能确定情绪趋向和促进目标达成。成就驱动、对组织和团队目标的责任义务感、主动性和乐观是自我激励的主要组成部分。

（四）识别并理解他人的情绪

通过认知他人的需求、观点、感情、关注点，和感知他人需求的变化来理解他人。

（五）管理人际关系

管理人际关系的能力是情商的基础。这一能力包括：通过有效地劝说来诱导他人做出所期待的反应；开放地听取和发送令人心悦诚服的信息；鼓舞和指导团队和个人；培育良好的人际关系；合作；创立协作性团队以实现集体的目标。

由情商这五个维度的内容我们可以了解到，情商理论兼有行为科学、情绪管理、沟通等多个领域的内容。高情商有助于缓解个体和组织所面临的压力，有助于增加相互之间的理解，减少相互之间的冲突，改善相互之间的人际关系，使本人的工作变得更加具有效率和效能，并帮助他人提高工作的效能，使组织变得更加稳定、和谐，实现可持续发展。由此可见，情商与领导者的个人特质、领导工作的效能有着紧密的联系，是领导者察人过程中不可或缺的内容。

情商是和智商（intelligence quotient，简称 IQ）相对应的一个概念。它改变了以智商为核心来评价人的能力的传统、狭隘观点。情商提供了一个新的途径来评价人的行为、管理风格、态度、人际技能和潜力。研究表明，一个人的成功仅仅有 20%归功于智商，而有 36%归功于情商。杰出的领导者与平庸的领导者的区别之中，至少有 90%的因素与情商相关。并且，领导者的职位越高，情商的作用越大。在变革时代，领导者情商的高低尤为关键。

当今的领导者面临着前所未有的压力，这些压力有来自工作的、来自自身发展的，也有来自家庭的。面对这些压力，许多领导者有如履薄冰的感觉。成功地应对压力不单单要靠智能，更多还靠情商。特别是在中国这一注重人情关系的社会里，一个人的成功离不开做事情的能力，但更离不开情商所决定的人际关系。同时，高情商也是优秀的领导者所应追求的境界。国学大师南怀瑾讲到，领导者分为三个境界：一是没能力，有脾气；二是有能力，也有脾气；三是有能力，没脾气。其实质就是情商的高低不同，决定了领导者的境界的高低。正所谓古人讲的，“宰相肚里能撑船，将军额上能跑马”，此乃高层领导者的情商追求也。

四、下属德行的辨识

从古至今，德行一直是领导者用人过程中的重点考察内容。德行是一个人内在价值观的反映，而价值观的改变是很困难的。一个人为了短期的需要，可以暂时放弃或改变自己恶的德行，但是，时间一长或短期需要得到满足，其恶的德行就会重新显现出来。所以，我们不赞成忽视所谓品德小节的用人理念，特别是对高级别领导者的选拔更不能忽视品德的考察。管理学中蝎子和青蛙的寓言故事会使我们对德行的重要性有更为清醒的认识。

案例链接

从前，有一个池塘边生活着一只青蛙和一只蝎子。有一天，蝎子想过池塘，但它不会游泳。于是，蝎子央求青蛙将它背过池塘。青蛙回绝道："我才不傻呢，我背你过池塘，你肯定会蜇我的。"蝎子反驳道："我为什么要蜇你呢？我将你蜇死了，我不一样要沉到水里淹死吗？我肯定不会那样做的。咱俩都做了这么长时间的邻居了，应该相互帮助才对。这次你帮了我，下次你有什么需要，我一定尽我所能。"青蛙虽然知道蝎子平时德行歹毒，但觉得蝎子说得也有道理，犹豫再三还是同意帮忙。于是青蛙背起蝎子游进了池塘。当游到池塘中央时，蝎子突然弯起尾巴蜇了青蛙一下。中了毒的青蛙大喊道："你为什么蜇我呀？我死了你不一样得淹死吗？"蝎子一边下沉一边说："没办法呀，我控制不了我自己，蜇人是我的天性啊！"

这个管理寓言告诉我们，反映内在价值观的德行不容忽视，领导者也没有必要冒这种风险。但是，对德行进行考察又是比较困难的。首先，德行是一种质的衡量，它无法量化，在大多数情况下很难进行比较。其次，德行的好坏是一种主观判断，在不同人的心目中有着不同的标准。比如，受贿行为在清廉的领导者心目中是一种恶的德行，而在同样有受贿行为的领导者心目中就是一种自然合理的德行。最后，德行差的人会本能地或有意识地掩盖自己的行为，将自己伪装成德行高尚的人。所以，至今也没有一套现成的工具来有效地评价一个人的德行。多角度、多侧面、间接性的考察方法就成了德行考察的必然选择。

（一）口碑考察

口碑是一个人在群众心目中整体形象的反映。正所谓，群众的眼睛是雪亮的。一个人对自己不道德行为的掩盖，很难做到除自己之外没有任何一个人知晓。所以，从群众那里可以获取考察者所不了解的真相。我国领导干部考察中的民主测评，虽然不能测评出一个人的能力，但却有助于德行的考察。

（二）放松情景考察

一个人的德行真相往往会在其感觉放松的情景中流露出来。放松的环境会使人放弃监督压力下的行为模式，恢复行为的本来面目，其德行也就失去了伪装。所以，一些领导者会有意设定一些放松的情景，以此来考察相关人的德行。如领导者将被考察者派到外地，观察其远离上级监督情景下的德行表现；领导者通过与下属喝酒，故意使下属醉酒，看其真实性情的流露；领导者和下属一起玩需要相互配合的纸牌游戏，观察其合作意识、反应灵敏度和对胜负的态度。这些都属于放松情景考察。

（三）360 度考察

360 度考察是人员测评的一种方法，其核心理念是通过上下左右等利益相关者的全方位测评来形成对一个人的全面评价。360 度考察不能用于领导者的能力和绩效测评，因为按照这种方法进行测评，"老好人"型的领导者会获得高分，而敢于负责任、敢于得罪人的领导者只能得到低分。360 度考察用于领导者的德行考察比较合适，通过被考察人的上级、下级、同僚、外部合作者、外部服务对象等多角度的调查，可以获得被考察人更为全面的德行信息。

案例链接

中国古代的考察德行的方法也同样值得我们借鉴，其中《吕氏春秋》和《长短经》中的相关论述最为经典。

《吕氏春秋》中讲到："通则观其所礼，贵则观其所进，富则观其所养，听则观其所行，近则观其所好，习则观其所言，穷则观其所不爱，贱则观其所不为，喜之以验其守，乐之以验其僻，怒之以验其节，哀之以验其仁，苦之以验其志。"意思是，仕途通达时，看其所尊敬的人是谁；显贵时，看其追求什么；富有时，看其所接济的人是什么样的人；听其言观其行，看其是否仁爱；看其亲近什么样的人就知道其爱好是什么；贫穷的时候看其憎恶什么；地位低下时，看其德守；遇到喜事时，看其是否轻浮；快乐的时候能看出其癖好是什么；使其愤怒，可以看出其品行如何；让其处于哀伤的环境，看其是否仁厚，仁厚之人会与别人同悲；让其经受艰苦的条件，看其意志如何。

《长短经》中在谈到考察人时讲到："微察问之，以观其辞；穷之以辞，以观其变；与之间谋，以观其诚；明白显问，以观其德；远使以财，以观其廉；试之以色，以观其贞；告之以难，以观其勇；醉之以酒，以观其态。"意思是，通过有意识地问一些比较模糊的问题，可以看出对方的言语表达能力；穷追不舍地提问，可以考察对方的应变能力；与其密谋一些事情，可以观察其是否诚实守信；直截了当地提问，可以看出一个人的品德；让其外出办理与钱财有关的事情，可以观察其是否廉洁；用情色对其进行试探，可以观察其是否贞洁；事先告诉其困难与危险，可以观察其有无勇气；当其喝醉酒时，可以看出其是否失态。

第三节　领导用人误区

领导者用什么样的人是下属最为关注的事情，因此，领导者用人的成功与失败，下属也能真切感受到。领导者用人既是综合能力的一种体现，也是关乎领导者形象的重要因素。现实中领导者用人的非正常现象，有的源自领导者将职位当作资源进行寻租，有的源自领导者用人中的误区。常见的领导者用人误区有以下四种。

一、失去贤能和忠诚的平衡

失去贤能和忠诚的平衡是领导者用人中的最大误区。下属既贤能又忠诚是每一位领导者所期待的事情。但现实往往不是这样的，就好像鱼和熊掌不能兼得一样。在不能兼得时，领导者就更为倾向于选择对自己忠诚的人。但以没有能力和潜力作为基础的忠诚往往是无效的忠诚，它不但不能为领导者的工作添彩，还会给领导者添乱。所以，忠诚和贤能的平衡是领导者用人过程中所必须坚持的原则。那么，对于组织中的具体职位，如何安排人选才能取得比较好的效果呢？我们可以将组织中的部门分为三类：核心业务部门、控制性部门和辅助性部门，然后依据下属特征进行职位分配。表 9－1 是不同部门职位分配的参考。

表 9－1　不同部门职位分配的参考

部门	任职者
核心业务部门	对自己职责忠诚的敬业者/既忠诚又贤能者
控制性部门	对领导者忠诚的下属/既忠诚又贤能者
辅助性部门	不得不用之人

表 9－1 中的“不得不用之人”是公共部门中的一个特有现象。一方面，公共部门领导职务的能上不能下是一种普遍现象。一旦一个人的级别上去了，若没有重大失误就很难有充足的理由让其职务降下来。这虽然有违激励理念，给领导者用人带来了不便，但却保持了公职人员的职务常任，有利于公职队伍的稳定和工作的延续。另一方面，在集权制的用人体制下，自己下属的任免可能不是直接主管领导者能够完全决定的，但工作分工的调整却是直接主管领导者可以掌握的。所以，现实可行的做法就是将“不得不用之人”安排在辅助性部门，减少其对领导者工作推行的负面影响。用忠诚者和不忠诚者相互搭班子也是一种平衡牵制的方法，但现实运作中往往矛盾冲突过大，对组织的绩效有负面影响。“不得不用之人”是许多领导者用人过程中的头疼问题，杰克·韦尔奇到中国来做演讲时，中国的一位国有企业领导者就提出了这样一个问题：假如想要的人进不来，不想要的人又走不了，怎么办？杰克·韦尔奇迷茫地耸了耸肩。看来这是中国特色的问题，需要中国的解决办法，那就是平衡应对。

二、上任之后先“动人”

每一位新上任的领导者都会对自己管辖范围内的干部进行职位上的调整，这本身是无可厚非的，也是领导者开展工作所必需的。但是，什么时候调整、调整的范围应多大、调整的程序是什么，这是需要思考的，否则，就会给领导者的工作带来不利影响。

首先，领导者不要上任之后立即调整下属的职位。对于新上任的领导者来讲，下属的认可和接纳是首先要考虑的问题。下属对于新上任的领导者的接纳需要一段时间。对新来者的排斥和观望是大多数人的心理反应，因此，在这个时候领导者对下属的职位进行调整，会激起更强烈的排斥，不利于领导者工作的展开。此外，领导者对下属的了解也同时需要一段时间。匆忙之间重用的人不一定就是能力突出并对领导者忠诚的人，他们需要时间的考验。更何况，领导者还要了解下属背后的千丝万缕的人际关系，以决定职位调整的幅度。所以，上任之初就对下属的职位进行调整，对领导者来讲是不明智的，甚至会给领导者带来灾难性的后果。那么，什么时间调整干部合适呢？任职一年或一年半之后较为合适。因为，经过一年多的时间，下属在感情上对新任领导者的接受度会有大幅度的提高，对新任领导者的能力也有了一定的认可。同时，通过一年的观察，领导者对下属的能力和忠诚度也有了一个相对全面的了解，对支持自己变革的力量也有了一定的积蓄，此时对下属的职位进行调整比较合适。

其次，领导者不要全盘否定前任的用人安排。人们通常认为，前任领导者重用的人是对前任领导者忠诚的人，新的领导者应来一个改朝换代，全面起用新人，以建立下属对自己的忠诚。殊不知，这种做法是一种误区。由前文对忠诚的分析，我们了解到，忠诚分为三类，即对领导者个人的忠诚、对领导者职位的忠诚和对自己职责的忠诚。这三类忠诚中，第一类是新上任的领导者不能用的，因为，不同的领导者的魅力类型是有较大区别的，想将这类忠诚者争取过来比较困难。第二类是属于随风倒的，他们会立即表明对新任领导者的效忠。第三类忠诚者是组织发展不可或缺的敬业者，这类忠诚者是应该继续重用的。假如新上任的领导者不加区分地将这三类人全部换掉，就会因失去敬业者而使组织的绩效受到负面的影响，同时，也会将他们完全推到自己的对立面，形成反对新任领导者的联盟。所以，不全盘否定前任的用人安排既是组织绩效保持的需要，同时也是组织政治的需要。

最后，领导者提升对自己忠诚的下属时，要注重程序的规范。既要遵从程序，又要选出对领导者忠诚的人，常用的模式就是政策分析中的霍布森选择模式。霍布森是英国古代的一个马贩子，他卖马时号称要让顾客自由选择，但他将他的马全部关在一个马圈里，马圈只留一个小的圆圈门，他在里边拿着鞭子赶马，哪匹马跑到了圆圈门口，顾客就得选那匹马。霍布森让顾客自由选择实际上是一种假选择。后来的政策分析学者就将这种类型的选择称为“霍布森选择”。领导者选用自己看重的人往往需要采用这种霍布森选择模式。但是，霍布森选择模式不能用在项目的论证和决策上，因为项目的决策需要借用大家的智慧，项目决策的正确性对领导者最为重要。否则，决策的失误就不可避免了。

三、陷入心理误区

从心理学的角度来看，领导者用人过程中会出现一些知觉偏差，给领导者用人带来负面的影响。这些知觉偏差主要有以下几种。

（一）优先与近因效应误差

这是人在判断事物中，由于知觉局限性而自觉或不自觉出现的误差。优先效应是将最先获得的信息作为重要信息，而忽视以后得到信息的价值。近因效应则是不考虑时间范围，而将最近发生的事情和自己记忆最清晰的事情看作是最为重要的信息，抛弃以往储存信息的价值。这些知觉偏差都会给领导用人带来一些负面影响。它将视点聚焦在某一方面，因而妨碍领导者对被选拔者客观、全面地认识与评价，偏离了被选拔者的真实表现。

（二）晕轮效应误差

晕轮效应又称以点带面效应，由于思维定式和价值观等影响，判断者往往偏重于事物某一方面的特征，并人为地放大其作用，甚至将这一特征泛化到事物的其他方面或全部，却自以为抓到了事物的本质。这不仅会犯上述与优先及近因效应同样的错误，而且还会人为地夸大或贬低事实，扭曲真实的情况，使得用人结果缺乏可靠性和真实性。生活中，“颜值”高者常常会获得更多的机会，实际上是晕轮效应误差，将“颜值”延展到了能力。

（三）刻板印象误差

刻板印象俗称偏见，即将以往的经验和观念，不顾时间、空间的推移，带到现实环境中。在选拔中，表现为以固有的对人的概念，笼统、僵化地判断和评价他人。它反映了对人认识上的顽固、僵化的观念，使领导者不能以发展的眼光看待被选拔者，同样影响了对被选拔者的正确、客观、真实的评价。

为了弥补领导者在知觉上的局限性，降低用人误差的发生率，在干部的选拔中，领导者应当寻求更为科学的评估方法，综合运用多种标准，以体现领导者用人的宗旨、实现领导者用人的目标。

四、陷入彼德误区

劳伦斯·彼德（Laurence J. Peter）的《彼德原理》一书，对管理界的人士来讲应该说并不陌生。彼德认为，在任职时间足够长，层级组织具有足够的阶层的条件下，员工在原职位上工作成绩很好，将被提升到更高一级职位；如果他们继续胜任则将进一步得到提升，直至达到他不能胜任的职位；等级制度中的每个员工趋向于晋升到他所不能胜任的位置；每个职位终将由不能尽责的不胜任的员工所占据。之所以会出现这一“彼德误区”，根源是领导者用人的失误。

“一屋不扫，何以扫天下”的观点正是彼德误区的典型反映。人们通常认为，连小事情都做不好的人是不可能做成大事的。但事实往往不是这样的。能够做好低职位的工作，说明其才干、兴趣正好与低职位的工作相匹配，这并不能充分证明高职位的工作内容同样与其才干、兴趣相匹配。同样的道理，才干与兴趣同高级别职位相匹配的人，去做低职位的工作，实际上就不匹配了，其干不好低职位工作的可能性还是很大的，除非是同专业领域的技术性职位。这就好比让研究导弹的专家去卖茶鸡蛋，或让卖茶鸡蛋的能手去搞导弹一样，都是不可能干好的。

因此，对领导者来讲，要做的就是发现员工的才干，将其放在合适的位置上。那么才干是什么呢？美国盖洛普咨询公司调查发现，才干是一种与生俱来的特质，“是一种贯穿始终，并能产生效益的思维、感觉和行为模式”①。其认为，每个人都有一种神经过滤器，它使你在生活和工作中对某种刺激感到兴奋，而对其他的刺激则无动于衷。这种由过滤器所产生的兴奋点就是才干的所在。取得出色业绩的关键在于使你的才干与工作相匹配。领导者所要做的就是发现下属的才干，给其提供发挥的空间，而不是去改变下属的弱项，弱项是很难被培养成才干的。更不是尝试让员工去做和其才干不符的工作，这样只会给员工带来短时间的新鲜感和长期的挫折感。这正像《动物庄园》（*Animal Farm*）中所讲的例子，稻草人具有看管庄稼的才干，而猪经理却让他重新选择工作，以调动其积极性。稻草人选择了不用风吹日晒的室内工作——和鸡一块下蛋。结果可想而知，稻草人无论怎样努力也下不出蛋来，心理经受了极大的挫折，最后又回到其才干的发挥空间——看管庄稼，才找回了自我。这正应了那句管理名言：“垃圾是放错了位置的资源。”所有杰出人才的成功都是来自其优势才干的发挥，而不是来自对弱项的弥补和培养。这就是用人中才干与职位相平衡的理念。领导者让下属的才干有了发挥的空间，下属工作做出色了，自然就会产生成就感，对领导者的感激和忠诚也就油然而生。有的领导者会问了，让下属长期从事一

① ［美］马库斯·白金汉，柯特·科夫曼. 首先，打破一切常规. 2版. 鲍世修，译. 北京：中国青年出版社，2011：87.

项工作必然会心生厌倦，那怎么办？彼德做了很好的回答，即为个人提供创意性工作，使组织成员的贡献与满足之间保持一个平衡，给员工提供足以使之愿意留在胜任职位的组织环境。这就是彼德的破解之法。

第四节　团队管理

伟大的事情很少是由单个人独立完成的。团队在领导者事业发展中有着不可或缺的作用。所以，每一位领导者都无法回避对团队的管理。那么，如何才能锻造出一个强有力的团队呢？以下几点是领导者团队管理的核心。

一、提出清晰的团队使命

使命是团队的起点。有使命大家才能凝聚到一起，否则，大家在一起只能称为群体，不能称为团队。团队的规模有大有小，但大家为什么走到一起？为什么要这样做？使命给出了答案。使命感可以使一个团队、一个企业从平凡走向卓越。伟大的企业都有自己伟大的使命。微软公司的早期目标是：使每张办公桌上和每个家庭中都有一台计算机。现在增添了新的内容，即努力开发使个人计算机功能更强和使用更便利的与互联网相关的技术。作为全球领先的信息与通信（ICT）基础设施和智能终端提供商，华为的愿景与使命是把数字世界带入每个人、每个家庭、每个组织，构建万物互联的智能世界。为世界提供最强算力，让云无处不在，让智能无所不及；所有的行业和组织，因强大的数字平台而变得敏捷、高效、生机勃勃；通过人工智能（AI）重新定义体验，让消费者在家居、办公、出行等全场景获得极致的个性化体验。

> **重点提示**
>
> 领导者应理解团队建设和管理的核心要素，塑造凝聚力、竞争力强的团队。

使命必须包含一个具体的目标、计划以及哲学基调。有了目标就有了中短期的努力方向，就可以起到凝聚团队成员的作用。这对目标的认同度就有了较高的要求，即目标必须是团队成员共同认可的目标。在目标制定过程中，应鼓励团队成员积极参与，给每一位成员表达自己想法和建议的机会，通过不断协商达成共识。

使命中的哲学基调可以使团队成员对自己所做的工作有一种责任感和神圣感，同时也是行为是非的判断标准。比如红十字会与红新月会国际联合会的使命是：防止和减轻人类在任何地方遭受的痛苦，保护生命和健康，并确保对人类的尊重，尤其是在武装冲突和其他紧急情况期间，为预防疾病和促进健康与社会福利而工作，鼓励该运动成员提供志愿服务并随时准备提供帮助，并对需要其保护和帮助的人表示一种普遍的团结精神。其基本原则是：人道、公正、中立、独立、志愿服务、统一和普遍。每一位参与志愿行动的人都会因这一使命而获得内心的神圣感和满足感。

二、形成互补型团队

优秀的团队必须达到高绩效的标准，即团队的整体绩效应当大于团队成员个体绩效的简单相加。这就要求团队成员的组成必须基于互补特征的组合。团队成员之间的互补包括以下几个层面。

（一）专长互补

由于才智、知识、经历不同，每个人的专长也各有不同，假如说团队成员之间专长互补，整体的效能必定大于个体的简单相加。比如，一个企业的领导团队成员组成，有研发专长的负责研发，有运营专长的负责运营，有销售专长的负责销售，有人力资源专长的负责人力，那么，这一领导团队的结构就比较优化。假如不是这样，领导团队的成员全是由研发专长的人员组成，那么，这个企业很难顺利地发展下去。专长互补是团队互补的基础。

（二）角色互补

在达成团队目标的过程中，团队成员所扮演的角色应各有不同，特别是领导班子成员更为明显。一个良好的领导班子架构应当有决策者、参谋者、执行者的角色区分。决策者擅长战略性思考，对趋势的变化具有敏感性，做事果敢；参谋者长于谋略，勤于思考，面对复杂的问题能够理出清晰的头绪，很快形成应对方案；执行者善于落实，对决策执行过程的关键环节了如指掌，结果导向。这三种角色在团队中都不可或缺，不论少了哪一个，团队的效能都会受到影响。

（三）性格互补

团队成员在性格上存在差异，对团队的发展来讲往往是有益的。性格急的人做事雷厉风行，但易冲动；性格平和的人做事沉稳，但效率不够高。对于每一个人来讲，性格改变很难。所以，通过性格之间的互补，就可以弥补每一种性格的不足。在西方领导用人过程中，有的领导者十分重视血型之间的搭配，其实质上关注的也是与血型相连的性格特征。

（四）年龄互补

年龄不同，所受的教育、工作经历等也存在着差异，其行为取向也自然存在差异。所以，团队成员之间年龄结构能够互补，自然集体决策也更为理性。再者，企业的发展要想基业长青，成为百年老店，就必须注重接班人的培养。由不同年龄结构的成员组成领导团队，是通过传帮带培养接班人的有效方式。接班人问题解决得如何是评价老一代领导者的重要指标。

三、注重非正式沟通

中国是一个重视人情的社会。中国文化具有典型的小圈子（in group）特征，圈子内部相互忠诚度很高。彼此之间有感情、关系好，就很容易相处，吃些亏都没关系；而假如缺乏感情基础，则可能寸步不让，就是冷冰冰的规则。因此，在中国社会中，要想团队成员间凝聚力强，就必须重视成员间感情关系的培养。

但是，要想在职场人士之间培养感情并不是一件容易的事情。因为，同事之间相互存有戒心，彼此设防，不愿意敞开心扉沟通感情。那怎样才能降低或消除这种心理防御呢？工作之外的非正式沟通是增进彼此感情的有效途径。团队的领导者要经常同团队成员一起进行工作之外的互动。在条件允许的情况下，周末的时候带团队成员找一个环境优美的地方住下来，锻炼锻炼身体，放松一下心情，为团队成员减减压，这类互动多了之后，团队成员之间的心理归属感会有明显的提高。当然，领导者也可以多组织一些团队运动，如足球、网球、篮球、羽毛球等都是合适的选择，关键是领导者要尽量抽时间参加，通过团队运动提升团队精神，这也是有效培养团队成员感情的途径。

四、塑造合作文化

制度应与所提倡的文化保持一致，这样才有利于文化的塑造与传承。合作文化的塑造首先要建立有利于团队合作的激励和奖励制度。它是团队塑造中不可或缺的因素，是团队成员行为取向的直接诱因。首先，领导者要对团队成员之间的合作行为进行认可和赞赏。领导者的认可是大多数团队的日常激励工具。特别是魅力型领导者，其认可行为会对团队成员的行为产生明显的鼓励作用。其次，奖励制度应体现团队合作的基本价值取向。先奖励整个团队，然后再奖励个体，重视对团队成员合作成果的奖励。这方面，我国一些高校的奖励制度中，不认可合著的成果，鼓励独著，这虽然能够减少搭便车行为，但是直接破坏了组织中的团队精神，得不偿失。

合作文化的塑造要求建立团队成员之间的信任。合作是建立在团队成员彼此信任的基础上的，相信对方会承担好自己的责任，为团队的目标尽力而为。这就要求团队重要事项的决策应实施参与式决策，增加成员对决策的认同感和责任心。同时，团队成员之间应建立相互问责机制，每一位成员既有承担责任的义务，也有要求其他成员承担相应责任的权利。

合作文化的塑造必须避免过度的竞争。领导者需要明白，竞争的文化与合作的文化之间是冲突的。假若鼓励成员之间的竞争，那么，有的成员为了保持自己的相对优势，在需要合作时就缺乏足够的动力。所以，领导者一方面想塑造团队合作的文化，另一方面又提倡团队成员之间的竞争，那么团队的文化将会是一团糨糊。增强团队凝聚力的竞争指的是外部竞争，即鼓励团队整体与其他团队进行竞争，在压力下，团队内部的凝聚力会得到增强。

内容提要

1. 在当今的社会环境下，领导者在用人过程中需反复揣度以下用人理念：不可委托责任理念；成就取向理念；政治忠诚度理念；“人先事后”理念。

2. 察人之术的核心内容包括：下属忠诚度的审查；下属能力的评估；下属情商的考察；下属德行的辨识。

3. 随着管理学的发展和信息技术的演进，在对人的能力的考察方面呈现出两个重要的趋势：能力测评工具应用越来越广泛；通过业绩来考察人的能力越来越受到重视。

4. 常见的领导者用人误区有四种：失去贤能和忠诚的平衡；上任之后先“动人”；陷入心理误区；陷入彼德误区。

5. 领导者团队管理的核心包括：提出清晰的团队使命；形成互补型团队；注重非正式沟通；塑造合作文化。

活动拓展

学习完本章之后，你理解了领导者的用人理念及策略了吗？对于领导用人，你有没有自己的认识呢？请登录学校数字图书馆，以用人与领导力为主题，查找相关的论文，然后比较、分析、总结这些论文的观点，给出你自己的理解。并就这一主题与其他同学一起讨论。

课后作业

1. 试述现代领导的用人理念。

2. 下属的忠诚分几类？如何用得其所？

3. “彼德误区”指的是什么？

4. 团队管理的核心是什么？

第十章

激励与领导力

世界上唯一能够影响对方的方法，就是给他所要的东西，而且告诉他，如何才能得到它。

——［美］戴尔·卡耐基

知识结构

激励与领导力：
- 领导激励的内涵
- 激励的基本理论
- 领导激励的一般原则
- 领导激励的方法与艺术

内容简介

激励是领导者的重要职能与活动，也是领导艺术的核心。本章主要探讨领导激励的内涵、激励的基本理论、领导激励的一般原则，以及领导激励的方法与艺术。

学习重点

- 激励的概念
- 激励的类型
- 激励的过程
- 五种基本激励理论的内容与启示
- 领导激励的五种原则

学习目标

学完本章之后，你要能够：

- 了解激励的核心概念
- 理解五种基本激励理论的内容

- 熟悉领导激励的一般原则
- 掌握常用的领导激励方法

第一节 领导激励的内涵

一、激励的概念

激励一词的英文为“motivation”，它含有激发动机、鼓励行为、形成动力的意义。《辞海》中“激励”是指“激发使振作”之意，即“振奋，奋发”。学术上对激励的研究颇多，但其释义却各不相同。在现今实践中，由于对激励理念辨析得不够清楚，人们常常陷入一些激励的误区。

美国学者贝雷尔森（Berelson）和斯坦纳（Steiner）在《人类行为：科学发现成果》一书中指出：激励是人类活动的一种内心状态，一个激励的过程实际上就是满足人的需求的过程。

激励是组织为达成目的，对员工所施加的一种吸引或推动力量，能指引并维持一个人奋斗。

激励是对人们内心活动状态的一种激发，具有推动并引导行为使之朝向预定目标的作用。

理查德·达夫特（Richard L. Daft）认为：引起人们采取某种行动的热情和毅力的内部或外部力量就是激励。

想一想

激励的各种释义具有哪些相似点？

什么是激励呢？简单地说，当一个人愿意做什么事的时候，他就被激励了。严格地说，激励是指能推动人们追求并实现某种目标的力量。从广义而言，激励就是调动人的积极性；从狭义而言，激励就是一种刺激，是促进行为的手段。

关键术语

激励是指能推动人们追求并实现目标的某种力量。

激励的实质，就是如何有效地调动人的积极性、主动性和创造性，最大限度地发挥员工的潜能。因而，实现良好的激励就是要正确认识人、鼓励人、尊重人、爱护人，必须以人本理论为指导，把握人的各种行为与人的需求和发展的关系。

激励的基本原理是满足需求、激发动机、行为鼓励和目标引导。激励要以世界观为个人行为的最高调节器，以满足处于积极活跃状态的需求和动机为核心因素，以对工作意义的认识、个人工作兴趣的提高、工作业绩的改进等为基础，实现个人在物质、情感、意志等方面的目标。

激励的内容丰富多彩，分类方式也呈现多样化的特征：

（1）按照形态可以分为物质激励与精神激励（或是有形激励与无形激励）。物质激励主要包括：工资、奖金、红利、股票等；精神激励主要包括：赞美、表扬、颁发奖状、授予荣誉称号、分派挑战性工作、职务晋升等。

（2）按照作用可以分为正激励与负激励。正激励就是对下属符合组织目标的期望行为进行奖励；负激励就是对下属违背组织目的的非期望行为进行惩罚。

（3）按照对象可以分为个体激励与群体激励。个体激励是指推动个体追求并实现某种目标的力量；群体激励是指推动群体追求并实现某种目标的力量。

二、激励的过程

激励的目标就是使组织中的成员充分发挥潜在能力。从激励的产生来看，激励是一个复杂过程，是“需求—心理紧张—动机—行为—满足—新需求”的一个连锁反应。我们可以用图 10－1 来表示激励的过程。

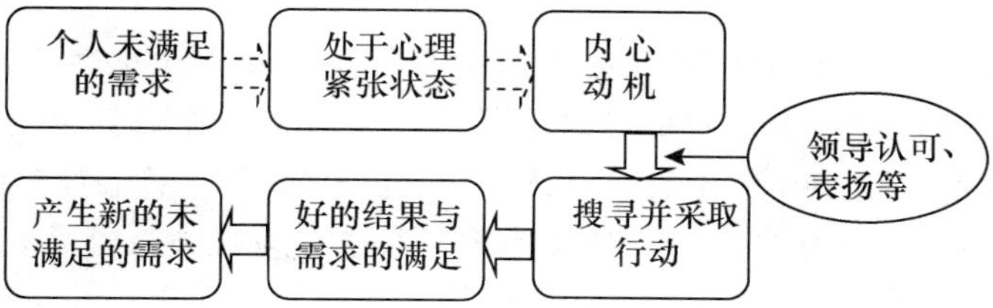

图 10－1　激励的过程

一个人从有需求直到产生动机是一个“心理过程”（图 10－1 中以虚线箭头表示）。比如，当一个下属做了一件自认为十分漂亮的事情后，他渴望得到上司或同事的赞赏、认可和肯定，这就是他的“需求”。带着这种需求，他的内心保持着一种“紧张的心理状态”，进而演化成为期待被上司激励的“心理动机”。这时，如果上司及时而得体地用“表扬”（或其他方式的激励手段）激励了他，他在今后的工作中会更卖力，甚至做得更好，这就使他产生了努力工作的“行为”。而这种行为肯定会导致好的“结果”，也能最终达到下属的“满意”状态（此时，领导也应该是处于“满意”状态的）。然后，这种双赢的满意效果之后，会进入员工“新需求的产生”阶段，进而开始下一个激励循环过程。

记一记

请按照你的理解，复述一遍激励的过程。

三、激励与领导力的关系

从某种意义上讲，领导工作是一门艺术，激励则是领导艺术的核心。没有激励的领导，其实就是没有艺术的领导，国外学者甚至认为“领导就是激励”。只有能高效地调动下属的工作积极性，并且全面掌握激励的方法与艺术，才能成就一位卓尔不凡的领导者。激励不仅是领导活动中最为重要的职能之一，也是影响领导力的重要环节。因此，研究领导激励的价值不可小觑。

领导激励是指领导者遵循人的行为规律，运用物质和精神相结合的手段，激发、鼓励和调动人的热情和动机，使人潜在的工作动机尽可能充分发挥和维持，从而更好地实现社会或组织目标的过程。

理解激励与领导力的关系，也就是领会激励对领导者而言的价值所在。以下将从三个方面深入探讨领导激励的重要作用，这些作用反过来也能帮助领导力的提升。

（一）领导激励是实现组织目标、愿景的重要保证

组织的激励制度或政策一般体现着领导的管理智慧及价值导向。通过激励，领导能充分发挥组织成员的主观能动性，从而提高他们的工作效率，顺利达成社会或组织的目标或愿景。利益是调节人行为的重要因素，领导者在设置目标时，一般都会在保证组织目标实现的前提下，尊重个人利益，使个人目标与组织目标尽可能协调一致。一致性程度越高，员工的自觉性、主动性和创造性就越能够得到有效发挥，激励效果也就越好。反之，便会让员工消极怠工，甚至产生抵触心理。因而，成功的领导激励可以有效解决员工对工作价值的认识问题，提高员工接受和执行组织目标的自觉程度，帮助实现组织的目标，这也是较高领导力的重要体现。

案例链接

早在 2000 年，联想集团刚刚确立在中国电子行业的领导地位之时，就树立了“跻身世界 500 强”的目标。从柳传志手中接过联想的杨元庆面对充满期待的联想员工，他说：“我们以 2001 年联想实现 260 亿元的营业额为基点，2003 年，我们的营业额将做到 600 亿元。在未来的 10 年内，联想要成为全球领先的高科技公司，进入世界 500 强……”

杨元庆深知激励对愿景、目标达成的重要性。在他的领导下，联想形成了独特而有效的激励文化。他在上任之后，就要求员工对高管直呼其名，并要求高管们在早上手持自己姓名的牌子，向前来上班的员工问好。同时，他还引导开发了一系列的激励措施，这些激励措施对联想集团的发展起到了非常重要的作用。

2004 年，联想在宣布收购 IBM 的 PC 业务之后，又学习了 IBM 的一些激励做法，比如“thankword”文化，即员工彼此之间学会互相感激，各部门经常买礼物或是写卡片对某个员工的某个行为进行肯定和表扬。联想大厅里有一面荣誉墙，墙上挂着在过去工作中获得奖励的员工照片。每周二中午，联想都会有一个小时的“say time”和“coffee time”，这是员工每周与公司高管无边界交流的时间。在这个时间里，大家都可以走出办公室，找到任何一位公司高管进行沟通，或者可以去酒吧间看会儿美剧练习一下英语。

2011 年，联想集团成为入选《财富》杂志“全球 500 强企业”的首家内地民营企业，排名第 499 位。此时，距离杨元庆当年许下“进入世界 500 强”的“豪言壮语”正好 10 年。

（二）领导激励能有效激发员工的工作激情

激励不仅可以提高员工对自身工作的认识，而且还能够激发他们的工作热情和兴趣，解决工作态度和认识的倾向问题，投入自己的全部精力为达到预期目标而努力。兴趣是影响动机形成的重要因素，强烈而稳定的职业兴趣，是保证员工掌握技术、进行创新、充分发挥自身能力的重要心理条件。

哈佛大学的行为学家威廉·詹姆士（William James）教授就曾发现，部门员工一般仅需发挥出 20%～30%的个人能力，就足以保住饭碗而不被解雇；如果受到充分的激励，其

工作能力能发挥出80%～90%，其中50%～60%的差距是激励的作用所致。因而我们发现，激发工作人员动机方面还具有很大的潜力。我们可以通过领导激励，使员工对工作产生稳定而浓厚的兴趣，使员工对工作产生持久的注意力和高度的敏感性，形成对社会、对组织、对自身职业的持续热爱。

（三）领导激励能改进并提高员工的工作绩效

激励可以激发员工的干劲，充分挖掘员工的潜力，从而提高工作绩效。根据詹姆士的研究，如果个人受到激励之后，能力发挥从20%～30%可以提高到80%～90%，从理论上讲这就意味着工作绩效提高了2～3倍。一个人能力再高，如果激励水平很低，缺乏足够的自动力，也必然不会有好的工作绩效；反之，一个人能力一般，如果受到充分的激励，发挥出巨大的热情，也必然会有出色的表现。由此可见，激励对下属的绩效有着极为重要的影响。

激励的目的是使下属的行为得到强化与转化。在一个组织中包含三部分人：敬业者、从业者和怠工者。领导者制定合理的激励制度就是为了让敬业者的收益最大，成为人们羡慕和效仿的对象。不断强化和激励敬业者的行为，保持其高绩效，而从业者看到敬业者的良好示范，逐步转化为敬业者，进而改进他们的绩效。怠工者在这种激励环境中缺乏生存的空间，要么转化为从业者，要么被迫离开组织①。有效的激励制度，能彻底排除“干好干坏一个样”的情况，进而达到员工绩效改进与提高的目的。这一绩效转化作用如图10－2所示。

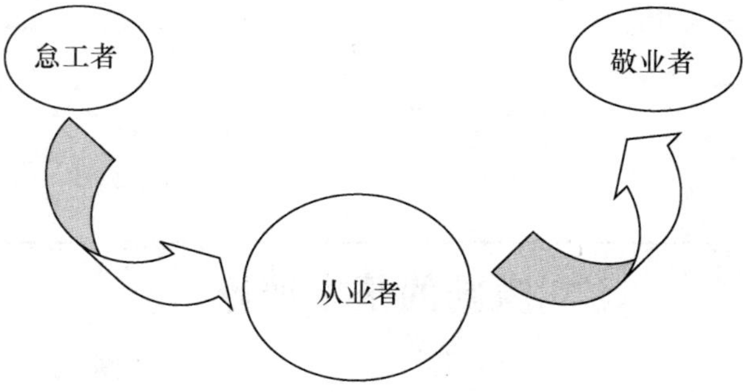

图10－2 领导激励的绩效转化作用

（四）领导激励能创造良好的工作环境，形成有利的组织文化

领导者可以通过激励的方式，营造有利的环境，使组织成员的动机更强烈，使群体中的个人很好地为共同目标而努力工作。在一个信誉良好的组织环境里，员工往往受领导激励的影响而努力工作，并使组织成员产生集体荣誉感，增强组织的凝聚力，让组织更健康、更快速地成长。

科学的激励制度包含有一种竞争精神，它的运行能够创造出一种良性的竞争环境，进而形成良性的竞争机制。在具有竞争性的环境中，组织成员就会受到环境的压力，这种压力将转变为员工努力工作的动力。正如麦格雷戈所说：“个人与个人之间的竞争，才是激励的主要来源之一。”在这里，员工工作的动力和积极性成了激励工作的间接结果。同时，

① 祁光华．平衡：构筑和谐领导力．北京：人民出版社，2007.

在领导的科学激励导向下，员工能自觉强化正面行为，促使员工进行自我管理，最后形成组织的文化，并不断传承下去。

案例链接

有一家公司坚持每年一度的“销售精英红地毯”大型庆功仪式。后来，有的员工提议说，搞红地毯活动劳民伤财，还不如直接发奖金。于是，公司组织了一个专门调查，结果 87%的员工认为红地毯活动意义重大。有的员工说：“我连做梦都在想自己有朝一日能够走上红地毯，接受领导和大家的祝贺，红地毯是我的职业目标，金钱的多少倒在其次。”

之后，这家公司一直保留了这一激励方式，公司总裁在一次员工大会上说：“等到公司 20 周年大庆的时候，我们要把红地毯铺在人民大会堂里，大家有没有踏上红地毯的决心和信心？”全体员工一致回答：“有！”台上、台下掌声雷动。

想一想

激励对领导力的重要性主要表现在哪四个方面？

总之，在竞争越来越激烈的现代社会，激励已成为现代领导的主题，是现代领导者的重要职能。众多学者和实践者探讨了激励对组织的良好运转、人员工作激情及工作绩效的提高、组织环境和组织文化的打造等方面所起的重要作用。也就是激励的这些重要作用，帮助了领导力的塑造与提升。

第二节 激励的基本理论

因为人的工作绩效不仅取决于能力，还取决于受激励的程度，即人的需求的满足程度。通常用以下公式表示：

工作绩效 $= f($能力$\times$激励$)$

因此，行为科学中的激励理论和人的需求理论是紧密结合在一起的。以下将重点探讨五种激励的基本理论①。

一、马斯洛的需求层次理论

马斯洛的需求层次理论（Maslow's hierarchy of needs），亦称“基本需求层次理论”，是行为科学的理论之一，也是经典的激励理论之一，由美国心理学家亚伯拉罕·马斯洛

① 孙耀君. 西方管理学名著提要. 南昌：江西人民出版社，1989.

(Abraham Maslow) 于 1943 年在论文《人类激励理论》中所提出。

马斯洛把人的需求由低到高分为五个层次，即生理需求、安全需求、社交和归属需求、尊重需求、自我实现需求（见图 10-3）。

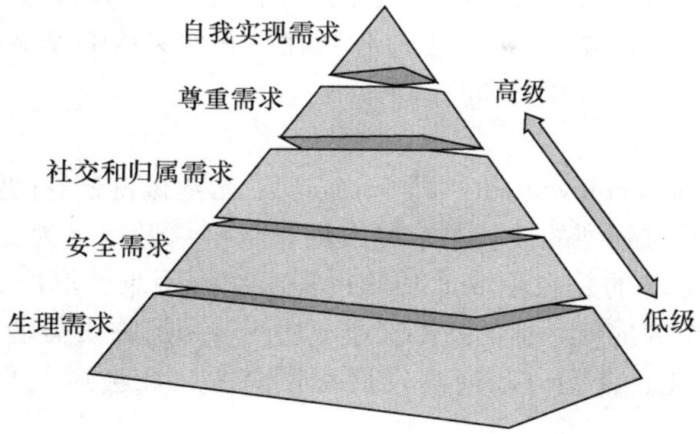

图 10-3　马斯洛的需求层次理论

(1) 生理需求：水、空气、食物、休息等；

(2) 安全需求：人身安全、健康保障、资源所有性、财产所有性、工作职位保障等；

(3) 社交和归属需求：亲情、友情、社交关系等；

(4) 尊重需求：自我尊重、信心、成就、被他人尊重等；

(5) 自我实现需求：创造力、自觉性、问题解决能力、公正度、接受现实能力。

马斯洛认为人的需求有高低层次之分，在特定时刻，人的一切需求如果都未得到满足，那么满足最低级的需求就比满足其他需求更迫切；只有低级的需求得到满足，才能产生更高一级的需求；当一种需求得到满足后，另一种更高层次的需求才会出现，并占据主导地位。

想一想

你从马斯洛的需求层次理论中学到了什么？

按照马斯洛的观点，如果希望激励某人，就必须了解此人目前所处的需求层次，然后着重满足这一层次或在此层次之上的需求。比如一个饥肠辘辘的人，他更渴望你给他几个馒头或面包，而不是你赞赏他如何英俊潇洒或出类拔萃。

马斯洛的需求层次理论对领导激励的启示如下：

(1) 已经被满足的需求就不再具有激励行为的能力了；

(2) 一般情况下，低层次的需求得到满足后，才能使高层次的需求成为动机并驱动行为，因此领导者必须注意下属现在的需求处于哪一个层次；

(3) 没有一种需求会得到完全满足，只要某种需求得到部分的满足，个体就会转向追求其他方面的需求；

(4) 满足低层次需求比满足高层次需求的途径更多，也就是说领导者满足下属高层次需求的难度更大。

二、麦克利兰的成就需求理论

麦克利兰的成就需求理论（achievement motivation theory）又称三种需求理论（three needs theory）或者成就动机理论。它是美国哈佛大学教授大卫·麦克利兰通过对人的需求和动机进行研究，并于20世纪50年代在一系列文章中提出。麦克利兰把人的高层次需求归纳为对成就、权力和亲和的需求。

（一）成就需求

成就需求（need for achievement）即争取成功，希望做得最好的需求。

麦克利兰认为，具有强烈的成就需求的人渴望将事情做得更为完美，提高工作效率，获得更大成功。他们追求的是在争取成功的过程中克服困难、解决难题、努力奋斗的乐趣，以及成功之后的个人成就，他们并不看重成功所带来的物质奖励。个体的成就需求与他们所处的经济、文化、社会、政府的发展程度有关，社会风气也制约着人们的成就需求。

高成就需求者有三个主要特点：（1）他们喜欢设立具有适度挑战性的目标，不喜欢凭运气获得成功，不喜欢接受那些在他们看来特别容易或特别困难的工作任务；（2）他们在选择目标时会回避过分的难度，他们会偏向中等难度的目标；（3）他们喜欢能立即给予反馈的任务。

（二）权力需求

重点提示

比较成就需求、权力需求与亲和需求。

权力需求（need for power）即影响或控制他人且不受他人控制的需求。

权力需求是指影响和控制别人的一种愿望或驱动力。不同人对权力的渴望程度也有所不同。权力需求较高的人对影响和控制别人表现出很高的兴趣，喜欢对别人"发号施令"，注重争取地位和影响力。他们常常表现出喜欢争辩、健谈、直率和头脑冷静；善于提出问题和要求；喜欢教训别人，并乐于演讲。他们喜欢具有竞争性和体现较高地位的场合或情境，他们也会追求出色的成绩，但他们这样做并不是为了个人的成就感，而是为了获得地位和权力。

（三）亲和需求

亲和需求（need for affiliation）即建立友好亲密的人际关系的需求。

亲和需求就是寻求被他人喜爱和接纳的一种愿望。高亲和力的人更倾向于与他人进行交往，这种交往会给他带来愉快。高亲和需求者渴望亲和，喜欢合作而不是竞争的环境，希望彼此之间的沟通与理解，他们对环境中的人际关系更为敏感。有时，亲和需求也表现为对某些亲密关系的恐惧和对人际冲突的回避。亲和需求是保持社会交往和人际关系和谐的重要条件。

麦克利兰的成就需求理论对领导激励的启示有：

（1）成就需求者在独立承担责任、获得信息反馈与适度风险的环境中可以被高度激励；

（2）亲和需求与权力需求和管理的成功密切相关，最优秀的管理者往往是权力需求很高而亲和需求很低的人；

（3）可以通过培训激发员工的成就需求。

三、双因素理论

双因素理论又称“激励-保健因素理论”，是由美国行为科学家弗雷德里克·赫茨伯格（Fredrick Herzberg）提出的。20 世纪 50 年代末期，赫茨伯格和他的助手们在美国匹兹堡地区对 200 名工程师、会计师进行了调查访问。结果他发现，使职工感到满意的都是属于工作本身或工作内容方面的；使职工感到不满的，都是属于工作环境或工作关系方面的。他把前者叫作激励因素，后者叫作保健因素。

（一）保健因素

保健因素包括公司政策、管理措施、监督、人际关系、物质工作条件、工资、福利等。当这些因素居于人们可以接受的水平以下时，就会产生对工作的不满意。但是，当人们认为这些因素很好时，它只是消除了不满意，并不会产生积极的态度，这就形成了某种既不是满意、又不是不满意的中性状态。

重点提示

请注意赫茨伯格双因素理论中保健因素与激励因素的不同形态。

（二）激励因素

激励因素是指那些能带来积极态度、满意和正刺激作用的因素。这是那些能满足个人自我实现需求的因素，包括：成就、赏识、挑战性的工作、增加的工作责任，以及成长和发展的机会。如果这些因素具备了，就能对人们产生显著的激励。

双因素理论对领导激励的启示如下：

（1）传统的激励假设，如工资刺激、人际关系的改善、提供良好的工作条件等，都不会产生显著激励，即使达到最佳程度，也不会产生更大的激励。它们能消除不满意，防止问题产生。

（2）保健因素是必需的，不过它一旦使不满意中和以后，就不能产生更积极的效果。只有“激励因素”才能使人们有更好的工作成绩。

（3）满足各种需求所引起的激励程度和效果是不一样的。物质需求的满足是必要的，没有它会导致不满，但是即使获得满足，它的作用往往是很有限的、不能持久的。要调动人的积极性，不仅要注意物质利益和工作条件等外部因素，更重要的是要注意工作的安排、量才使用、个人成长与能力提升等，注意对人进行精神鼓励，给予表扬和认可，提供成长、发展、晋升的机会。

四、公平理论

公平理论又称社会比较理论，由美国心理学家约翰·斯塔希·亚当斯（John Stacey Adams）于 1965 年提出。他通过社会比较来探讨个人所做的贡献与所得奖酬之间的平衡关系，着重研究工资报酬分配的合理性、公正性及其对员工士气的影响。公平理论的核心观点是，员工的激励程度来源于对自己和参照对象（referents）的所得和付出比例的主观比较感觉。

亚当斯认为，一个人不仅关心本人的所得与付出，而且还关心别人的所得与付出。也就是说，他不仅关心个人努力所得到的绝对报酬量，而且还关心与别人的报酬量之间的关系，即相对报酬量。在这个基础上，他提出了一个关于公平关系的方程式：

个人：所得/付出＝他人：所得/付出

亚当斯指出，如果这个等式成立，即当一个人感到自己的所得和付出之比和作为比较对象的他人的这项比值相等时，就有了公平感。如果等式不成立，即两者比值不相等时，就会产生不公平感。不同程度的不公平感会造成相应程度的不满情绪，于是就要改正这种不公平。公平理论见表 10－1。

表 10－1　公平理论

觉察到的比率比较	员工的评价
$\frac{所得A}{付出A}<\frac{所得B}{付出B}$	不公平（报酬太低）
$\frac{所得A}{付出A}=\frac{所得B}{付出B}$	公平
$\frac{所得A}{付出A}>\frac{所得B}{付出B}$	不公平（报酬太高）

注：A 代表某员工，B 代表参照对象。

想一想

公平理论的核心内容是什么？

公平理论对领导激励的启示如下：

（1）公平是激励的动力。领导者需要深刻体会，人能否受到激励，不但由他们得到了什么而定，还要受到他们所得与别人所得相比较是否公平的影响。

（2）当人们感到不公平待遇时，在心里会产生苦恼，呈现紧张不安，消极怠工，甚至发泄怨气，制造组织内部的矛盾。因此，领导者应该尽量杜绝激励过程中的不公平现象。

五、期望理论

期望理论是美国心理学家维克托·弗鲁姆（Victor H. Vroom）于 1964 年在《工作与激励》一书中提出的激励理论。该理论认为，激励的效用来自效价与期望值的乘积，公式如下：

激励的效用＝效价×期望值

就是说，推动人们去实现目标的力量，是两个变量的乘积，如果其中有一个变量为零，激励的效用就等于零。

效价是企业和团队的目标达到后，对个人有什么好处或价值，及其价值大小的主观估计。期望值是达到目标的可能性大小，以及目标达到后兑现个人要求可能性大小的主观估计。这两种估计在实践过程中会不断修正和变化，发生所谓“感情调整”。

比如，一个人认为他有能力完成这项任务，完成任务后他估计老板会兑现给他增加工资的诺言，而增加工资正是其最大期望，所以，他工作的积极性肯定很高；反之，任何一个变量的变化，都会影响到工作的积极性。

弗鲁姆期望理论对领导激励的启示如下：

（1）在分析激励下属的因素时，领导者必须考察下属希望从组织中获得什么以及他们如何能够实现自己的愿望。

（2）期望理论不满足于定性说明，它是激励理论中为数极少的量化分析理论。领导者应该对期望理论多加领会，让激励实践变得更具操作性与科学性。

想一想

弗鲁姆的期望理论是否存在不足?

第三节 领导激励的一般原则

领导者在运用激励的方法，调动团队及个体的积极性和创造性时，应注意把握以下五个原则。

一、适时性原则

领导激励如同发酵剂，何时该用、何时不该用，都要根据具体情况进行具体分析。激励时机是激励机制的一个重要因素。激励在不同时间进行，其作用与效果是有很大差别的，就像厨师炒菜时，在不同的时间放入调味料，菜的味道和质量是不一样的。

激励越及时，越有利于将人们的激情推向高潮，使其创造力连续、有效地发挥出来。及时就是让员工尽快看到成绩的奖赏与过失的结果。激励如果不及时，不仅失信于人，挫伤积极性，而且还可能产生怨恨，激发矛盾，造成混乱。打个比喻，超前激励可能会使下属感到无足轻重；迟到的激励可能会让下属觉得画蛇添足，失去了激励应有的意义。以企业为例，领导者不应等到年终时，才打算发年终奖犒赏员工。在员工有良好的表现时，就应该快速给予奖励。等待的时间越长，奖励的效果越可能打折扣。

比如，企业的营销工作是一个时效性很强的工作，销售人员无时无刻不在承受着巨大的市场压力、目标压力和竞争对手的压力。所以，营销主管就应该结合团队的销售实际，制定相应的激励手段、方法和措施。为了满足及时性，营销主管可以针对每年、每季度、每月、每周，甚至每天设计不同的激励方案。一方面，可以设计“年度之星”“季度之星”“月度之星”等；另一方面，可以设计“年度进步之星”“季度进步之星”“月度进步之星”等奖励，做到“赏不逾时”，最大限度地发挥激励的意义。

二、有效性原则

领导激励的有效性原则关乎激励的最终目标能否达到。这需要考虑以下几个条件：一是确定激励的一般性条件或标准。如果一般条件或标准定得过高或过低，都会影响效果。二是识别组织中的个体差异，了解不同个体的需求。三是针对个体差异，领导者不但需要选择不同的激励方式，即使是同一激励方式，还要考虑有差别的、适度的激励程度，切不可搞一种模式，不可搞平均主义，防止激励贬值。因人而异是为了保证激励能恰到好处。

想一想

美世咨询公司的一项调查显示，1/3 的美国员工对自己的工作十分不满，以至考虑辞职。但是调查也显示，员工们的待遇还是令人满意的。引起那么多人辞职可能的原因是什么？

人的需求就像人的指纹一样千差万别，即便是同一位员工，在不同的时间或环境下，也会产生不同的需求。所以，激励要因人而异，并且针对员工不同时期的需求，实施差别激励，达到“你所给予和激励的正是他所最需要的”，这也就是所谓的“针对性”。

针对员工的需求量身定制激励措施，要求经理人提供的奖励必须对员工具有意义，否则效果不大。如对追求物质利益的人来说，给他精神方面的激励明显是不合适的，反之亦然。在同一种激励方式中，又有不同的内容。例如，同是物质激励，既可以是货币激励，也可以是期权激励等。激励需因人而异，领导应该模仿自助餐的做法，提供多元激励，供员工选择。例如，对上有父母、下有儿女的职业妇女而言，给予他们一天的假期奖励比多发奖金或许更有吸引力；而对于衣食无忧、渴望上进的单身汉，奖励他们外出学习培训则可能正是他们的最大愿望。

案例链接

某公司销售总监为了激励北京本部的销售人员更好地完成销售目标，设计了一项奖励措施：年终销售业绩最佳者，奖励赴丽江带薪旅游。这项激励政策在甲、乙和丙三个人身上产生了不同的反应。

甲是新人，平时业务不算多，出远门的机会很少，也没去过丽江。听闻这个激励方案后，甲非常激动，暗下决心，一定突出重围，争取出去风光旅游一次。根据期望理论，甲的激励效价可用满分 1 来计算，由于甲是新人，她“拔得头筹”的可能性大概为 50%，那么这个方案对甲的激励效用＝1×0.5＝0.5。

乙工作将近 6 年，业务做到了全国很多地方，却一直没有去过丽江，他当然也想去游览一番。但他长期在各地出差，对丽江旅游的兴趣远不如新人甲，因而激励效价大概只能是 0.9。凭乙的实力，他在三人中脱颖而出的概率大概是 80%，那么这个方案对乙的激励效用＝0.9×0.8＝0.72。

丙是一位老业务员，在三人中资历最老，业绩最佳，跑遍了全国各地，丽江已经去过。现在他母亲大病初愈，为治病欠了不少债，大家都知道丙现在手头很紧。显然，丽江旅游对他而言毫无吸引力，效价为是 0。凭丙的能力和业务关系基础，他成功的可能性是 100%，那么这项激励政策对丙的激励效用＝0×1＝0。

由此我们可以得出结论，同一项激励方式在不同员工身上会产生不同的激励作用。为了达到最佳的激励效果，领导者应在权力允许的范围内，因人而异地制定一些奖励措施，以调动所有员工的积极性。

三、具体性原则

领导激励的具体性原则是指领导者关注到了员工所做的事情，甚至是事情的细节。领导者在激励员工时，特别是在奖励的时候，应避免用通用型的语言，而应尽量给出一些观察某人良好绩效后的细节，提供个性化的赞赏。这样做的好处，一是代表领导者对员工努力付出的重视；二是能强化员工的正向行为，对周围员工也具有很好的模范指导作用。当然，这要求有作为的领导者经常深入基层，体察“民情”与下属保持沟通，并拥有善于发现的洞察力及一颗真诚的心。假装出来的赞美或不切实际的赞美都会起到反作用。

想一想

如何理解“装出来的赞美或不切实际的赞美都会起到反作用”？

《杰克·韦尔奇自传》里谈到了多种韦尔奇给下属施以激励的例子，其中就包括独特的“便条式管理”。在该书的最后附上了韦尔奇从 1998 年到 2000 年写给杰夫的便条。1998 年韦尔奇对杰夫写道：“……我非常赏识你一年来的工作……你准确的表达能力以及学习和付出精神非常出众。需要我扮演什么角色都可以——无论什么事，给我打电话就行。”这些充满人情味的便条有如朋友间的日常赞赏，如此亲切与自然，让下属对这样的激励颇为感动，而这种尊重和付出也带来了韦尔奇所料想不到的巨大收获。

四、公平性原则

领导激励的公平性原则要求领导者不能掺杂任何个人感情，搞亲疏、厚薄关系、出尔反尔，强调秉公办事，公私分明，真正做到奖罚分明，一言九鼎。人对公平是相当敏感的，当领导激励出现不公平的情况时，难免引起员工“牢骚大盛”，影响工作的积极性。

公平激励主要强调领导者对部门、个人利益的合理分配，因此在激励过程中，领导应力求保持积极又慎重的态度，瞄准激励对象，按照贡献大小实行奖赏，做到目标公正、程序透明、结果公正，让组织所有成员心服口服。

案例链接

刘邦打败项羽，平定天下，按功劳进行封赏。很多大臣都在争夺功劳，以至于过了一年多封赏都没有确定下来。刘邦认为萧何功劳最大，所以给他封了酂侯。很多官员都不满意，有的官员说：“我们大大小小经过了几百几十次战斗，攻城略地，功劳大小各有区别。而萧何只是舞文弄墨，口头议论，没有参加过战斗，功劳却反而在我们之上，这是为什么？”刘邦严肃地回答说：“大家知道打猎吗？知道猎狗吗？打猎的时候，追捕兔子的是猎狗，而发现兔子踪迹、指出兔子所在地方的却是猎人。如今，诸位只能捕获兔子而已，功劳如同猎狗。至于萧何，发现兔子踪迹，指示所在，功劳如同猎人。”群臣一听刘邦这样说，也就不再说什么了。

想一想

请进一步思考并总结如何保证激励的“公平”。

五、多样平衡原则

激励的目的是提高下属工作的积极性。影响下属工作积极性主要有工作性质、领导行为、个人发展、人际关系、报酬福利和工作环境等多种因素。因而，领导激励的方式切忌单一，一定要讲究多样化且保持平衡。

（一）物质激励与精神激励相结合的原则

领导者在对员工进行激励时，必须注重物质奖励与精神激励相结合，单纯的物质奖励或精神奖励效果是不好的。物质需要是人的基础需要，衣、食、住、行等条件的改善，对调动人的积极性有着极为重要的意义。人不仅有物质的需要，而且还有名誉、地位和成就等方面高层次的精神需求。因而，物质奖励和精神奖励是相辅相成的。并且随着社会的进步，精神需要在员工心目中占据着越来越重要的地位。

重点提示

领导激励的多样平衡原则最重要的就是讲究"适度"。

北大方正前总经理王选曾说："只对员工进行物质激励，忘掉了精神激励，这是害民政策；反过来只进行精神激励和思想激励，没有物质激励，这是愚民政策。不害民、不愚民就要做到物质与精神相结合。"物质激励是基础，精神激励是根本。在现实工作中，领导者既要重视物质激励，又要重视精神激励，并把两者有机地结合起来。

（二）正激励与负激励相结合的原则

正、负激励都是必要而有效的，因为它们不仅作用于当事人，而且会间接地影响周围其他人。领导者激励下属必须坚持以正面激励为主，应通过积极的、正面的激励保持员工队伍的蓬勃朝气、昂扬锐气和浩然正气，形成团结向上、奋发有为、开拓进取的良好局面。同时，通过负激励，保持组织内的竞争性环境。就像杰克·韦尔奇一方面主张"小心关照公司的最佳人员，给他们回报、提携、奖金和权力"，另一方面倡导"末位淘汰制"，因而他主张的负激励哲学是"不要花太大的精力试图改变不符合公司文化和要求的人，直接解雇他们，然后重新寻找"。

（三）个体激励与群体激励相结合的原则

个体是群体的组成单位，处理好个体激励与群体激励的关系有助于正确发挥个体与群体的作用。如果只注重对群体的激励，可能造成平均主义；如果长期把重心放在少数个体身上，可能影响大家的积极性。

第四节 领导激励的方法与艺术

案例链接

一个男孩问迪士尼创办人华特："你画米老鼠吗？"

"不，我不画。"华特说。

"那么你负责想所有的笑话和点子吗？"男孩接着问。

"不，我也不做这些。"华特回答。

男孩追问："迪士尼先生，你到底都做些什么啊？"

华特笑了笑回答："有时我把自己当作一只小蜜蜂，从片厂一角飞到另一角，搜集花粉，给每个人打打气，我想，这就是我的工作。"

华特的"打气"其实也是一种激励方式，它看似简单，其实不然。有多少组织的领导者会把"打气"看成是一项经常性的重要工作？他们是否在忙碌的时候忘记了为员工打气？他们是否找到了最适合的方式激励员工？

诚然，激励员工、为员工打气可以有很多种方法，也很讲艺术。激励的艺术水平其实反映的就是领导力水平。下文将重点探讨几种蕴含艺术并且较为实用的领导激励方法。

记一记

领导激励的六种方法：愿景激励、情感激励、赞赏激励、参与激励、逆诱激励、形象激励。

一、愿景激励

很多杰出的领导者都是擅长激励的大师。人们之所以愿意追随他们，很重要的一个原因，是他们能恰到好处地描述未来的美好前景，激发人们的斗志，鼓励人们永远向前①。

在华为创业的初期，总裁任正非对同事们说："我们所从事的这个行业，发展的前景是不可限量的，你们将来买房子一定要买阳台大一点的，这样钱发霉了的时候，你们就可以拿出来晒一晒。"

苹果公司 CEO 史蒂夫·乔布斯也是个兜售理想的高手。史蒂夫·乔布斯对他的员工说："我们工作并不是为了使苹果电脑的业务蒸蒸日上，而是想要创造出一家最棒的电脑公司。"

愿景激励最适合应用于组织正处于初创或发展时期。领导者一般会向其追随者展开一幅"蓝图"，激励大家付诸实现。需要注意的是，愿景激励其实就是目标激励，领导运用目标对组织成员进行管理，刺激大家团结一致。但是，这种方法最害怕的是"愿景""目标"太笼统、太远大。最合理的目标是在付出一定的努力之下才能实现，既不太轻松，也不是那么困难去实现。

想一想

请查阅资料，思考还有哪些领导采用"愿景激励"的例子。

二、情感激励

情感激励就是要求领导者既不以物质利益为诱导，也不以精神理想为刺激，而是以感情联系为主要手段的激励方式。情感激励不能仅仅以工具性方法去定义，它代表的更是一种需要长期投入的艺术。人的情感具有两重性：积极的情感可以提高人的活力；消极的情感会削弱人的活力。一般来说，领导有效的情感投入能激励下属的工作热情。古人云"士

① 吴芳. 领导激励. 北京：企业管理出版社，2009.

为知己者死，女为悦己者容"，"感人心者，莫过于情"。

有时候，真诚地说一声"您辛苦了！""谢谢您！""你真棒！""这个主意太好了！"可能比一百元的奖励更有效；一个认可与信任的眼神、一次祝贺时忘情的拥抱、一阵为分享下属成功的开怀大笑、一张鼓励下属的便条或一封感谢信，可能比年终的模范证书还要管用；给下属的一个电话、一件小小的礼物，或者一条短信的祝福和问候，都能表现出领导者对下属的一颗真诚的心，使团体内部产生一种和谐与欢乐的气氛。

现代领导者的情感激励不仅要注意以理服人，更要强调以情感人。领导者要舍得情感投资，懂得尊重下属，重视与下属的人际沟通，变单向的工作往来为全方位的立体式往来。情感激励应该贯穿于领导的全过程，并且情感激励最忌讳"虚情假意"。"真诚""用心"是情感激励最基本的准则。

想一想

领导进行"情感激励"时，可以采取什么样的形式？

三、赞赏激励

赞赏包含表扬、赞美等的精神鼓励，它作为激励物的一个突出优势是，无成本或者低成本，但又是有用的，是任何物质奖励都无法可比的[①]。赞赏激励是激励的最高层次，是领导激励优势的集中体现。

社会心理学原理表明，社会的群体成员都有一种归属心理，希望能得到领导者的承认和赏识，成为群体中不可缺少的一员。赞赏激励能较好地满足这种精神需要。对下属各方面的贡献，哪怕是"提一项小小的建议"等，都应适时地给予赞赏。领导者的一句肯定性评价，能满足下属精神的需要，增强其对组织的向心力。

威廉·詹姆士说：人性的第一原则是渴望得到赞赏。当下属有进步时，他最需要是得到领导者及同事的认可；当下属获得成功时，他最需要给予的是赞赏。因而，领导者应学会用赞赏激励下属。

对组织来说，领导者的赞赏激励不但能加强组织内部的凝聚力，还能带来较低的离职率、较高的资产收益率等。毕马威的研究报告显示，在美国"受到褒奖员工的流失率只有未受褒奖员工的一半"。在艾德里安·高斯蒂克及切斯特·埃尔顿所著的《胡萝卜原则》一书中，论证了"赞赏"对"利润衡量指标"（包括净资产收益率、营运利润率等）具有较高的影响。比如实施有效赞赏的公司的净资产收益率比未实施的公司高出三倍。因而，有效的领导赞赏激励是"企业业绩的加速器"[②]。

四、参与激励

所谓参与激励，就是让员工参与本部门、本单位重大问题的决策与管理，并对领导者的行为进行监督。这种做法可充分调动员工的积极性，对提高工作效率和管理水平十分有

---

① ［美］安德鲁·J 杜柏林. 领导力. 王垒，译. 北京：中国市场出版社，2011.

② ［美］艾德里安·高斯蒂克，切斯特·埃尔顿. 胡萝卜原则. 王成慧，林静，译. 北京：北京师范大学出版社，2007.

效。首先，领导可以通过“沟通与对话”的方式达到参与激励的目的，员工可提出各种意见和质疑，领导者听取意见、回答质疑。这样就可能在领导者和员工之间架起一座桥梁，达到彼此沟通、交流思想、相互理解的目的。通过参与激励，领导与员工之间可以营造出一种良好的相互支持、相互信任的氛围，具有极大的激励作用。

日本丰田公司经常采取激励措施鼓励员工为公司发展献计献策。仅 1983 年一年，员工提了 165 万条建议，平均每人 31 条，这为公司带来 900 亿日元利润，相当于当年总利润的 18%。

另外，参与激励还要重视“授权”。员工的潜能不被激励，就很容易“沉没”。领导者需要做的就是挖掘并利用员工的效能，因此领导者应充分给下属授权。特别是对于那些企业内部的高层级管理人才或专业人才。授权激励可以带来情感归属、智力、智慧和创造力的开发，并能带来无穷的回报。能否敢于授权、有效授权是决定一个领导者成功与否的重要因素。“授权”是让员工成为领导者“事业蓝图”中重要力量的有效方法，能让领导者的目标成为众人不遗余力的方向。

重点提示

“授权”是参与激励的重要形式。

参与激励是现代组织的一种基本激励方式，它主要有两种形式：一是“沟通对话式参与”；二是“授权式参与”。两种方式都极为常用，不过“授权式参与”多用于组织内部较为核心的员工以及自我成就动机较高的员工，而且授权对“度”的把握较为重要。我们一般说“用人不疑，疑人不用”，但也不是说完全脱离对他们的“监管”。

五、逆诱激励

“逆诱”，就是我们常说的“激将法”，通过贬低他人以增强其求胜欲望而达到为我所动的目的。人们往往都有逆反心理，你越不让他干什么，他偏干什么，尤其是在气氛激烈的情况下，对于那些好胜心强并且脾气暴躁的人，用“激将法”来达到用人的目的是最好的办法。

案例链接

南宋时期，岳飞与金兵打仗，双方对阵。金兵太子金弹子出战，此人凶猛异常，连胜数阵。岳飞的大儿子岳云请求出战，但岳飞怕他年少无知，犯下轻敌的错误，就说：“金弹子勇力过人，非寻常人可比，还是为父亲自出战吧。”这句话惹恼了小将岳云，他立下军令状，不杀金弹子，誓不回营。结果经过苦战，岳云一锤打死金弹子，得胜回营。岳飞巧用激将法，使儿子心中产生必胜的信念，这样才能足够重视对手，使出百分百的力量。

有些确有能力的员工，不是自信力不够，而是自负，认为什么事都难不倒他。对于这样的员工，领导仍然可以用“逆诱”的办法来打击他的自负，让他考虑到问题的后果，才能足够重视，胜算才能多一些。逆诱激励常常被一些经验老到的领导者所使用，它能在一定的情境下产生积极效用。“逆诱”的技巧在于用得要准，恰到好处，而且不能让对方看出你在激他，否则就会产生负面作用。

想一想

请谈谈逆诱激励可能产生的负面作用。

六、形象激励

形象激励，主要是指领导者的个人形象对下属的思想和行为能够起到明显的激励作用，从而推动各项工作的开展。领导者的一言一行往往会影响下属的精神状态。领导者形象是好是坏，下属心中自有一杆秤。如果领导者要求下属遵守的，自己首先违反；要求下属做到的，自己总是做不到，他的威信和影响力就会大大降低，他的话就会失去号召力，下属将会表面上服从，而背后投以鄙夷的眼光。而领导者以身作则、公道正派、言行一致、爱岗敬业、平易近人，就会得到下属广泛的认可和支持，就能有效地督促下属恪尽职守，完成好工作任务。因而领导者应把自己的学识水平、品德修养、工作能力、个性风格贯穿于处世与待人接物的活动之中。

想一想

有人说，“激励”通俗来说就是“利诱”“顺诱”“逆诱”等。请结合本节内容探讨属于“利诱”“顺诱”“逆诱”的领导激励方法有哪些。

需要注意的是，领导激励的方式通常还与领导者的特质或气质有关。另外，领导激励的方式也需要特别注意所处的环境与情境。从宏观环境来看，在管理学领域的计划、组织、控制、考核等多项内容，我们都可以直接学习西方先进的方法，但是领导和激励却不太适宜。因为，西方管理的方式是技术面重于人性面，比较偏重管理的制度化和科学化。而中国的管理方式却是人性面重于技术面，更加重视管理的艺术化和人性化①。从情境来看，领导者还需要洞察氛围、文化、人际关系等组织因素，并观察激励对象的个性、特征、态度、技能等个人因素，采用不同的激励手段与方法。选择与运用合适、有效的激励方式是领导激励，乃至领导力的集中表现。

内容提要

1. 激励是指能推动人们追求并实现某种目标的力量。

2. 从激励的产生来看，激励是一个复杂过程，是“需求—心理紧张—动机—行为—满足—新需求”的一个连锁反应。

3. 领导激励是指领导者遵循人的行为规律，运用物质和精神相结合的手段，激发、鼓励和调动人的热情和动机，使人潜在的工作动机尽可能充分发挥和维持，从而更好地实现社会或组织目标的过程。

4. 激励的五种基本理论包括：马斯洛的需求层次理论、麦克利兰的成就需求理论、赫茨伯格的双因素理论、亚当斯的公平理论、弗鲁姆的期望理论。

5. 领导激励的一般原则包括：适时性原则、有效性原则、具体性原则、公平性原则、多样平衡原则。

---

① 曾仕强，刘君政．领导与激励．北京：清华大学出版社，2004.

6. 领导激励的一般方法包括：愿景激励、情感激励、赞赏激励、参与激励、逆诱激励与形象激励等。

活动拓展

我们说现在时代变了，年轻下属的特征也在改变，博客、微博都是年轻人热衷的事物，这对年轻人的价值观、行为取向等影响颇深。假如现在用两万五千里长征中红军用野草充饥的历史，来激励年轻人要吃苦耐劳的话，请分组讨论：

(1) 在这样的激励方式之下，年轻人会有什么样的反应？会取得什么样的效果？

(2) 现代年轻人期待什么样的领导激励？

(3) 在本章介绍的激励方法中，哪些对年轻人来说比较有效？

课后作业

1. 简述激励的五种基本理论。

2. 简述领导激励的一般原则。

3. 请阅读以下材料，结合本章的内容，深入分析巴顿将军的演讲中运用了哪几种类型的激励方式，这些方式的高明之处何在。

第二次世界大战时期美国名将巴顿以勇敢凶悍出名，作为部队的首领，他在领导力方面表现得相当出色，他的出征前讲演将“激励哲学”表现得淋漓尽致。

首先，他明确了团队的使命和目标。他说：“你们到这里来，有三个目的：保卫家乡和亲人；为了荣誉；真正的男子汉都喜欢大战，既然参赛，就要赢。”

其次，做好动员激励。他以一个身经百战的老兵的身份鼓舞士兵们：“不要怕死。第一次上战场，每个人都会胆怯。如果有人说他不害怕，那是撒谎。你们不会全部牺牲，每次战斗下来，只可能牺牲2%。真正的英雄，是即使胆怯也照样英勇作战的男子汉。有的战士在火线上不到一分钟，便会克服恐惧……大家要记住，敌人和你们一样害怕，可能更害怕……”

随后，他又描绘了一个美好的愿景梦想：“凯旋回家后，今天在座的弟兄们会获得一种值得夸耀的资格……30年后，当你们的孙子坐在你的膝盖上问：‘爷爷你在第二次世界大战的时候干什么呢？’你不用干咳一声，吞吞吐吐地说：‘是啊……爷爷当年在路易斯安那铲粪。’相反，你可以理直气壮地说：‘爷爷我当年在第三集团军和那个该死的乔治·巴顿并肩作战呢！’”

巴顿不愧是高明的领导，他深知士兵的心理，尽力拉近与他们的距离。而且他放下了将军的架子，把自己戏谑为“该死的乔治·巴顿”，让士兵有一种认同感，觉得将军永远和他们在一起，鼓舞他们勇往直前。

资料来源：兰图．提升领导力的68个关键．北京：当代世界出版社，2009.

答：____

____

____

第十一章

沟通与领导力

以天下之目视则无不见也，以天下之耳听则无不闻也，以天下之心虑则无不知也。

——［春秋］管仲《管子》

知识结构

沟通与领导力
- 沟通视角下的领导力
- 领导者沟通有效性的影响因素
- 沟通行为与沟通有效性
- 冲突管理与沟通

内容简介

领导者发挥影响力，进行一系列的领导活动最终都要通过沟通来实现。因此，领导力与沟通的有效性息息相关。本章对领导者沟通的内涵、理念、影响因素等内容进行了探讨。

学习重点

- 沟通视角下的领导力
- 领导者沟通有效性的影响因素
- 不同的沟通技巧以及沟通工具
- 根据不同的沟通对象，选择相应的沟通行为
- 组织中的冲突
- 沟通过程中的冲突管理策略
- 不同的冲突管理领导风格

学习目标

学完本章之后，你要能够：

- 了解领导者沟通的基本知识
- 熟悉领导沟通有效性的几个影响因素：沟通意愿、沟通技巧以及沟通工具
- 深刻认识到组织中冲突管理的重要性

一名领导者要想达到卓有成效就必须在很多方面做到优秀，需要恰当地发挥自己的影响力、做正确的决策、选用合适的人才、有效地激励下属，还要适时地创新、积极地开发自身的领导力以及培养继任者。但领导者要想做到这些，都离不开有效的沟通。

有效的领导建立在有效的沟通之上。领导者正是通过有效的沟通来实现管理、激励的。沟通不畅，就会给领导意图的贯彻带来障碍，同时也影响到上下级之间关系的和谐。研究也证实了有效的领导者往往都是有效的沟通者。伯纳德·巴斯（Bernard Bass）经研究发现，在沟通胜任力和令人满意的领导力以及管理绩效之间存在正相关的关系。对于200名成功组织领导者的一个访谈研究指出，他们具有相似的沟通模式。①

那么，领导力在沟通的视角下有何独特之处？沟通是怎样影响领导者有效性实现的？领导者应该注意哪些方面以提高沟通的有效性？领导者如何处理负面的沟通？我们将在本章逐一探讨。

第一节 沟通视角下的领导力

一、沟通领导力的概念

我们在前文中提到，领导有效性在很大程度上取决于领导者影响力的发挥。而沟通往往与领导者的影响力紧密相关，领导者正是通过沟通来进行决策、管理、指导、激励他人的。因此，与他人沟通的效果直接影响着领导影响力的发挥。从这个角度来看，我们可以说领导是一种以影响他人为目的的沟通行为。

但是，领导者的沟通行为能否奏效，能否发挥影响力使他人接受，还取决于领导者沟通、影响他人的目的。美国管理学家切斯特·巴纳德（Chester Barnard）认为，领导者的权威要想为他人所接受，就必须符合组织的宗旨，或者至少不与组织的目的相冲突。② 因为下属并不能完全被领导者所控制，他在执行领导者决策时会判断是否与组织的目的、宗旨相符合，如果下属认为这项指示会损害组织利益时，就缺乏执行的积极性，会采取种种消极抵触的行为。美国领导力学者米歇尔·海克曼（Michael Hackman）与克雷格·约翰逊（Craig Johnson）则提出，领导者的沟通要考虑到“群体背景”。他们认为，领导者之所以传达影响力、鼓励变化，是为了满足一个群体的需求或者达到一个群体的目标。③ 因

① ［美］安德鲁·J 杜柏林. 领导力. 王垒，译. 北京：中国市场出版社，2011.

② ［美］切斯特·巴纳德. 经理人员的职能. 王永贵，译. 北京：机械工业出版社，2013.

③ ［美］米歇尔·海克曼，克雷格·约翰逊. 领导学. 王瑞华，译. 上海：上海人民出版社，2004.

此，领导者的沟通行为要放到组织的环境中来考察，它要满足共同的群体目标与要求。

领导者的沟通行为还要为下属所理解、接受。沟通涉及领导者与下属双方，因此领导者沟通效果还要取决于下属的理解与感受，只有下属理解并接受领导者所要传达的影响企图时，这一沟通行为才能生效。切斯特·巴纳德从下属、执行者的角度提出，领导者的影响目的必须与下属的个人利益并存，同时还要考虑到其精神和肉体上是否有实行的可能。因此，就这一方面而言，我们更倾向于将下属看作是领导者沟通的合作者。

关键术语

沟通视角下的领导：一项为了满足群体共同目标与要求，以他人合作为条件而影响他人态度和行为的沟通活动。

综上所述，我们认为在沟通的视角下，领导是一项为了满足群体共同目标与要求，以他人合作为条件而影响他人态度和行为的沟通活动。

二、沟通特征透视

领导作为一种特殊的沟通活动，具有人类沟通的一般特征，突出表现为沟通过程的多样性和沟通主体的复杂性。就方向而言，沟通过程呈现出多种不同的类型，这种多样性在不同的组织中表现尤为明显。而沟通主体的复杂性则表现为沟通双方在传递、接收、理解信息的一系列环节中，对彼此角色认知存在差异。

（一）不同组织间的差异化沟通模式

不同的组织有着不同的架构设计以及运行方式，这就对沟通过程产生了差异化的要求。著名沟通学者迪安·巴恩兰德（Dean Barnlund）总结了三种常见的沟通过程模式。

1. 行动模式与线性沟通

最早被学界确认的沟通模式是一种线性的沟通，即沟通的双方存在一种主动传递信息与被动接收信息的明显区别。主动一方传递信息，被动一方则仅仅接收信息，这一过程只有一次信息传递即告结束。这种沟通方式也被称为行动模式（action model），见图 11－1。

记一记

三种常见的沟通过程模式。

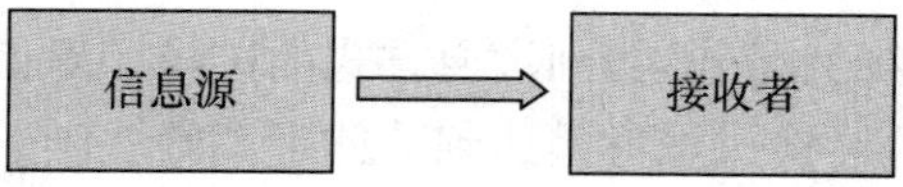

图 11－1　行动模式

这种沟通的突出特点是周期短、反应迅速，因此在军队等高度组织化、等级化的组织中，这种沟通过程被广泛采用。这种模式也多存在于传统领导行为特征明显的组织中，领导权威不容挑战，以至于连信息的反馈都不能容忍。由于这一模式忽视接收者的反应，所以在实质上对沟通过程的描述是不完整的。

2. 互动模式与双向沟通

在互动模式（interaction model）中就包含了接收者对信息的反应，也就是所谓的信息反馈。这种模式则体现了双向沟通的过程：信息源传递信息给接收者，接收者再将反馈的信息传递给信息源，沟通次数表现为信息源传递和接收者反馈两次，见图 11－2。

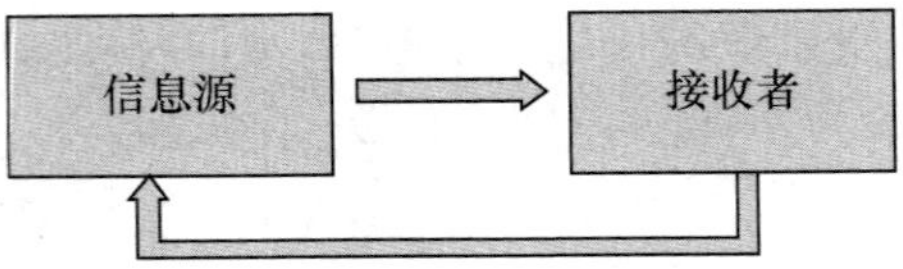

图 11－2　互动模式

这种模式已经开始关注信息接收者的信息反馈，其特点是在保证单向沟通过程简明、迅速的基础上，关注信息接收者的理解与感受。这种模式是现代组织常见的沟通模式，在这一过程中信息源与接收者的分工仍然明显，通常表现为：领导—下属，或是管理者—员工。

3. 交易模式与循环沟通

在这种沟通模式中，打破了原来关于信息源与接收者的分工界限，沟通双方同时包含了上述两种分工，同时发送和接收信息。沟通次数也改变了有限次数的束缚，体现为不间断、连续的沟通，见图 11－3。

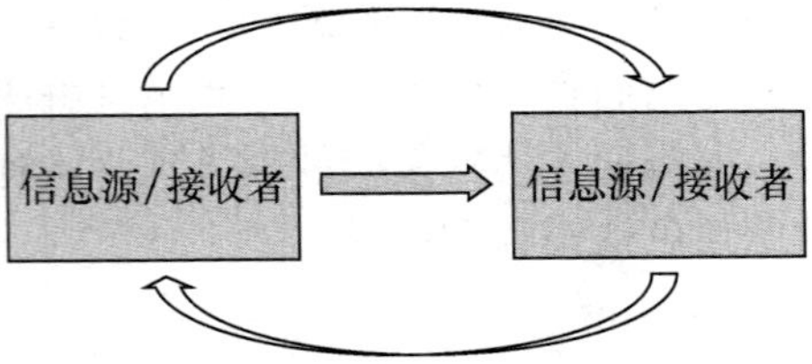

图 11－3　交易模式

这种模式是一种比较理想的沟通过程，沟通者同时传递和接收信息。在组织中，有效的领导者在与他人交谈、沟通的过程中通常会很注意对方传递的信息。实际上，在这种循环沟通的过程中，沟通双方表现为一种平等的信息交换关系。现代组织面临多变的外部环境，组织一线人员掌握着外部环境的最新信息。网络信息技术的发展使普通人员掌握的宏观信息越来越接近上层管理人员。因此，行动模式、互动模式都已无法适应当前的环境，交易模式成为沟通的必然选择。

（二）两人的沟通是六个人的活动

沟通过程中，双方角色的认知影响到沟通方式的选择和对信息的理解。社会学中的角色理论告诉我们，进行角色互换式思考是达到彼此理解的关键。生活中常讲的“穿上别人的鞋子走一段路”就是角色互换理论的生活化表述。迪安·巴恩兰德认为：两个人的沟通需要六个人来参与。① 这实质上就是角色互换理论在沟通过程中的应用。他所认为的六个人包括以下几种。

1. 你认为自己所是的人

即在沟通过程中，你对自我的角色定位，思考自己应该以什么样的角色来与对方进行信息沟通，才能更好地达到沟通的目的。这一角色与自己在组织中的职位相关，但并不是完全一致。比如，领导者在与下属沟通时，有时需要以领导者的身份出现，有时需要以朋友的身份出现，有时需要以长者的身份出现，有时需要以参谋者的身份出现，而有时还需

① ［美］米歇尔·海克曼，克雷格·约翰逊. 领导学. 王瑞华，译. 上海：上海人民出版社，2004.

要以学生的身份出现。角色选择的标准就是最有利于信息的传递和接受。

2. 你认为对方所是的人

即在沟通过程中，你怎么看待对方。这是你对他人在沟通中的角色认知。这一认知影响到你对自己在沟通中角色的选择。当然，有一点是肯定的，抬高对方的角色地位总是比压低对方的角色地位更有利于沟通。

3. 你认为自己在对方心目中所是的人

他人对你的角色认可有时与你自我的角色认知是不一致的，这种不一致就会带来沟通各种角色认知的错位。比如，你认为自己可以用专家的身份来给对方一些指导，而对方认为你虽然资历老，但并不具备专家的能力，那么对方对你所提建议的接受程度就会较低，甚至对你的意见持排斥态度。

4. 对方认为他所是的人

即沟通中对方的自我角色认知。对方在沟通中的态度和行为选择首先受到其自我角色认知的限定和影响。管理实践中，常常出现上一级部门中普通工作人员对下一级部门中的领导者发号施令的情况，使下级部门的领导者感觉很不舒服。这同样是角色认知的偏差。

5. 对方认为你所是的人

对方对你的角色认知决定了他对你所传递信息的信任程度，同时也影响着其沟通中行为和态度的选择。同样的言语内容，讲话的人不同，其作用和价值会有天壤之别。

6. 对方认为在你心目中他所是的人

这是影响沟通效果的关键因素之一。在沟通中，人们往往更为关心你对其综合角色地位的判断，而对信息本身的关注处于次要地位。人们不在乎你知道了多少，只关心你在乎他们多少。所以在沟通中，一定要使对方感受到你的真诚和对他们的尊重。

三、沟通的文化背景解析

在沟通过程中，人们对行为模式的选择往往很难抛开自己的文化背景，经常犯的错误是用自己文化背景下的认知取向来理解对方，这就形成了沟通中的偏差。因此，要想取得沟通的良好效果，人们首先要了解、尊重对方的文化；其次要避免容易产生误解的沟通行为；最后要适应对方的文化。在沟通过程中，以下三个方面的文化差异是我们必须予以关注的。

（一）不同宗教间的文化差异

每个宗教都有自己特有的文化，包括信仰、生活习惯、禁忌等。因此，我们在沟通中就需要了解对方的信仰、理解对方的行为，以免在沟通中产生障碍，甚至造成误会。

这种差异首先表现为信仰的不同。目前宗教种类多达上万种，每种宗教都有其独一无二的信仰，这是不同宗教间文化差异存在的根源。

不同宗教的信仰者还有着独特的生活习惯和行为方式，在沟通中需要格外注意，对点点滴滴生活习俗的尊重能够赢得对方的好感，沟通便能够更加顺利地进行；反过来，只有了解了对方独特的文化习俗背景，才能更好地理解对方的行为，减少沟通中误会的发生。

（二）代际文化差异

不同年龄段的人，由于经历不同，其对世界、问题的看法也往往不同。比如，大家通常会用自己那个时代的习惯用语来表达自己的感情。不同的习惯用语，在沟通过程中就意味着不同的交流符号。交流符号不同，自然会给沟通带来阻碍。这种文化差异，我们称之为代际文化差异。

代际文化差异产生的根源在于社会变革带来的不同的成长环境，进而造成他们在世界观、价值观方面存在差异。由于各个国家和地区均存在社会变革，因此，代际文化的差异是普遍存在的。

以中国的代际文化为例，根据出生年代阶段的不同，不同代人呈现出较为明显的差异。这种代际的区分通常以10年为一个阶段，分为“60后”、“70后”、“80后”、“90后”与“00后”等。他们在思维方式与行为选择上就存在着较大差异。比如，“60后”是指20世纪60年代出生的人，这代人伴随着中国社会体制转型成长起来，受传统文化和革命传统教育影响，大部分人注重理想，思想比较保守，并经历过贫穷时期，能以自己的实际行动不断改善生活状况、改变社会。“80后”一代成长于中国的改革开放环境之中，自信、个性鲜明，敢于表达，不相信说教，喜欢独立判断，喜欢按照自己的方式选择行为，并对其行为负责。但同时由于成长过程中吃苦不多，他们也表现出缺乏耐性、承受力相对较差的特点。“90后”一代在出生时改革开放已经显现出明显成效，同时也是中国信息飞速发展的年代，是信息时代的优先体验者。他们好奇心强、接受新生事物能力强；视野广阔，信息和知识丰富，但他们内心有时较为空虚；价值观更加现实；市场消费观念强烈，但名利作用被过分强化；张扬自我个性，相对比较缺乏团队忠诚感。“00后”是生活在互联网时代的一代，主要的沟通方式是虚拟沟通，喜欢视频表达的信息，很少看报纸之类的纸质媒体。

因此，在与不同代际的对象沟通时，要求我们首先了解对方这一代人的整体特点，并尝试运用他们喜欢的方式进行沟通，只有这样才能得到对方的尊重与合作，沟通才能顺利地进行下去。

（三）不同国度间的文化差异

不同国度之间的文化必然存在着差异，体现在沟通领域的差异主要包括两个层面：

一是同一肢体语言所表现的内涵可能存在较大的差异。比如点头在我国等很多国家表示“是”的意思，而在印度、阿拉伯国家等地则表示“否”的意思。

二是文化不同，沟通过程中语境作用的强弱存在较大的差异，导致沟通中的信息传递模式也大相径庭。人类学家爱德华·霍尔（Edward T. Hall）依据人们沟通方式的差异，将文化分为强语境文化和弱语境文化两类。“强环境交流突出按预定程序传输的信息，这样的信息储存在受信者身上和背景之中，传达的信息中只包含极少量信息。弱环境交流则与之相反，大多数的信息必须包含在传达的信息之中，以弥补环境中缺失的信息（包括人体内和人体外的信息）。”①

这里的“强环境”和“弱环境”实际上应翻译为“强语境”和“弱语境”。强语境文化下沟通中的信息传递，往往不单单依靠所使用词语的语意本身来进行，更多地凭借沟通

① ［美］爱德华·霍尔. 超越文化. 韩海深，译. 重庆：重庆出版社，1990：121.

中的语境来进行，表达方式含蓄、委婉；弱语境文化下沟通中的信息传递，则主要依靠所使用的词语的语意本身来进行，表达方式坦率、直接。二者的具体特征见表11-1。

表11-1　强语境与弱语境文化的沟通特征

强语境文化的沟通特征	弱语境文化的沟通特征
含蓄、隐蔽	直率、公开
信息隐藏在内部	信息简单、规范
使用非语言符号	细节用语言表达出来
有保留地反应	表面化地反应
牢固的人际关系	脆弱的人际关系
责任心强	责任心弱
时间具有开放性和弹性	时间长短固定

资料来源：[美] 米歇尔·海克曼，克雷格·约翰逊. 领导学. 王瑞华，译. 上海：上海人民出版社，2004：334.

中国、韩国、日本属于典型的强语境文化国家，而德国、英国、美国等西方国家则属于弱语境文化国家。强语境文化下的沟通更注重语境的铺垫，在讲核心内容之前，会先铺垫与核心内容相关的背景信息，以期对方能够顺利地接受核心观点；而弱语境文化下的沟通往往是直来直去，直奔主题。同时强语境文化比较注重语言之外的主旨表达，即没有说出来的比说出来的可能更为重要，需要对方去体会和领悟；而弱语境文化则是将要传递信息的内涵明明白白地表达出来。再者，强语境文化下的沟通中时间具有弹性，事先约定了谈30分钟，谈得高兴可以延长为两个小时；而弱语境文化则不同，事先约定了谈30分钟就是30分钟，一般不做更改。另外，强语境文化下，感情与工作的联系更为紧密，感情沟通到位，工作沟通就会更为顺畅；而弱语境文化下，个人感情与工作的联系相对较弱，私人感情是一回事，而工作关系则是另外一回事，私下里的感情沟通对工作关系的影响相对较弱。因此，同西方人进行工作沟通往往不需要宴请、出游等感情沟通活动。对于强语境文化和弱语境文化的这些特征，我们在跨文化沟通中需要给予足够的重视。

第二节　领导者沟通有效性的影响因素

从领导者自身的角度来看，其沟通的有效性首先取决于领导者与他人沟通的意愿，同时还取决于领导者是否拥有良好的沟通技巧，以及沟通工具的有效性。因此，要提高领导者沟通的有效性，要从这三个方面同时入手，缺一不可。沟通有效性可用以下公式表示：

沟通有效性＝沟通意愿×(沟通技巧＋沟通工具)

一、提高沟通意愿

领导者的沟通意愿是领导者沟通行为的起点。只有当领导者愿意与他人沟通时，沟通行为才能有效。否则无论沟通技巧多么娴熟、沟通工具如何先进，最终都不能提高领导者沟通的有效性。这种沟通意愿通常与领导者的个人特质及领导风格相关。在日常生活中，我们会常常发现这样两种不同风格的领导者：一种不苟言笑，习惯坐在办公室里批阅文件，或是在会议室中研究问题；另一种则相反，与办公室相比，他们更喜欢出现在公共场合，并与下属、群众谈笑风生。

案例链接

历史上，美国前总统吉米·卡特（James E. Carter）与罗纳德·里根（Ronald W. Reagan）就是这两种领导风格的典型代表。卡特总统对事务样样精通，事必躬亲，经常在办公室中处理文件、解决问题。但是很少与媒体、民众沟通，在公共场合露面时，甚至会表现出紧张、拘谨。里根总统则恰恰相反，喜欢把烦琐的治国细节交给自己的幕僚以及部长来做，自己专注于“重大”的事务，被称为“伟大的沟通家”。

詹姆斯·麦克罗斯基（James McCrosky）和弗吉尼亚·里奇蒙德（Virginia Richmond）开发出沟通意愿值（willingness to communicate，简称 WTC）①，用来衡量人们在各种情形下交谈的倾向。这一衡量工具的假设是在各种沟通环境、信息接收者面前，沟通者的个人特质保持相对一致。沟通意愿值测量表详见表 11－2。

表 11－2　沟通意愿值测量表

说明：下面 20 种情境中，一个身处其中的人可能会选择沟通或者不沟通。假设你可以完全自由选择。在左边空白处表明在每一种情形下你选择多少时间进行沟通。你的选择范围是从 0%（从不沟通）到 100%（总是沟通）。 1. 与加油站员工进行交谈 2. 与医生进行交谈 3. 与一群陌生人进行交谈 4. 在排队的时候与熟人进行交谈 5. 与商店的售货员进行交谈 6. 在众多朋友聚会时进行交谈 7. 与警官进行交谈 8. 与一小组陌生人进行交谈 9. 在排队的时候与一个朋友进行交谈 10. 与饭店里的服务员进行交谈 11. 与众多熟人聚会时进行交谈 12. 在排队的时候与一个陌生人进行交谈 13. 与一个秘书进行交谈 14. 与一群朋友进行交谈 15. 与一小撮熟人进行交谈 16. 与垃圾清洁员进行交谈 17. 在众多陌生人的聚会上进行交谈 18. 与爱人（或者男/女朋友）进行交谈 19. 在一小组朋友中进行交谈 20. 与众多熟人进行交谈 分值计算：WTC 要计算一个总分和七个单项分。单项分分别反映的是在四中常见的沟通情况下以

① JAMES C MCCROSKY，VIRGINIA P RICHMOND. Willingness to communicate：the construct and its measurement. Communications Orientations，1985.

续表

及与三类听众的沟通意愿。分值计算方法如下：	
单项	分数计算方法
公开演讲	将 3、14、20 的分数加总，然后除以 3
聚会	将 6、11、7 的分数加总，然后除以 3
小组讨论	将 8、15、19 的分数加总，然后除以 3
人际交谈	将 4、9、12 的分数加总，然后除以 3
陌生人	将 3、8、12、17 的分数加总，然后除以 4
熟人	将 4、11、15、20 的分数加总，然后除以 4
朋友	将 6、9、14、19 的分数加总，然后除以 4
WTC 总分	将陌生人、熟人和朋友的单项分值加总，然后除以 3
WTC 分值标准	
公开演讲	＞78 为高 WTC，＜64 为低 WTC
聚会	＞89 为高 WTC，＜39 为低 WTC
小组讨论	＞89 为高 WTC，＜57 为低 WTC
人际交谈	＞94 为高 WTC，＜64 为低 WTC
陌生人	＞63 为高 WTC，＜18 为低 WTC
熟人	＞92 为高 WTC，＜57 为低 WTC
朋友	＞99 为高 WTC，＜71 为低 WTC
WTC 总分	＞82 为高 WTC 总分，＜52 为低 WTC 总分

这项研究表明 WTC 总分与沟通行为存在正向相关的关系。WTC 分值高的个人，其沟通比 WTC 分值低的人更加频繁、时间更长，这些人更习惯于与他人沟通。同时反映出同一个体在不同的沟通环境下，在面对不同的信息接收者时，会表现出相对一致的沟通行为。

领导者的沟通意愿固然与其个人特质相关，但也会受到文化环境等多种因素的影响。WTC 的研究同样证实了这一点，研究表明，在美国等西方国家，由于重视个人主义、强调自信，高 WTC 的人被视为更加可信、更具有吸引力，经常在小组中成为领导者。而在中国、日本等亚洲国家，畅所欲言并不被看好，在我们的文化中更强调团体的需要和感受。

沟通意愿值较低的领导者要努力提高自己沟通的欲望，在日常工作中培养与他人沟通的工作习惯，改变封闭自我的工作作风。

■ 二、培养沟通技巧

在很多情况下，领导者并非不愿意与他人沟通，而是出于对自身沟通技巧的不自信而不愿意沟通。在这种情形下，领导者沟通有效性较低的原因在于其不知如何去有效沟通。这种不自信往往会造成一种恶性循环，即由于不能有效地沟通，领导者就会选择减少沟通，反过来由于得不到沟通的锻炼，导致沟通的效果更差。

通过培养技巧，建立信心，能够帮助领导者扭转这种循环，从而建立鼓励沟通的良性循环。我们认为，良好的沟通技巧包括全方位的身心参与、沟通信息的平衡处理两个方面。

（一）全方位的身心参与

沟通是一个全方位的参与过程，沟通所传递的信息虽然重要，但是信息之外的其他因素对信息的传递有着决定性的影响。沟通实践的研究者认为：在有效的沟通中，语言的作用为7%；语调的作用为38%；视觉的作用为55%。其中视觉所传递的信息又是全方位的，包括眼神、身体动作等多方面的信息。所以，我们除了关注信息本身的价值之外，还应对眼神、动作给予足够的关注。

1. 保持目光接触

人们常说，眼睛是心灵的窗户。一方面，眼神往往是人内心活动的反映；另一方面，人们也常常从别人的眼神中判断和识别他人对自己的关注程度。行为科学研究证明，在人们的互动过程中，五官中受关注频率最高的是眼睛，其次是嘴巴。

因此，在近距离的沟通中，目光的交流是不可或缺的。目光游离或回避，会给人以对谈话不感兴趣或者胆怯的信号，进而影响沟通的效果。长时间盯着对方的眼睛会让对方感觉不自在，而不看对方的眼睛则会让对方感觉不受重视，因此目光的交流也应保持合适的度。

2. 认真倾听

沟通不是单方面的信息输出，而是一个信息循环交流的过程。因此，诉说和倾听在沟通中同等重要。倾听是一项重要而又经常不被人重视的技能。领导者多是积极好胜之人，有时候他们更善于说，而不是听。只有通过倾听，才能了解对方的感受，了解自己所不知道的信息。这就像朋友之间聚会一样，说得多的人从表面上看是交流的主角，但其收获最少；而听得多的人表面上是配角，但其收获最大。

“领导就是发号施令”的错误理念是导致人们忽视倾听的主要原因。作为领导者，能够有效地倾听下属的意见和想法是一种必备的能力。

3. 避免分心的肢体语言

国外非语言沟通的研究者认为，两个人的互动中66%的信息是通过非语言的形式传播的。这虽然缺乏严格的统计学依据，但向我们传递了一个重要的信息，即在沟通的过程中，肢体语言对沟通有着不可忽视的影响。

行为科学研究在中国处于起步阶段，许多行为语言的常识没有得到普及，所以生活中肢体语言与想要表达的想法相互冲突的事例较多。比如，双臂交叉抱于胸前是保守和封闭的信号，但一些领导者却摆出此种姿势来显示实力。

分心的肢体语言是指让对方明显感觉到注意力不在对方身上的行为。比如与对方谈话时，自己边看报纸边听对方谈话、边发手机短信边听对方谈话、与对方谈话时不时看自己的手表等，这些都是常见而典型的分心的肢体语言。假如你很忙，顾不上与对方交流，你可以明确地告诉对方改天再谈，也可以明确地告诉对方你只有几分钟的时间，让交流更为简短、精炼。这比分心的肢体语言更能取得对方的理解。

4. 回避极端的情绪状态

人们在极端的情绪下往往会做出非理性的行为。因此，在沟通中，若一方情绪不稳定，那么许多在情绪平静状态下所能够接受的信息也会被对方所拒绝，沟通往往很难进行下去，有的甚至发展为争吵和冲突。所以，这时的最佳选择往往是停止沟通，回避极端的情绪状态，等对方平静下来之后再恢复沟通。

（二）沟通信息的平衡处理

沟通的目标是实现与沟通主体间信息的平衡，也就是说，要达到信息发布者和信息接收者之间所拥有的信息量和对信息理解的一致。要达到这种一致与平衡，我们就必须做到以下两件事。

1. 确保信息的清晰、简明、易懂

工作中的沟通不是私下里的闲聊，不可以漫无目的地扯东扯西，它需要将信息准确地传递给对方。因此，信息的清晰、简明、易懂是有效传递的基本要求。要做到清晰、简明，就需要对自己所掌握的信息进行梳理，归纳出核心要点，按照一定的逻辑顺序传递给对方。否则，就有可能使对方无法抓住谈话的核心内涵。

易懂就是要用对方能够明白的语言来表达信息的内容。如果对方是专业人士，在沟通中就可以使用专业术语；如果对方不是专业人士，就应该尽量避免专业词汇，用对方能够听得懂的语言来进行沟通。爱因斯坦在向一位普通的大学生解释什么是相对论时，就幽默地说："朋友，当你夏天坐在一个火炉旁时，你会觉得一分钟是一小时；而当你坐在一个美丽女郎身边时，一小时就像一分钟，难道不是这样吗？"

2. 确认对信息的把握程度

沟通的目的是传递信息或者通过信息的共享来达成共识、增进感情。这就要求沟通的双方相互确认对方对信息的把握程度，以免造成单方面的想当然，造成对信息理解的偏差。所以，完整的沟通应包括信息共享和信息确认两个循环（见图 11-4）。

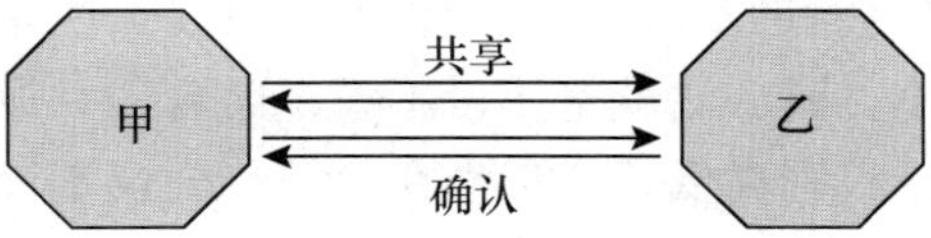

图 11-4　完整的沟通

要做到信息共享，首先需要双方的相互认同，认同对方的个人价值及信息价值，这是做到信息接纳与共享的前提。而许多人误将沟通当成辩论，更多的是批驳对方，造成双方的防卫态势，结果是信息难以共享，共识难以达成。

确认是被大多数人忽略的沟通环节。信息传递完之后，信息的发布者要通过询问来确认对方是否真正把握了自己所传递的信息。信息的接收者应通过口头语言或肢体语言告诉对方自己对信息已经理解，通过发问来增加自己对信息难点的理解，通过复述核心要点来验证自己是否正确理解了信息发布者的意思。这一确认过程是确保信息沟通有效所不可或缺的环节。

三、改进沟通工具

除了单独的、面对面的直接沟通外，在领导实践中，还有一些常用的沟通形式，包括会议沟通、书面沟通、小道消息等。对于追求卓越的领导者来讲，如何提高这些沟通形式的有效性是需要思考的问题。

（一）惯性依赖的会议沟通

对于中国的领导者来讲，会议是使用频率最高的沟通形式，同时也是消耗时间最多的活动。一些领导者常年浸泡在“会海”之中，被戏称为“会议领导”。行政系统内，各项费用中消耗最大的就是各种各样的会议费，但对会议效果却很少有人去过问。要想改变这种现状，提高会议的有效性是我们必须予以关注的问题。

1. 减少对会议的习惯性依赖

我国的组织运作中，之所以会议格外多，主要是因为出于对会议这种沟通形式的习惯性依赖。会议是多个个体直接的、面对面的信息沟通形式。这种沟通形式被广泛应用于人们通信手段缺乏、文字没有被普遍掌握的遥远过去。当今社会，通信技术十分发达，正式组织中的文盲已经十分罕见，所以对会议这一沟通形式的依赖性应该大幅度降低。

实际上，现有的许多会议内容是可以采用其他替代方式进行信息传递的。依据会议的内容，会议可分为决策会、谈判会、工作布置会、工作监督会、工作总结会、文件学习会、信息通气会、表彰会及研讨会等。这些会议形式中，只有决策会、谈判会、研讨会这三种形式是必须通过面对面的会议来进行信息沟通与传递的。其余几种会议是可用其他沟通形式替代的，如文件沟通、网络沟通、电话沟通、备忘录沟通等。

2. 淡化会议的政治身份色彩

在实践中，会议之所以会变成“会海”，还有一个重要的原因是，会议的功能已经从信息的沟通、传递变异为政治身份的体现。开会时，坐在主席台上是一种身份的体现；座位的前后、左右顺序同样是一种身份的反映；能否在会议中发言、发言的时间长短也是重要性和地位的体现。因此，为了使台上的领导们感觉到权威与尊重，会议的规模会尽量扩大；为了体现领导者的重要、平衡领导者的感情，会议的时间会尽量延长；为了显示会议的重要和对工作的重视，参会者的级别会尽量提高。所以，淡化会议的政治身份色彩是遏制“会海”现象的有效措施。其方法就是尽量不设主席台，只设发言人席位，谁讲话谁上台；不讲话的领导者，无论级别高低，全都坐在下面；会议不设桌签，随意坐。这类形式的变化还有赖于行政文化和行政观念的变化。

3. 提高会议的组织效率

对于非开不可的会议，如何提高会议的组织效率就成为我们思考的核心内容。

从会议管理的角度来看，以下几点是需要我们关注的：

（1）明确会议的目标。开会要达到什么样的目标，必须事先明确。会议的进展应严格围绕目标来进行，防止跑题，这样就会有效地节约时间，提高会议的效率。

（2）对会议的参加者进行分类。会议的参加者可以分为必须参加者、建议参加者和部分内容参加者。必须参加者需要全程参加会议；建议参加者可以参加也可以不参加，参加与否自主决定；部分内容参加者需要参加与自己工作相关的部分会议内容，会议的其他部分可以不参加。这样就减少了参会人员，节约了人们的时间，使他们能腾出更多的精力来做其他更重要的事情。

（3）做好会前准备。假如需要参会者阅读的资料过多，应尽可能提前将其发给参会者，要求参会者提前阅读，避免开会时才开始阅读材料，既占用会议时间，又影响会议期间的沟通效果。要将会议期间的内容仅仅限制在阐明观点、达成结论上，而不是浪费在阅读材料上。决策型会议同样需要提前交换意见，基本达成共识后再上会讨论，避免会议期间的议而不决。

（4）明确限定发言时间。会议的组织者应根据整个会议的日程安排，明确每一位发言者的发言顺序和时间限制，并提前发给每一位发言者，方便他们根据时间组织讲话内容。会场最好设有时间提示装置，发言时间到之前的几分钟要有提示，一般不延长时间，使大家逐渐养成在规定时间内表达清楚自己观点的习惯。对发言时间缺少明确限定的会议常常会出现程序失控的局面。

（5）养成做会议备忘录的习惯。所有的会议都应有备忘录，将会议的主要内容记录下来，这样可以使因特殊原因无法参加会议的人员通过备忘录来了解会议的内容和精神。这样做还可以避免再次召开同一主题会议时，个别人员不了解上次会议的内容，出现沟通不畅。对于重要的会议备忘录，可以作为档案资料进行保存，便于以后查阅。

（二）冲突庞杂的书面沟通

在正式组织中，书面沟通与会议沟通一样，是常用的沟通形式，所以人们称之为“文山”。影响书面沟通有效性的因素主要有以下两个。

1. 下行沟通中，文件内容相互冲突

这是下行书面沟通中常见的问题。不同部门下发的文件内容经常会相互冲突，甚至同一部门下发的文件中前后也存在冲突，使得下级部门无所适从，直接影响了文件执行的效果。部门间文件的相互冲突，是由部门之间信息沟通不畅，每个部门仅从自己的角度来思考问题所造成的。所以，各个部门的文件下发之前应由政策法规部门严格审查，不同机构的政策法规部门建立定期沟通与协调机制，是解决这一问题所必需的步骤与措施。

2. 上行沟通中，公文内容过于庞杂

领导者级别越高，其接受的信息量也越大，下级呈报的报告假如过于庞杂，就会直接影响到沟通的效率，有时可能会掩盖重要的信息。因此，上呈公文，简明是第一位的。最好是明确规定，每一份都应该有一个封面页，封面页中列举出最为重要的信息内容，而不单单是标题，要给上级领导者以明确的提示，以免因内容的庞杂而影响对重要信息的关注。这一点看似简单但十分奏效。同样道理，中层领导者的年终总结，与其长篇大论地列举一堆所做过的事情，还不如仅仅让他们写三块内容：一是自己认为做得最为成功的一件事；二是自己认为做得最为失败的一件事；三是下一步的计划。

（三）不可忽视的小道消息

小道消息虽然是经非正式沟通渠道转播的，但其存在不可避免，其作用同样不可忽视。在正式沟通渠道无效或低效时，小道消息就会起到填补真空的作用。小道消息本身具有传播速度快的特点，再加上现代网络技术的不断迭代，更是增强了小道消息的影响力，其信息传播速度也更为惊人。对于领导者来讲，要想管制小道消息是十分困难的，也是不可能的，关键在于有效地引导和利用。因此，下列两点是对小道消息应有的正确认识。

1. 小道消息是舆论的晴雨表

小道消息是民众私下传递的信息。在信息传递过程中，许多人按照自己的观点甚至猜

测对信息进行了加工。因此，小道消息经过多次传递后，往往与原信息大相径庭，其信息刺激程度也会逐步增加。所以，无论小道消息是否真实，其对人们认知的影响作用是客观存在的。这就要求领导者要密切关注小道消息的内容，将其看成舆论的晴雨表，一旦出现不利的小道消息，就应该积极采取对策，通过正式沟通渠道发布真实的信息，表明领导者的态度，遏制不利小道消息的继续演化。放任不管的态度会给领导者带来不应有的负面影响。

2. 小道消息是民意的试探器

领导者在推行一项改革措施时，下属对改革措施的支持度就是领导者最为关心的问题。除了试点、调研外，小道消息同样是领导者试探民意的良好工具。特别是在不便于试点的情景下，小道消息更是具有不可替代的作用。领导者可以同热衷于传播小道消息的个别员工进行会晤，不经意地透露出改革的设想，小道消息就会立刻在下属中传播开来。然后，领导者可以依据下属对改革措施的反应来决定改革力度和改革时机。如果下属普遍反应平淡或积极，那么领导者的改革措施就可以按计划实施；如果下属中的反对声音过于强烈，领导者则可以公开表态，表明传言的内容不实，随后再对原来的改革设想进行相应的调整。此外，改革内容经过小道消息的提前释放，也可以使利益相关者在心理上有一个提前适应期，为改革的推进减少一定的阻力。

第三节 沟通行为与沟通有效性

在有些时候，领导者的沟通意愿很高，沟通技巧也很熟练，沟通工具也足够先进，但是沟通的效果仍然不尽如人意，其主要原因就在于领导者没有根据对象的不同而选择相应的沟通行为。沟通对象的身份不同，领导者与他们之间的相互关系也不同，领导者自然要选择与之相适应的沟通行为。通常而言，领导者周围的沟通对象主要有三类：下属、上级，以及同级。前两类的沟通更为常见，也是我们关注的重点。领导力研究者乔治·格里奥（George Graeo）提出的 LMX 理论从领导者与下属的关系方面探讨了二者的沟通过程。

一、LMX 理论

LMX 理论（leader-member exchange theory）亦称垂直二元关系理论，LMX 理论不同于其他领导理论的独到之处在于，其从领导者与下属之间互动关系的角度对领导者进行了界定，认为领导者与下属之间的二元交换关系是领导过程的焦点。在组织中，领导者与下属之间的关系存在圈内和圈外之分。领导者和圈内下属之间的沟通是非正式、协商型的，与圈外下属之间的沟通是正式、规范型的（见图 11－5）。

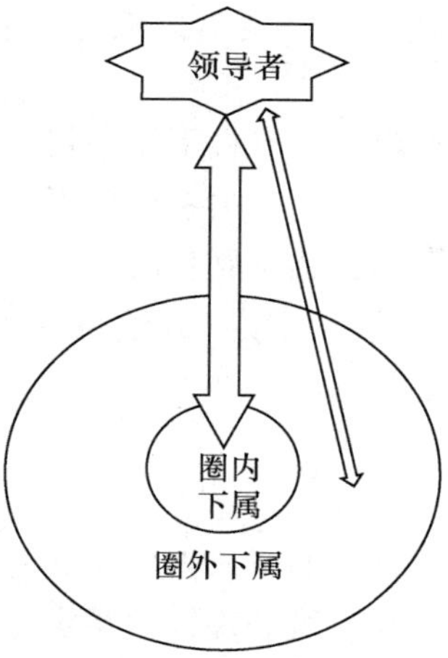

图 11-5　领导者与下属的二元交换关系

LMX 理论认为领导者和下属之间的交换关系发展会经历三个阶段（见表 11-3）。

表 11-3　领导者和下属之间交换关系发展三阶段

	第一阶段：陌生者	第二阶段：熟悉者	第三阶段：伙伴
角色	组织规范的	尝试性的	协商性的
影响	单向的	混合的	相互的
交换关系	低质量的	中等质量的	高质量的
利益	自我的	自我/他人的	团队的

第一阶段——陌生者：仅限于组织规则内的正式交往，是低质量的交换关系。

第二阶段——熟悉者：尝试性地共享某些资源、个人信息、工作信息。

第三阶段——伙伴：相互信任、彼此尊重、高质量的交换关系。

LMX 理论认为，领导者和下属之间的交换关系质量影响着组织整体和成员个体的绩效。高质量的领导者和下属交换关系，能够增加下属的满意度，对组织绩效和成员个体绩效具有促进作用，反之则起阻碍作用。

根据 LMX 理论，领导者应致力于与下属之间构建一种良好的交换关系，以促进组织目标和计划的实现。最佳状态是，领导者与所有下属都建立一种良好的交换关系，使每一位下属都感觉到自己是圈内人士。反过来，当领导者作为下属面对上级领导时，也需要根据上级领导的不同类型与特征，调整自己的行为，运用不同的沟通技巧，增进自己与领导者的关系，努力成为圈内人士。

二、与下属沟通的艺术

下属不能决定领导者的升迁，但是下属可以决定领导者的业绩，可以决定是否拥戴领导者，可以在民主测评中给领导者打较低的分数，进而影响领导者的年终评价和职务升迁。所以，领导者的眼睛不能总是盯着上边，同样需要关注自己的下属，维持与下级关系的平衡。由于领导者往往管理众多下属，因此在与下属沟通时，要格外注意个性化管理、维护自己的公平形象，同时还要帮助下属发展，适当关心下属生活。

要了解下属性情，实施个性化管理。领导者要理解下属，理解下属采取不同的行为选择，某种程度上是其天生的本性使然，需要对之实施个性化管理，而不是愤怒、打压和改变。

做到公平处事，维护领导者形象。只有在下属心目中树立了良好形象，领导者的沟通才能得到下属的认可和尊重，与下属之间的关系处理不当会直接破坏自己的形象，降低领导者的权威。这就需要让所有的下属都感觉到自己有机会，不能产生亲疏远近感；在下属面前选择恰当行为，让所有下属都感觉到领导者值得尊敬；同时还要亲民，不搞特殊化、等级化，让下属感到领导者是可以接近的。

三、与上级沟通的智慧

当领导者面对自己的上级时，自己的身份就由领导者转化为下属，如何选择恰当的沟通行为，首先取决于自身的定位。与上级的理性关系定位应该是得到上级的欣赏、信任和支持，而绝非拍上级马屁，抛弃自我的个性，增加自己的奴性。奴性定位既得不到上级的尊重，也不可能取得有效的沟通。在此基础之上，还要了解领导者的不同类型与特征，进而采取不同的沟通方式（见表 11－4）。

表 11－4　领导者类型、特征及下属应对策略

领导者类型	领导者特征	下属应对策略
拼搏型	具有改革精神，无惧危机和压力，精力旺盛，全力以赴，敢于负责，但缺乏耐性，沉不住气，忽视细节	全身心地投入工作，按照领导者意志行事，让领导者觉得能干、可靠，帮助领导者弥补细节
控制型	权力欲和控制欲极强，不容侵犯，专制，给人以压迫感	事事汇报，执行力强，让领导者感觉百分之百忠诚，随时能够找到你，不要多提建议
感情型	注重感情，人治多于法治，爱恨分明，庇护下属，但易感情用事	和领导者交心，真情流露，让领导者有安全感
无为型	有才华，敢于创新，注重方向与战略，给下属较大的发挥空间，但容易飘忽不定	反应敏捷，不断提出创新思路，计划与执行并重，多替领导者处理烦琐事务
唯美型	追求完美，对于自己和下属都要求很高，组织能力强，始终贯彻如一，具有极高的责任感，容易在工作中迷失自我，可能吹毛求疵	以条理、秩序、整洁的工作作风予以应对，尽量不要打乱领导者的计划，让领导者感受到忠诚
保守型	固守传统，做事谨慎，有板有眼，固执己见，不容许任何越轨行为	听从领导者指挥，做事有效率，恪守规则，不要尝试创新
温和型	性情温和，做事公平，善于交际，富有弹性，但不愿明确表态，不够果断，容易受他人影响	稳重、平静，及时反映意见，提出建议，但不要催促领导者做决断
权谋型	天生政客，富有心计，关注人胜过关注事，明察秋毫，深藏不露	踏踏实实干事，认真完成领导者交办的每一件事情，切忌挑战领导者，不可自作聪明

在明确了不同类型领导者的特征之后，下属就要了解上级的性情、理解上级的工作方

式，适应上级的工作风格，做到理解、包容，让自己适应领导者。同时还要做到以下几个方面。

（一）踏实、忠诚，让领导者感觉可靠

任何一位领导者都希望下属对自己忠诚，所以保持对领导者的忠诚是处理好与领导者之间关系的核心。作为下属，不但要对领导者忠诚，还要让其感受到自己的忠诚、诚实与可靠。这就需要保持与领导者之间的信息流动，同时在领导者面前不要计较个人得失，还要在关键时刻勇于为领导者挺身而出。

（二）认真、服从，让领导者感觉放心

每一位领导者都希望自己的指令能够不折不扣地、彻底地贯彻下去，每一位领导者都乐意看到下属认真服从，都厌恶下属经常"自作主张"。这就需要下属认真记录领导者的指示意见，愉快地接受领导者交付的任务，还要注意不要在公开场合顶撞领导者，一视同仁地对待各个领导者。

（三）精明、强干，让领导者有所欣赏

领导者都希望自己的下属既忠诚又能干。单有对领导者的忠诚可以做到让领导者喜欢，但是不能做到让领导者欣赏。要做到这一点，就要求下属能够圆满、有创新地完成领导者交给的任务，建立和领导者之间的工作默契，同时要积极请示、汇报，表现出"孺子可教"，还要注意慎重对待领导者的失误，并且要把功劳让给领导者。

（四）积极、乐观，让领导者感觉放松

乐观的下属会让每个领导者喜欢、被组织接受。如何做一个乐观的下属，就需要下属积极、乐观地看待组织发展状况，为领导者营造一个良好的心境，要善于搭台，让领导者唱戏，主动找机会与领导者自然交往。同时，还要格外注意，不能在背后议论领导者，并与领导者保持一定的距离。

四、与同级沟通的法则

领导者在发挥影响力的过程中，会不可避免地遇到与同级交往的情形。特别是在组织高度发达的今天，没有上级的领导者始终是少数，作为组织中的一员，必须面对与同级的沟通与交往。由于同级之间存在着竞争关系，所以同级之间的关系比上下级之间的关系更为难处。与同级关系处理不当会给领导者工作的开展和职业生涯的发展带来障碍。这就需要领导者做到以下三个方面。

（一）争取共赢合作，做到互不拆台

处理同级关系的核心是做到合作与竞争的平衡。既然是同级关系，双方就有许多地方需要相互合作与配合，这是双方关系的利益共同点。同级关系融洽，组织整体得以发展，大家都能够跟着得利。而彼此之间的钩心斗角，特别是不正当的恶意竞争，必然影响组织的发展，大家也都会跟着受损失。所以，这种合作关系应是处理同级关系的基础。

（二）分清彼此职责，做到互不插手

分清彼此的职责，是减少相互冲突的基础，在此基础上同级领导者要做到互不越位，做好自己职责范围内的工作。同时，还要尽量不主动提供帮助，做到尊重对方。当然，如果对方明确提出希望得到帮助，领导者就应该真诚地伸出援手。

（三）保持心理距离，避免以势压人

当同级领导者之间发生分歧时，最好的办法就是通过双方的直接沟通取得相互的谅解，而不是将双方的共同上级领导者请出来去压制对方。这样做，即使纠纷平息了，隔阂也不可避免地产生了，是一种较为失败的沟通技巧选择。

良好的同级关系需要正确的行为选择。我们调查了许多职场人士，问他们最令人讨厌的同事行为是什么，最多的两项选择是：向领导打小报告；争功诿过。当问他们最喜欢的同事行为是什么时，最多的两项选择是：真诚互动；助人不争功。

第四节 冲突管理与沟通

组织中有一种沟通比较特殊，需要引起领导者的格外注意。这种沟通就是负面沟通，也就是我们通常所说的冲突。领导者和管理者往往需要花费相当多的时间和精力来处理组织内部以及组织之间的各种冲突。研究表明，管理者平均每年大约要花费 9 个工作周来解决员工性格上的抵触[①]。冲突不仅仅占用领导者的时间、精力，如果冲突发生在组织的领导层级，那么可能还会给组织造成严重的后果。如何化解冲突，扩大冲突的正面影响，减少其负面作用，对冲突进行管理已日渐成为领导者沟通的重要内容。在这一节，我们将着重探讨什么是冲突以及如何进行冲突管理。

一、认识组织中的冲突

（一）冲突的概念

关于冲突的概念，目前学界尚没有一个广为接受的概念，不同的学者对冲突有不同的认识。从冲突发生的心理过程来看，肯尼斯·托马斯（Kenneth Thomas）认为，“当一方感知（或即将感知）到另一方的威胁时，冲突就发生了”[②]；以冲突发生的社会过程为视角，阿米努·拉希姆（Aminur Rahim）认为，“冲突是社会实体内部或社会实体之间出现的不相容、不调和或不一致的互动历程”[③]；史蒂芬·罗宾斯（Stephen Robbins）则认为，“冲突是一种过程，在这个过程中，A 借由某些阻挠性的行为，致力抵制 B 之企图，结果迫使 B 在获取其目标或实现其利益方面受损”[④]；还有的学者从行为者之间实际状态出发，

---

① ［美］安德鲁·J 杜柏林．领导力．王垒，译．北京：中国市场出版社，2011：314.

② KENNETH W THOMAS. Conflict and conflict management：reflection and update. Organizational behavior，1992（13）：265.

③ AMINUR RAHIM. The political economy of English education in Muslim Bengal：1871—1892. Comparative Education Review，1992（8）：309.

④ STEPHEN P ROBBINS. Essentials of organizational behavior. Upper Saddle Revier：Prentice Hall，2002：213.

布特伦·瑞文（Bertram Raven）认为冲突是“由于实际的利益互不兼容性而产生的两个或多个社会成员之间的紧张状态”①。

尽管不同的学者从多种角度定义冲突，但有一点已达成共识，即冲突的发生必然伴随着不相容的活动、观点甚至情感的出现。因此，我们认为，冲突是指由于人们在面对种种差异时，所采取的不相容的观点与活动，进而导致的抵触或对立状态。

（二）冲突的来源

了解了冲突的概念之后，我们需要进一步探讨组织中冲突的来源，只有这样才能更好地认识冲突。常见的冲突来源包括组织内部资源稀缺、部门及个体差异、沟通障碍等。

1. 组织内部资源稀缺

因组织内部资源稀缺造成的冲突，是一种相对普遍的冲突。组织与社会一样，存在资源的稀缺性，不同的部门与个人的资源需求与这一稀缺性的矛盾，造成了组织中的冲突来源。这些稀缺资源既可以是资金、设备等有形资源，也可以是知识、专业技能等无形资源。在我国，组织中还有一项特殊的稀缺资源，那就是人员编制。人员编制不仅能够带来人力资源、专业技术等无形资产，还能给相关部门附带与人员编制相匹配的资金、设备等有形资产。当两个部门同时需要某些资源，而组织又不能同时满足双方的要求时，冲突就有可能产生，这些资源就成为组织冲突的导火索。由于资源稀缺引起的冲突在中国的许多组织中都十分普遍，原因是中国拥有世界上最多的人口，大多数组织都是人员富余甚至臃肿，人均发展资源稀缺，竞争中的矛盾自然不可避免。

2. 部门及个体差异

组织内部存在不同的部门，部门之间工作的差异会使这些部门成员产生不同的目标、工作习惯以及沟通方式，甚至看待事物的不同视角。比如，在公司中，研发人员通常会从长期的视角来进行思考，这与产品创新、研发的工作性质是相关的；而生产人员则不同，他们习惯于按照特定的进度完成各项工作任务。部门的差异还表现在，不同的部门对组织的贡献不同，自认为对组织贡献高的部门甚至会歧视其他部门。比如，在有些在企业中，销售部门的成员会质疑人力资源部、综合部的作用，因为他们认为自己是为公司“挣钱”的部门，而其他部门则是“花钱”的部门。即使在同一部门内部，由于个体的个人特质、行为风格不同，也存在个体之间的差异，这种差异多表现为在共同完成一项工作时，不同的个体会选择不同的方式，这种选择的差异就是冲突的来源。此外，个体与组织、部门政策、规则之间的矛盾也是一种冲突来源。

3. 沟通障碍

这种冲突来源与前两种不同，它并非产生于部门或个人之间存在的真实矛盾，而是因为误解。如果组织中部门或个人之间的交往、沟通频率不足，就很有可能产生彼此的误解。比如，在采取倒班方式工作的公司中，这种来源引起的冲突就很普遍。因为除了在交接工作时有些简单接触外，日班工人和夜班工人基本没有交流和沟通。而且，不同班次的成员通常会对其他班次的工作质量产生自己的看法，甚至不满。从这个角度来讲，这正是我们对沟通艺术进行重点着墨的原因之一。

---

① BERTRAM H RAVEN. Interdependence and group problem solving in the triad. Personality Psychology, 1970 (6): 78.

（三）冲突的类型

确定冲突的类型之前，我们需要首先了解对于如何处理冲突，学界有着怎样不同的观点。学界对于冲突的认识，主要经历了三个阶段：

第一阶段：对组织中的冲突持有纯负面认识，即认为组织中的任何冲突都是有害的，都会对组织的生存与发展产生不利影响。在这里，冲突成为组织技能失衡、组织破坏者的代名词。因此，这种观点认为，领导者在面对冲突时应当尽可能地将其清除或避免。

第二阶段：认为冲突是组织中的正常现象，从人际关系的角度出发，任何组织都不能避免冲突的发生，且冲突不一定会给组织造成不利影响，甚至有可能成为组织的有利因素。既然冲突不可避免，领导者就应该正视冲突的存在，同时，努力将冲突的负面影响降低，至于其他冲突则不予处理。

第三阶段：不同于第二阶段观点中被动地接纳冲突，认为对于组织有益的冲突就要积极地促使、鼓励其发生，并利用冲突改变组织冷漠、迟钝的状态，以适应变革的发生。而对于不利的冲突，则要尽可能避免出现，并予以降低。

记一记

掌握组织中冲突的两种类型。

由此，我们可以知道冲突包含两种，即对组织有益的冲突和对组织有害的冲突。美国著名管理学者约瑟夫·尚普（Joseph Champoux）依据这一分类标准，提出组织中的冲突应该分为功能性冲突（functional conflict）与功能紊乱性冲突（dysfunctional conflict）。①

功能性冲突有利于实现组织或部门的目标；而功能紊乱性冲突则会阻碍组织或部门目标的实现。组织或部门的发展需要一定程度的功能性冲突，这种冲突能够推动组织进行变革、完善制度、激发成员完成工作任务的干劲、宣泄员工的不满情绪。功能紊乱性的冲突则包含两种情形：一种是对立程度过高的冲突，我们称之为高功能紊乱性冲突，这种冲突会造成组织成员过度的紧张、焦虑以及压力，而且会降低组织内部门、成员之间的信任，造成严重的对立情绪。因此，这种冲突会给组织带来混乱，造成严重的损失。另一种是功能性冲突的对立状态。组织内的冲突主要表现为对创新、良性竞争的排斥，这时组织成员甚至无法容忍不同的观点。即使外部环境要求组织必须做出变革，然而这种冲突仍然要求成员按照传统的方式思考、行动。

冲突并不是一成不变的，比如在这一组织中是功能性冲突，在另一组织中就可能是功能紊乱性冲突。相同的冲突水平，对于某些创意公司来说就是功能性冲突，而对于一个以行政工作为主要工作内容的组织来说，就有可能是功能紊乱性冲突。而在组织内部，冲突也会随着时间的变化而改变，在某段时间是功能性冲突，但在下一段时间可能就会变成功能紊乱性冲突。过去，我国国有企业内部并不需要过多的冲突，但面对全球化的竞争、信息化的挑战，这些国企就需要更多的冲突以激发自身的活力和竞争力。

二、冲突管理的策略与风格

在了解了冲突的不同类型之后，我们认为冲突管理就是要将组织内部的冲突维持在对组织有利的水平上。同时，针对功能紊乱性冲突的两种不同形式，适当减少或者增加冲

---

① ［美］约瑟夫·E 尚普. 组织行为学. 宋巍巍，张微，译. 北京：清华大学出版社，2004：196.

突。这意味着，冲突管理不会把冲突彻底消除，而是要根据组织的冲突状况鼓励或减少冲突的发生，这是一种动态的过程（见图 11－6）。

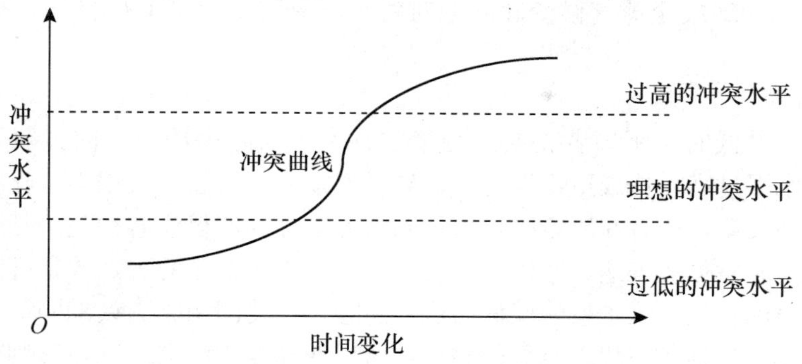

图 11－6　冲突水平曲线图

图 11－6 展现的组织内部的冲突水平状况说明，当组织内部的冲突处在理想水平时，领导者就要适当维持这种状况；当组织内部的冲突处在过高的水平时，领导者就应当努力减少组织的冲突，以使其降到理想水平；当冲突水平过低时，则要鼓励组织内部良性冲突的发生，以增加组织的活力。

当然，组织出现过高或过低冲突水平之前，会表现出一些征兆。当组织成员之间的信任度降低，人际关系趋于紧张以及恶意敌对行为出现时，冲突水平就可能过高了。而当妥协、对不同意见的压制出现时，就意味着组织内部存在否定差异、拒绝争议，以及为了避免冲突而退让等行为，这就说明组织冲突水平过低，以至于阻碍组织的创新与变革。

（一）冲突管理的策略

根据上述冲突水平曲线的模型，领导者需要对冲突进行相应管理。然而，要对冲突进行管理，则需要相应的策略与技巧。

1. 减少冲突

当组织内部的冲突水平过高时，领导者需要减少冲突。但是，需要领导者注意的是，在减少冲突的过程中要保持谨慎，以防将冲突水平降得过低。减少冲突的理想策略与技巧能够使冲突双方取得双赢的结果，不会埋下日后冲突的伏笔。约瑟夫·尚普提出了三种具体的策略：解决问题、整合与上位目标①。

（1）解决问题。这一策略要求领导者尝试找出造成双方冲突的原因。通常，领导者在使用这种策略时，会让冲突双方坐在一起，开诚布公地说出自己的想法，并进一步分析双方之间的差异。通常，领导者在运用这种策略时会把解决冲突的过程当作组织的建设性机遇，也是解决组织内部各种问题的机会。

（2）整合。这种策略要求领导者提出一种满足冲突双方利益的解决方案。通常不会轻易牺牲任意一方的利益，而是尽可能满足双方要求，以实现“帕累托最优”。这是最理想的解决策略，它通常能够比较彻底地解决冲突，而且还能在很大程度上修复双方的感情，几乎不会留下冲突的后遗症。

（3）上位目标。这是指领导者用一个共同的上位目标，来迫使冲突双方合作的策略。

① ［美］约瑟夫·E 尚普. 组织行为学. 宋巍巍，张微，译. 北京：清华大学出版社，2004：206.

通常，冲突双方都想达成这个上位目标，但任何一方又无法单独实现。这一策略是通过迫使冲突双方合作，增加双方之间的沟通。因为在合作的过程中，双方很有可能自己就能化解冲突。比如解决全球气候变暖问题对每个国家来讲就是上位目标，需要全球合作共同应对。

2. 增加冲突

当冲突水平过低时，领导者就要适当增加冲突。与减少冲突相同，领导者要把握好度，避免冲突水平过高，造成组织混乱。领导者鼓励冲突的技巧有很多，比如，暗中安排某个下属出来唱反调，或者在决策时提出不同的方案等。值得注意的是，领导者的个人意见通常会影响下属意见的表达，所以领导者不要急于表达自己的观点或是针对某些问题表态。历史上，美国首任总统华盛顿就深谙这一道理。在美国制宪会议期间，华盛顿为了避免因自身威信而影响到各州代表意见的表达，所以选择保持沉默。但他又利用自身强大的影响力保证了会议顺利进行。最终，制宪会议制定出世界上第一部资本主义宪法，并沿用至今，华盛顿总统在这一过程中功不可没。

（二）冲突管理领导风格

不同的领导者有着差异化的领导风格，因此，他们在进行冲突管理时也会表现出不同的风格。管理学者肯尼斯·托马斯（Kenneth Thomas）提出了五种不同的管理风格：竞争型、调和型、分享型、合作型以及规避型。这五种风格都以同时满足领导者自我的个人关注点和他人的关注点为基础，只是在这两个维度上表现为不同的组合①（见图 11－7）。

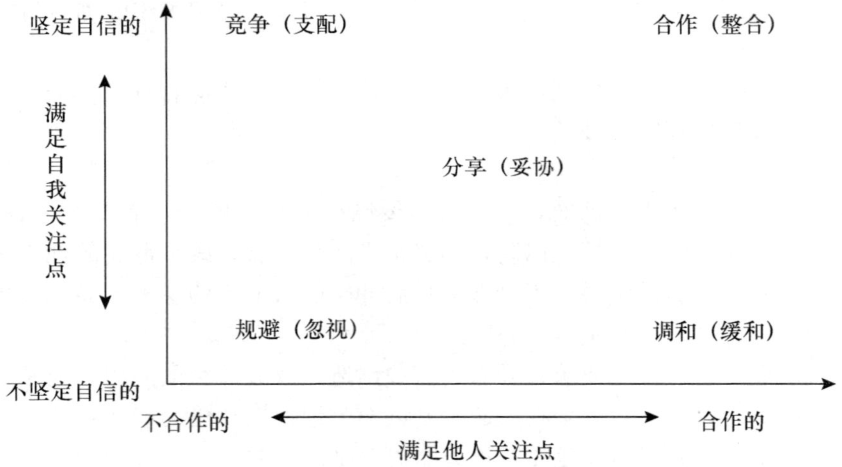

图 11－7　冲突管理领导风格图

1. 竞争型风格

竞争型风格是当发生冲突时，领导者希望通过牺牲组织中他人的关注点来满足自我的关注点。这种管理策略具有明显的支配性。具有较为强烈竞争取向的领导者更倾向参与到这种涉及输赢的权力斗争中。

---

① ［美］安德鲁·J 杜柏林. 领导力. 王垒，译. 北京：中国市场出版社，2011：314.

2. 调和型风格

调和型风格的领导者则喜欢平息矛盾，或者通过满足组织中他人的关注点而忽视自我的需求。存在这种取向的领导者将这种策略作为维持关系的一种手段。然而，过多使用这种策略会被组织中的其他成员，甚至下属视作软弱。

记一记

五种领导者冲突管理风格：

- 竞争型风格
- 调和型风格
- 分享型风格
- 合作型风格
- 规避型风格

3. 分享型风格

分享型风格处于竞争型和调和型之间。分享型的领导者喜欢调和组织冲突，但是并不会为此而无限制地让出自己的底线，这样便产生了妥协式的策略。这种领导策略常常应用于组织内部派系复杂的情况，领导者只能选择平衡各方（包括自我）的关注点。当然，有些贯彻“非零和博弈”的领导者也会经常使用这种策略，在他们看来，组织中不应当出现“你死我活”的斗争。

4. 合作型风格

与其他风格相反，这种风格反映出完全满足冲突双方需要的意愿。它的根本哲学就是冲突解决的双赢途径，即相信在冲突解决之后，双方都能得到一些有价值的东西。持这种理念的领导者往往具有更为平等的意识，将冲突的对方放到与自己相对平等的地位进行合作。它不同于分享型风格，双赢途径使双方切实地关心满足双方需要的方法，而不是被动地妥协。当领导者使用合作型风格来管理冲突时，很容易建立并发展各方的关系，更容易得到下属的认可与支持。

5. 规避型风格

持这种理念的领导者通常既缺少合作精神又缺少坚定的自信。他对任何一方的需求都漠不关心，甚至在面对自己与他人的冲突时，采取一种逃避冲突的行为。这种领导者在面对冲突时往往会选择抽身而退，或者听天由命。最为典型的规避型领导者的例子就是当两方下属发生冲突时，自己冷眼旁观，任由他们自己解决问题。

三、化解与下属冲突的沟通技巧

作为一名领导者，每一个人都有和下属发生直接冲突的经历。这种冲突是一种比较特殊的冲突，即领导者是冲突中的一方主体。面对这种冲突，不同领导者采取的应对方式往往是不一样的。有的领导者可能直接与下属发生争吵，甚至产生肢体冲突；有的领导者是暂时忍让，不和下属发生争吵，回头伺机给以颜色，让下属体验到权力的厉害；还有的领导者是与下属发生争吵后，又坦诚相待，与下属成为不打不成交的好友；也有的领导者是尽力避免与下属争吵，回头找机会与下属单独沟通，消除彼此间的误会。

解决和下属之间的冲突，需要对冲突进行分类，针对不同的冲突类型，找到不同的应对策略。

（一）因工作方法或对问题解决方案的认知差异而产生的冲突

这类冲突是良性的冲突，有利于找到更为妥当的解决方案，甚至能够弥补领导者思考中的不足和失误。之所以产生冲突，更多的是由于下属没有掌握好向上级提建议的方式或方法。所以，领导者不应将这种冲突看成是下属对自己权威的挑战，要大度、宽容地对待这类冲突，赞赏下属这种不畏权威、对工作认真负责的态度，感谢其对领导者工作的支持。领导者越是表现得宽容大度，下属对领导者也越是认可和欣赏。

（二）因下属的性情冲动而产生的冲突

这类冲突的产生是由于下属性情冲动，这是其本性使然，他不是要有意冒犯领导者。这时，领导者应多一分理解。性情冲动的人，往往冲突之后就一切烟消云散，恢复对领导者应有的尊重。领导者只要真诚地对待这类下属，即使和他发生冲突，过后也会形成良好的朋友关系。

记一记

三种领导者与下属之间的冲突类型：

- 因工作方法或对问题解决方案的认知差异而产生的冲突
- 因下属的性情冲动而产生的冲突
- 因藐视领导者权威而产生的冲突

（三）因藐视领导者权威而产生的冲突

这类冲突的产生是由于下属对领导者本身认可度较低，故意对领导者的权威进行挑战。处于副职的领导者往往面临较多的这类冲突。对这类下属，最佳的处理方式是抓住其失误进行威慑，而不是简单报复，报复容易形成恶性循环。

当然，在领导者处理与下属之间的冲突时，领导者时刻不要忘记自己是上级、是领导者，应高姿态地处理与下属之间的冲突。通俗点讲，就是不要降低自己的身份，和下属一般见识。

内容提要

1．沟通视角下的领导：一项为了满足群体共同目标与要求，以他人合作为条件而影响他人态度和行为的沟通活动。

2．不同的组织有着差异化的沟通模式：行动模式与线性沟通、互动模式与双向沟通、交易模式与循环沟通。

3．关于沟通，要放在不同的文化背景之下解读。

4．领导有效性主要取决于三个方面，即领导者的沟通意愿、沟通技巧与沟通工具。

5．良好的沟通技巧包括全方位的身心参与、沟通信息的平衡处理两大方面。

6．在与领导者沟通的过程中，下属应当注意九种不同的领导者风格。

7．组织中的冲突是客观存在的，它是由于人们在面对种种差异时，所采取的不相容的观点与活动，而导致的抵触或对立状态。

8．组织中的冲突主要有三个来源：组织内部资源的稀缺、部门及个体差异、沟通障碍。

9．组织中的冲突包含两种，即对组织有益的冲突和对组织有害的冲突。

10．冲突管理，就是要将组织内部的冲突维持在对组织有利的水平上。同时，针对功能紊乱性冲突的两种不同形式，适当减少或者增加冲突。

11．不同的领导有着相异的领导风格，因此，他们在进行冲突管理时也会表现出不同的风格。常见的风格有五种。

12．领导者与下属之间的冲突是一种较为特殊的冲突，领导者要采取恰当的处理方式。

活动拓展

学习完本章之后，你是否对领导者沟通有效性有了一个全面的认识？你是否赞同作者的观点？其他学者相关的研究观点怎么样呢？你有没有更好的想法？请登录学校数字图书馆，就领导者沟通有效性的影响因素为主题，查找相关的论文，然后比较、分析、总结这些论文的观点，给出你自己的观点。并就这一问题跟其他同学一起讨论，看看谁的观点最好。

课后作业

1. 组织中沟通模式主要有（　　）。

A. 行动模式与线性沟通

B. 互动模式与双向沟通

C. 交易模式与循环沟通

2. 领导者沟通有效性的影响因素主要有（　　）。

A. 领导者的沟通意愿

B. 领导者的沟通技巧

C. 组织沟通工具

3. 什么是冲突？如何对组织中的冲突进行管理？

4. 简要列举领导者管理冲突的几种风格，并简要介绍。

5. 简要列举领导者与下属冲突的不同类型，并简要阐述领导者的应对策略。

第十二章

领导定位与领导力开发

骐骥一跃，不能十步；驽马十驾，功在不舍。锲而舍之，朽木不折；锲而不舍，金石可镂。螾无爪牙之利，筋骨之强，上食埃土，下饮黄泉，用心一也。蟹六跪而二螯，非蛇鳝之穴无可寄托者，用心躁也。

——［战国］荀子《劝学》

知识结构

领导定位与领导力开发
- 领导定位
- 领导力开发

内容简介

领导定位对领导者的职业生涯发展有非常重要的影响，在找准自己的定位之后，领导力的开发就成了领导者的主要任务。本章对领导定位和领导力开发的相关内容进行了介绍，主要包括：领导定位的实质；定位的影响因素；成功定位的关键理念；领导力开发的不同形式；领导力开发计划的关键特征及类型；领导力开发效果的评价方法。

学习重点

- 领导定位的实质
- 定位的影响因素
- 成功定位的关键理念
- 自我超越
- 单回路学习和双回路学习
- 从经验中学习
- 领导力开发计划的类型
- 领导力开发效果的评价方法

学习目标

学完本章之后，你要能够：

- 理解领导定位的实质
- 知道影响定位的因素
- 了解成功定位的关键理念
- 理解自我超越的含义
- 掌握领导力开发的不同形式
- 熟悉领导力开发计划的关键特征
- 了解领导力开发计划的类型
- 掌握领导力开发效果的评价方法

第一节　领导定位

领导定位成功与否对领导者的职业生涯发展具有至关重要的影响。要实现成功定位，领导者必须了解成功定位的关键理念，并学会分析影响定位的相关因素。下面就让我们来学习这些内容。

一、领导定位的实质

国家应有国家的发展定位，地区应有地区的发展定位，组织应有组织的发展定位，领导者个人也应有自己的发展定位。对领导者个人来讲，定位是否清晰、合理，会影响自己的发展机会与速度。

领导者寻求自己的定位首先要思考的就是自己在组织中的位置。这个位置不是单指领导者的职位，它指的是领导者在上级、同级、下属心目中的位置。也就是说，领导者在所有员工的心目中处于什么样的位置。这个位置决定了其他人对领导者的价值评判和接受程度，同时也决定了领导者自身职业发展机会的多寡。

领导者的定位过程实际上是人生发展路径的选择过程。选择的重点不仅在于领导者选择什么，更为重要的是领导者要放弃什么。这种选择应该建立在缜密的思考、分析与计算基础上，需要对自己所面临的形势进行认真的分析，对自我的条件进行全面的盘点，在此基础上形成理性选择。

领导者的自我发展定位不仅是在自我分析基础上的发展设计，而且更为重要的是在对外部环境结构的分析基础上所形成的发展设计。外部环境结构包括国家的领导干部政策、企业的领导选拔取向和组织内部的领导者结构（包含知识结构、年龄结构、性别结构与政治面貌结构等）。领导者所面临的外部结构推动了自己的发展战略定位，自己的发展战略定位又决定和推动了自己的发展模式。

组织的发展定位需要咨询机构和分析家的帮助，领导者个人的发展定位同样需要咨询机构和分析师的指导。国外的政治领导人在竞选过程中，有专门的竞选班子为其提供帮助和服务；在位的领导者也有规模庞大的顾问团为其提供政策制定和个人定位方面的指导。单单美国本土就有上万家的领导学研究与教学机构，除少数从事学术研究外，更多的是为个人领导能力和领导定位提供咨询服务。而我国专门的领导学研究与教学机构只有寥寥几家，这反映出了领导学在中国的发展状况和领导者对个人发展定位咨询服务的认知程度。

为什么国内的领导者对定位的重视程度比较低呢？究其原因，还是对定位的作用认识不够充分。战略学家格林利（Greenley）对战略管理作用的总结，可以使我们对定位问题有一个更为清晰与全面的认识：

（1）使人们识别、重视与合理利用机会；

（2）使人们客观地看待问题；

（3）加强对业务活动的协调与控制；

（4）将不利因素的影响降低到最低程度；

（5）更好地支持已树立的目标；

（6）使领导者围绕战略目标进行资源与时间配置；

（7）使领导者用于矫正错误或专项决策的资源与时间减少到最少；

（8）有利于建立良好的内部沟通环境；

（9）使个体目标与行为凝聚为组织整体目标与行为；

（10）为明确个人职责提供了基础；

（11）鼓励向前式思维；

（12）用合作的、综合的工作方法与积极的工作态度来应对问题与机会；

（13）鼓励应对变化的积极态度。

二、定位的影响因素

重点提示

定位的影响因素是本章学习的重点。

根据迈克尔·波特（Michael E. Porter）的观点，制定战略应考虑四种关键因素：机会与威胁、强项与弱项、广泛的社会期望、个人价值观。这四种关键因素决定了一位领导者可以获得成功的限度。前两种是外部环境，后两种是内部环境。领导者在思考个人战略定位的时候也应从外部和内部两个角度出发进行分析。

（一）机会与威胁

未来的发展机会是定位首先要考虑的因素。组织中未来的发展机会不可避免地受到国家用人政策导向的影响，公共部门中的领导者必须对这一导向给予足够的重视。在我国，不同时期，党的干部政策的导向不同，公共部门选拔领导者的倾向与标准就大为不同。在崇尚“劳动光荣”的时代，不管知识水平如何、管理能力如何、原来从事的工作性质如何，只要是本职工作的劳动模范，任用干部时就优先考虑，劳动模范比其他人拥有更多成为领导者的机会。在提倡知识化、年轻化的20世纪90年代，许多拥有大学文凭的年轻知识分子被破格提拔到领导岗位上来。在进一步对外开放、积极向国外学习的21世纪，许多从国外留学回来的“海归”人士被直接任命为重要岗位的领导者。

领导者所在组织的机会对其是最有利的机会，经验丰富的领导者对此都有较高的敏感性。有这样几种机会，领导者应当尽力去把握：新机构组建的时候；领导班子更替的时候；领导成员出缺的时候；组织的工作停滞不前或出现危机的时候；公开选拔、竞争上岗的时候；他人推荐的时候。能否把握住这些机会对领导者的职业生涯发展有十分重大的影响。

机会并不是只给一个人的，必然存在着竞争。制定战略一方面是为了自身的发展，另一方面也是为了在市场竞争中占据更加有利的位置。在某种意义上，后者可能是定位的最终目标。因此，制定定位战略也必须考虑竞争者的情况。“知彼知己，百战不殆”，讲的就是了解和分析竞争对手情况的重要性。

对竞争威胁的分析，无非是两点：一是竞争人数的多寡；二是竞争对手实力的强弱。对于这两点，领导者比较容易理解和认同。需要领导者把握的总原则是当发现竞争对手实力很强、竞争程度异常激烈时，领导者应进行定位战略的调整，回避竞争激烈的系列、进入竞争程度低的系列。当然，这与领导者的强项与弱项分析是分不开的。

（二）强项与弱项

谈到自身的强项和弱项，许多人会理解为是自身哪方面能力比较突出、哪方面能力比较弱。这在定位当中是重要的，但是单单对自身的了解仅是定位第一个层面的要求。定位中的强项和弱项是指，领导者与组织中的竞争者相比，自己哪一方面能力相对较强，哪一方面能力相对较弱。也就是说，强项和弱项是与其他人比出来的，不是与自身的比较。有时候，自我感觉比较强的能力，与其他人一比，有可能就不是强项了。比如，自我感觉写作水平较高，但单位里还有四五位比自己强的笔杆子，那么依靠写作这一项来定位就行不通了。而有的时候，自我感觉一般的能力，在与单位中其他人此项能力相比时却并不一般，那么这项能力就会变成强项了。比如，有的大学毕业生，在大学里计算机水平显得一般，但参加工作后，单位中其他同事由于年龄偏大、计算机基础较差，在广泛推行办公自动化的今天，年轻的大学生就有了展示自我的机会。

（三）广泛的社会期望

广泛的社会期望是领导者在定位过程中必须要考虑的因素。领导者在定位时要考虑社会期待什么样的领导者。领导者只有积极地回应这种期待，才能够有更好的发展机会。

广泛的社会期望会因时代与环境的不同而有所区别，领导者应敏感于社会期望的变化，依据社会期望来塑造自己的定位，这样才能拥有更多的竞争优势。

伴随着民众文化素质的不断提高、自我权力意识的不断增强，“柔性管理”和“亲民”成为世界性广泛的社会期望。

“柔性管理”是相对于传统的“刚性管理”提出来的。“刚性管理”以制度为中心，凭借约束、监督和奖惩等刚性手段进行管理；而“柔性管理”则是以人为中心的人性化管理，关注人的权利与需求，提倡民主、平等，依靠价值观、文化、领导者魅力、激励等非强制、非刚性手段来影响和改变下属的行为，进而实现组织目标。

“亲民”实际上是柔性管理的一个方面，这里单独提出，是为了强调领导者现代定位的平民取向。为了回应公众的亲民诉求，世界上越来越多的领导者都突出了自己的亲民定位。美国前总统奥巴马在竞选演讲中，常常采用黑人的 rap① 腔调来展示自己的平民形象，

① 黑人俚语中的词语，相当于“谈话”（talking），中文意为说唱，发源于纽约贫困黑人聚居区。它以在机械的节奏声的背景下，快速地诉说一连串押韵的词句为特征。

赢得了大多数的黑人选票；温家宝总理的亲民形象在全世界都堪称典范。

（四）个人价值观

在面对发展的机会时，采取什么样的手段、方法来获得竞争优势，抓住发展的机会，取决于领导者个人的价值观。不同的人获取领导职位的目的是不一样的：有的人争取领导职位是为了获得施展自我才能的机会，能干一番事业；而有的人争取领导职位是为了获得更多的社会资本，没有其他更高的追求。这两者在获得领导职位之后，其对社会、对组织的作用存在着极大的区别。

在获得竞争优势的手段和方法上，拥有不同价值观的人采取的方法和手段也是不同的：有的人倾向于采取理性的竞争手段，即努力提升自我，凭借能力和实力赢得竞争；而有的人倾向于采取非理性的竞争手段，即想尽办法把竞争对手搞下去，采取各种权术的手段来攫取领导职位。领导者采取什么样的手段来进行竞争，通常是受自己的价值观所支配的，但有的是一时冲动或受他人蛊惑而实施了与自己价值观相冲突的行为。值得领导者注意的是，不要做与自己价值观相冲突的事情，否则，即使自己达到了目的，也会因为价值观的冲突而内心煎熬，成就感大打折扣。

三、成功定位的关键理念

每一位领导者所面临的定位形势是千差万别的，要想在多样化的形势下做到合理定位，就必须认真体会和遵循定位的关键理念。

重点提示

成功定位的关键理念是本章学习的重点。

（一）合理地取舍，集中精力做最擅长的事

在阐述定位理念时，西方学者经常拿“驴子的困惑”来进行比喻。在一头驴的面前有两堆草，一堆草粗糙，但草堆较大；另一堆草细嫩，但草堆较小。这头驴很困惑，不知道是吃那堆细嫩的草好，还是吃那堆粗糙的草好。

领导者在进行定位的时候也常常会面临这种难以取舍的状况。那么，领导者该如何进行选择呢？

人生取得成功的往往是两类人：一类是能力和条件有限，生活中没有太多选择，只能选择一样事情，埋头苦干，最后因专心而取得成功；另一类是智商极高，深明定位理念，虽有多种选择，但只择其一，专心经营，最后登峰造极。而不成功的人往往是能力和条件相对较好、选择颇多，一直定不下心来选择；或者虽然进行了选择，但心中却浮躁不定，结果岁月蹉跎，最后沦为平庸。

因此，领导者在进行定位的时候要将精力集中在自己最擅长的事情上，一心一意地将其做到最好。

（二）绕开障碍，寻找新的发展空间

“愚公移山”是中国妇孺皆知的故事，它教育人要不怕困难，知难而进。但是，“愚公移山”的理念与定位的理念是相冲突的。当竞争对手十分强大，像横在领导者面前的一座大山的时候，定位讲求的不是将大山移走，而是要绕开，去寻找新的发展空间。

定位理念认为，绕开障碍、寻找新的发展空间，要比克服一个巨大的障碍容易得多。当领导者的竞争对手实力远比他要强，甚至年龄都比他要小时，最优的选择不是同对手直接竞争，而是给自己重新定位，寻找新的发展空间。

（三）认清自己的能力边界，找到能力发挥的平台

一些领导者随着领导职位的上升，对自我能力的认知有一种不断夸大的趋势。造成这种倾向的原因主要在于这些领导者没有清晰地认识到自己的能力界限，而“自知之明”是领导者定位过程中不容忽视的理念和智慧。要有“自知之明”就要清楚地认识到以下两点：

一是与自己能力平衡的机会才是机会。当面临领导职位提升或担当更大责任的发展机会时，大多数人会欣欣然而受之，但结果有时却是职位升迁反而给自己带来诸多负面评价，给自己的长远发展带来负面影响。造成这种局面的原因就在于领导者的能力与机会不平衡，即自己的能力还没有达到足以驾驭这种机会的状态。因此，面临发展机会的时候，领导者必须审视自己的能力与机会是否平衡，倘若不平衡就要学会等待。

二是强项是有界限的。这包含两个层面：一个层面是领导者某一方面能力突出，并不说明其他方面的能力也突出，事实往往是相反的。所以，领导者在面临发展机会时，要审视其是否能够发挥自己的强项。另一个层面是一个人的强项通常是有环境界限的，即在这一环境中是相对的强项，换了环境就不一定了。这在中国 20 世纪 80 年代的第一批通俗歌手身上体现得很明显。他们因不同于过去的传统唱法而迅速红遍大江南北，结果这些歌手就觉得自己能力很突出，可以到世界舞台上去打拼了，于是纷纷到国外寻求更大的发展。他们没有认识到，与西方国家的通俗歌手相比，他们的水平还相差甚远。最后的结局是，他们在国外的几年毫无发展，再回到国内却发现自己原来的市场也没有了。

（四）在任何情况下都尽力将事情做到最好

在发展顺利的时候，领导者比较容易理解这一理念，也容易做到；但当领导者发展不顺的时候，就难以理解这一理念，也更难以做到了，但这却是摆脱困境所必须做的。

在人生的发展过程中，有时候并不是所有人都能够认识到事业未来的发展前景，并不是所有人都能够顶住环境的压力，这时需要的是坚持下来，尽力将事情做得更好。

当然，这并不意味着一旦从事某个职业就盲目地坚持下去、埋头苦干，将来一定就会有成就。定位理念里还有重新定位的内容，换工作就是一种重新定位。但是即使是想换工作，仍然要“尽力将事情做得更好”。因为新的单位要考察一个人的能力，常常是到他原来的单位进行考察，看他原来的工作做得如何。别人不会考虑你有这样那样的原因而没有干好现有的工作，而是简单地归因为能力的强和弱。所以，在任何情况下，尽力将事情做得更好是永远正确的。

第二节　领导力开发

要想顺利达成自己人生的定位目标，自身领导力的开发是必需的环节。储备了知识仅仅是具备了潜力，不经过磨炼、开发，潜力就无法转换成领导力。现在班上文化课学习突

出的同学，未来并不一定都能成为出类拔萃的领导者，这要看踏入社会之后，哪位同学能获得更多的能力开发机会。

一、领导力开发概述

领导力开发实际上是一个不断学习从而实现自我超越的过程。“自我超越”是指突破极限的自我实现或技巧的精熟。一个具有高度自我超越的人，在学习和发展技能的过程中首先会确立追求的目标和愿景。目标的确定过程就是一个自我定位的过程。为达到这个目的，他会设定具体的、阶段性的愿景。正如100米短跑运动员在追求“挑战极限”的过程中，其愿景可能是今年达到10秒，明年达到9.8秒，后年达到9.7秒，这就是他的愿景。所以，不断设定愿景的过程是自我不断积累知识和能力的过程。

一个具有高度自我超越的人，在学习和发展技能的过程中还具有不断否定“原我”（原来的目标和愿景）的气魄和胆略。超越自我的过程是不断超越原先设定的目标和愿景的过程。为了实现新的目标和愿景，具有高度自我超越的人会永不停止地学习。

重点提示

自我超越是本章学习的重点。

一个具有高度自我超越的人，应建立“以自我为目标”的理念，从纵向的、历史的角度去设定目标和愿景，不断评判自我、超越自我，而不是一味地与他人做横向的比较。以自我为目标强调的是自我精神追求的不断提高，是一种不断设定内心目标、持续自我激励的过程；以超越他人为目标，则很可能由于过分关注外在目标而产生负面效果，特别是在外界目标消失的时候（比如自己就是最成功者，或者外界目标可望而不可及时），超越他人就失去了现实的激励意义。

二、领导力开发的不同形式

（一）自我开发

领导力开发的途径通常被认为包括教育、培训、工作经验以及教练。然而，自我开发对提升领导能力同样重要而有效。自我开发有很多形式，包括自行改善沟通技巧、提高感召力和模仿有影响力的领导者等。领导力自我开发包括自我觉察和自律。

1. 基于自我觉察的领导力开发

自我开发的一个重要机制是自我觉察，也就是深入思考关于自我的反馈以改善个体的效率。例如，领导者可能观察到3个主要群体成员在6个月期间离开了他的团队。这个领导者可能防御性地不理会这个现实，他可能认为：“我们的薪水不够高，所以留不住优秀的人才。”他最初的分析可能是对的。但是从自我觉察的取向来看，这个领导者应当更深地挖掘员工离职背后的原因。他应该问自己：“是不是我的领导方式不妥导致了他们离职?”他可以用离职访谈的资料来反思自己的领导方式。

中国有句俗话讲，“吃一堑，长一智”。要想长一智，必须有反思，否则会在同一个地方不断摔倒。对领导者而言，不经历某种形式的反思很难使他们改变自己的领导风格。在这方面，组织学习理论的主要代表人克里斯·阿吉里斯（Chris Argyris）与一组CEO进行了共同的尝试。随着CEO自我意识的增强，他们成为更加优秀的领导者。通过对这一成长过程的总结，阿吉里斯构建出了独特的学习模型。

阿吉里斯使用单回路学习（single-loop learning）和双回路学习（double-loop learning）的术语来区分不同水平的自我觉察。单回路学习是指发生在个人与环境之间的一种学习过程，在这一过程中的学习者只寻求相对较少的反馈，而这些反馈在很大程度上可能与其基本观念和行动产生对抗。在这种情况下人们很少用确实有效的信息来公开检验其观念。行动者的信念体系就相应地变成了自我封闭和自我实现的系统，他们很少花费时间反思这些信念。阿吉里斯使用“单回路学习”一词，是因为它的运作机制就像一个恒温箱，个人只学习那些处于他们信念体系中“舒适区间”的内容。以前面高离职率单位的领导者为例，单回路学习者陷入防御性思维，不大可能去质疑目标的有效性、质疑其暗含的价值观，并倾向于不采取行动。

记一记

单回路学习和双回路学习的含义。

双回路学习是一种深入的学习类型，人们用反思来质疑目标的有效性、暗含的价值。双回路学习涉及直面自己所持观念的意愿，以及鼓励他人来质疑自己所持观念的意愿。产生这一意愿的根源在于，人们相信信息通畅、权力分享有助于更好地发现和界定问题、改进沟通水平、增进决策效力。掌握双回路学习的过程实际上就是“学会如何学习”的过程。要实现双回路学习，个人必须最小化防御性思维。阿吉里斯的CEO小组就是通过大量的集体工作，努力克服个人盲点，才最后达到这一学习阶段的。

2. 基于自律的领导力开发

与其他个体开发类型相同，领导力开也发需要考虑自律。在这里，自律是指动员一个人的努力和精力去集中达到一个重要的目标。领导力开发形式虽然多样，但大都需要自律。当一位领导者认识到倾听有助于改善沟通的质量时，领导者需要不断提醒自己用心去聆听他人的语言，只有不断提醒、自律，这种行为才能转化为习惯，最后达到无心插柳自成荫的状态。此外，每天的活动压力常常将个人的注意力从个体开发中分散开来，自律是持续聚焦开发的保障。

自律在对个人行为的连续监控中发挥着非常重要的作用，而这正是自我开发不可或缺的机制之一。当你确定了开发的目标之后，要定期回顾自己的行为，看是否在不断地改善，通过自律来保证开发的持续进展。

（二）从经验中学习

职场经验对领导力的贡献十分明显。没有经验，知识就不能轻松地转变成技能。在任何情境下，共事者、任务本身都是两个主要的经验开发因素。

1. 共事者

与领导者共事的人可能通过多种途径激励领导者不断发展。直接上司，尤其是极优秀或极差劲的上司，是个人成长的强效催化剂。不同寻常的上司为如何将价值观付诸行动提供了活生生的例子，无论这个例子是正面的还是反面的，其对领导者的发展都会产生作用。在职场，直接上司并不是唯一对个人成长和发展有贡献的人，同级的行为对领导者的行为选择也会产生提醒或效仿作用。通过观察他人的领导角色扮演，能够使领导者明白应当做什么、不应当做什么。从来没有接触过优秀领导者的人，要成为优秀领导者也有点困难。为什么领导者身边的人往往成长得更快呢？原因是他们比其他人有更多的接触领导者的机会。所以，有机会同精英人士共事，往往是一段有益的成长经历。

2. 任务本身

工作相关的任务也对领导力开发有所贡献，因为领导角色的一个部分是成为有效的和创新的问题解决者。开发型任务对领导力的培养与开发效果比较好，因为它往往会比个人以往面对的任务更复杂、界定更含糊。开展一项新的拓展企业文化的活动，或者开辟一条新的营销渠道，这些都属于开发型任务。此外，如果个人的工作环境是处于变动中的、动态的、不可控的且不可预测的，领导力开发也会得到加强。任务的性质会要求新的、创造性的解决方案，在方案的设计过程中，能力也得到拓展。针对不确定的未来进行的战略规划、项目设计在智力方面往往极具挑战性，这同样有助于领导力的开发。

同样，富于挑战性的任务在领导力开发中的价值也不容忽视。最好的开发机会就是那些能够拓展个人能力范围，允许他们测试自身局限性的困难任务。

创造性领导中心（Center for Creative Leadership）是一家总部在美国的提供领导力教育、研究以及咨询的非营利性专业机构。十几年来，创造性领导中心的研究者对“从经验中学习”这一重要的领导力开发行为进行了深入的研究。其中，邦克（Bunker）和韦伯要求成功经理人列出一些形容词，描述他们在有效的学习场合和开发经历中的个人感受。在这种情境下，他们的典型反应既包括正面感受，也包括负面感受（见表 12-1）。

表 12-1　正面感受与负面感受

正面感受	负面感受	正面感受	负面感受
受到挑战	痛苦	感到愉快	受到打击
有成就	担心	有天分	不确定
自豪感	挫败感	足智多谋	愤怒
有能力	压迫感	学习	受伤害
成长	焦虑		

长期以来，人们对压力与学习之间存在有机联系的猜测得到了有力的支持。人们生活中不时出现的学习场合和开发体验会带给他们压力。邦克和韦伯注意到，经理人力图在不体验压力的情况下取得成功。当他们能利用一套已经获得证实的运作技巧来应付那些以往已经解决的难题时，是他们觉得最舒心的时候。这种利用过去技巧的倾向导致了一种现象的发生：在人们最需要突破由以往学习模式形成的思维定式时，正是他们最不愿意这么做的时候。能够做一些与以往个人成功历史相背离的事，需要此人具有坚定的学习意愿和不怕失败、面对未知领域的坚忍不拔的精神。

重点提示

从经验中学习是本章学习的重点。

邦克和韦伯用图 12-1 来描绘一系列学习机会的人生阶段。用环圈起的部分代表生活中充满压力的一段，但是就是在这一时期，人们比较容易学会如何学习。曲线的左边部分代表由以往学习经验激发出的成长和开发活动。这段曲线也表明，经常会发生学习到的知识的价值在降低，因为随着时间的推移，新技能也常常转变成一般日常习惯。人们在这种稳定的阶段（称为“舒适区间”）必须克服持续成功带来的谨慎态度，同时克服人们在挑战已知的做事方法时会产生的恐惧。同心圆中较小的部分代表出现新的学习挑战所引发的紧张情绪，这通常源自某种过渡阶段，或因为需要做出反应而感到压力的情况。在成功阶段中的猛然下挫表明，在试图学习新的反应过程和策略时，通常存在与此相伴的绩效下降。通过克服压力或放弃短期绩效期望来换取更多的长期学习，人们会顺利通过这个阶段，并因此应用更广泛的技能，在更高的水平上完成绩效。当然，如果一个人不愿意违背本性做事，也无法忍受业绩的微小滑落，则这条学习曲线就是平的，即没有实现学习。

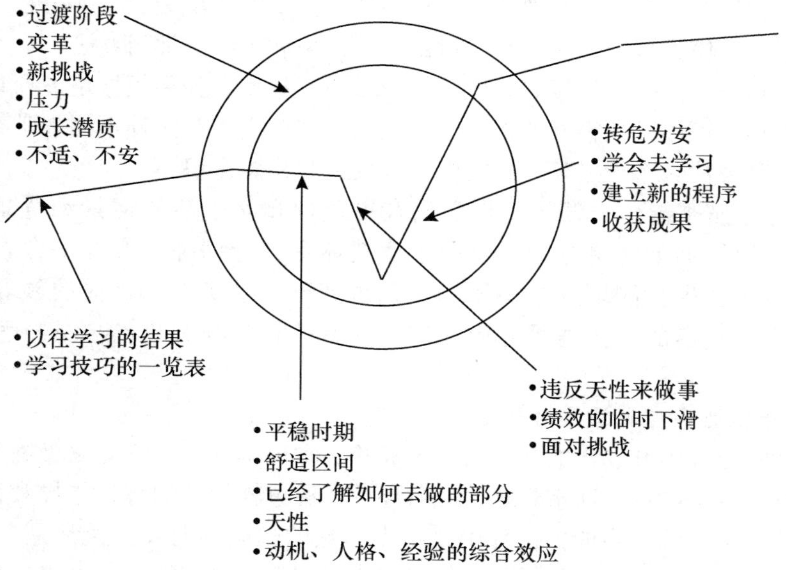

图 12－1　对学习经验的剖析

为了成功，必须在整个生命中都坚持学习，而不仅仅是完成正规教育。领导者要想自己的领导力永葆长青，就必须做到学无止境。

（三）通过教育和培训进行开发

教育一般是指为长期的发展进行知识的获取和储备。如果一位潜在的领导者学习数学，数学的逻辑思维可能某天会帮助他解决组织面临的复杂问题。教育程度和学习表现都与未来管理成功之间存在正相关关系。此外，对领导培训项目有效性的研究也发现，教育项目通常对领导力开发有正面效应。因此，正规教育和培训项目有助于人们成为更优秀的领导者。

然而，有必要提醒的是，这些项目在内容和教育方法上都存在很大的差异，而且不是所有项目对所有领导者都有效。不同领导项目的内容有很大不同，这源于各个项目的目标听众不同：大学层次的课程通常提供的是对主要领导学研究结论的总体介绍；针对初级管理者的项目通常关注的是如何培训下属、向下属提供进度反馈；针对高级经理人的项目则集中于战略规划和公共关系方面。

1. 大学的领导学课程

随着人们对领导力关注程度的增加，领导学课程在大学校园中也越来越普及。从内容来看，领导学课程大都涉及人格特质、价值观、行为、激励、群体、沟通、情境等内容。此外，不少学校还关注历史上的领导者、商界领导者、女性领导者等楷模式人物，为学生提供领导力实践经验的分享。从方法上来看，专题讲授、案例分析是比较常用的方法；角色模拟、沙盘推演相对较少。

2. 领导培训项目

大量的领导培训项目是为商业、公共部门的领导者、管理者量身定做的。在很多方面，这些项目的内容和教授技巧与大学的领导学课程很相似。然而，这些项目往往时间集中，讲授内容比大学课程更为浓缩。参加人员的层级不同，培训项目的设计也有所差异。中层关注管理技能和执行力，高层关注战略与决策。个性化反馈、案例分析、演示、角色扮演、模拟、公文筐处理、无领导小组讨论、户外拓展等都是常用方法。

在评述领导培训的一般领域时，康格（Conger）指出：如果领导培训项目采用多层次的方法，这些项目可以发挥很好的作用。有效的培训取决于对四种不同教学方法的综合使用，他称这四种方法为个人成长、技能塑造、反馈和概念意识。

有的研究者强调指出，领导培训必须在更接近真实生活的情景和背景下进行。他们提议，为领导培训创建更好的、类似于竞技体育技能训练的实践平台，或者为领导培训创建类似于音乐技能培训中使用的实践短训班。事实上，目前的领导培训已经越来越多地发生在真实的工作情景之中，许多优秀的企业都有自己独具特色的领导培训项目。

（四）基于职业导师的领导力开发

职业导师式领导力开发指的是，由一名经验、知识丰富的领导者来做教练，通过具体的指导来帮助和训练学员。通常教练是一名导师，通过辅导、训练、指导和情感支持来培养学员（或称徒弟）的领导能力。导师是值得信赖的顾问和向导，通常是学员的管理者。导师也可以是一名同事。导师不但可以传授完成特定任务的技能，也可以传授敬业的工作态度和价值观。谷歌的高层管理者都配备有专门的导师，帮助管理者更快适应领导岗位、解决领导过程中的困惑。

职业导师在传统上被认为是基于两种人格之间的互容或激励形成的一种非正式的关系。实际上，对任何单位来讲，为新雇员正式分配一个导师帮助他很好地适应组织和更快地成熟起来，是一种颇为值得推荐的做法。一项人力资源的调查显示，96%的管理者把职业导师归为一种重要的开发方法，75%的人认为职业导师在他们的职业成就中起到了关键作用。

成功的导师计划离不开三个要素：一是人力资源部门设立明确的导师计划项目实施目标，项目细节围绕目标渐次展开。二是必须仔细匹配导师和徒弟。依据导师和徒弟双方的特性、能力开发的核心进行匹配，为双方设立可行的预期，追踪计划的落实。三是高层管理者必须为导师计划提供支持。没有高层的鼎力支持，导师计划的推行会面临多种阻力。

最近流行的职业导师方法是跟班，即通过跟随在导师左右一段时间直接地观察导师的工作活动。学员可能被邀请参加决策会议、拜访大客户、与区域领导讨论等。学员通过观察、讨论、报告等活动来提升自己的实践能力。

三、领导力开发计划

对有潜力、新任职的领导者进行能力开发是一种行之有效的策略。领导力开发计划通常集中在个人发展、领导风格、战略制定、影响力、激励和说服沟通等主题。管理开发计划也包括领导力开发的内容，然而不同之处在于，管理开发计划提供的课程涵盖了计划、组织、控制和领导等多项主题，比领导力开发计划范畴更广。

企业大学是涵盖领导力、管理开发的综合形式。企业大学有多种形式，从培训部、培训中心、培训基地到大学等各种形式都有。有的企业大学仅仅是对潜力员工的能力开发，有的能够为公司带来战略性推动。

（一）领导力开发计划的关键特征

开发和培训领导者远比仅仅把有潜力的领导者送去参加为期一周的研讨会复杂得多。领导力开发计划需要适当地发起、认真地设计和专业地执行。以下是一个成功的领导力开发计划的关键。

1. 仔细挑选计划参加人选

培训的一个公理是，聪明并且易受激发的受训者从培训中获益最多。领导力开发也是一样。如果参与者具备优异的领导力潜质，如智慧、动机和魅力，计划将会产生更令人满意的效果。

2. 获得主管人员的参与和支持

领导力开发计划要取得优先权。高层主管必须设定计划的步调和目标，保障计划的执行。

3. 为不同层级领导者量身定做计划

不同层次的领导者应该受到不同类型的领导力开发和培训。总经理可能参加愿景规划和组织变革的研讨会，而激励与教练可能对中层领导者和一线经理更为适合。实践中，经常遇到“一锅烩”的领导力培训，结果是众口难调，效果不尽如人意。

4. 提出当前和未来的组织需求

组织的需求是领导力开发的着力点。高度国际化的公司会提供全球领导力技能训练，例如开发对组织多元文化和快速变革的适应能力。

5. 运用适当的模型或理论

通常在一个坚实的概念框架下更容易学会领导技能。一些模型或理论经常被用在领导力开发中，比如情景领导模型和标准决策模型。

6. 提供持续的强化和情感支持

在领导力开发的研讨会或计划实施后，建议进行一些追踪调查帮助强化新的学习。追踪调查形式包括午餐会、电话会议和电子邮件交流。网络团队可以为继续新的学习、讨论领导者面对的挑战提供情感支持。例如，一名参与者追踪访问开发计划中的其他成员，看大家是否经常进行战略思考，以此来强化开发效果。

7. 使用诊断工具

很多领导力开发计划通常进行自我评估。除了自我评估，其他了解参与者的人也可以对开发计划进行评估。

8. 保证内容的实践性和相关性

领导力开发计划常常呈现与工作中难题密切相关的问题。这需要培训师同雇主代表密切协作，将公司实践中的问题嵌入开发课程，提升参与者的实战能力。

9. 重视人际关系和团队合作

领导力开发计划需要强调团队塑造和户外训练，因为良好的人际和团队工作技能是所有层级领导者的必备能力。

10. 制订个体行动计划

高质量的领导力开发计划应当促使参加者制订个人的行动计划，以此来促进和保证个体能力开发成果的转化。组织可以明确要求领导力开发计划的参加者写一封承诺书，承诺自我的改变。

（二）领导力开发计划的类型

在实践中，领导力开发计划的课程设计可能存在某种程度的重叠，但计划的侧重点存在差异。这些开发项目分为六类：深度反馈培训、技能培训、概念知识学习、个人成长计划、社会化培训和行动学习计划。

1. 深度反馈培训

重点提示

领导力开发计划的类型是本章学习的重点。

领导力开发的重要途径是获得领导者行为的多方反馈，通过反馈来调整行为，进而达到能力开发的目的。深度反馈培训可以帮助领导者更清楚地了解自己的行为模式，分析行为背后的原因，了解自己行为与态度对工作绩效的影响。当然，深度反馈也可以帮助领导者找到实现他们目标的更为有效的方法。

深度反馈计划整合、平衡了领导力开发的三个关键要素：评价、挑战和支持。培训通常在一间教室或会议室展开。评估、反馈是持续性的。让参加者获得关于自己以及与他人互动的丰富信息。足够的反馈能够引起深刻的变化，包括内省的需求、对被观察和被评价的不自在、产生新的想法等。当一位领导者几乎不信任他人时，给予他的反馈就是“一位不合格的工作指派者”，这一反馈会给领导者的自我认知带来较大的冲击。

对参与者上司的访谈、个性测验、领导力测验和录像、360 度反馈调查等都是培训中反馈信息的来源渠道。通过对反馈信息的分析，剖析参与者行为背后的深层次原因，这对行为的改变大有裨益。

为了帮助参与者应对这些挑战，培训项目设计尽力给参与者提供深度的支持。这种支持既有来自工作人员的，也有来自其他参与者的。在项目进展过程中，良好的团队精神会在参与者之间凝聚生成。培训结束之后，项目负责人员依然通过信件继续为参与者提供支持，参与者之间也会保持良好的互动。

2. 技能培训

在领导力开发中，技能培训指获得可以被转化为行为的能力和技术。先有知识，后有技能。基于技能的培训强调的是领导者如何运用知识。

技能培训常用的五种方法为：演讲、案例研究、角色扮演、行为角色模型和模拟。前三种非常常见，就不再赘述。行为角色模型是扩展的角色扮演，其理论基础是社会学习理论。参与者首先观察恰当的行为榜样，然后对这种行为进行角色表演，并收集反馈信息。通常培训师展示行为录像，让参与者进行观察，然后在角色扮演中加以改进。最后，培训师和其他参与者对其表现提供必要的反馈，促进、强化行为。

模拟是指模拟现实组织问题，让参与者进行处理。在典型的模拟中，参与者收到一份复印件或者计算机处理过的公文筐，内容是关于某公司的信息。参与者被告知诸如组织结构图、公司财务状况、不同部门描述、组织及其部门面临的关键问题等类似细节。接下来，参与者扮演公司领导者的角色给出解决问题的办法。在报告决策和行动的过程中，给参与者必要的信息反馈。

3. 概念知识学习

概念知识学习是领导力开发的标准学院模式，旨在帮助参与者从概念上理解领导力。概念通常也离不开行动体验的补充，如角色扮演和案例分析。概念知识学习的重要性在于获取间接知识的必要性，能够使领导者获取与卓越领导力相关的重要知识、信息。理论指导的实践才不会是盲目的摸索。

4. 个人成长计划

关注个人成长的领导力开发计划的假设前提是，领导者拥有深藏的梦想和才干，并且愿意采取一切行动去实现他们的梦想。因此，发觉自己的内在需求，满足这些需求，将会成为领导者。在个人成长培训计划中，默认的假设是：领导力某种程度上就是内在需求。

5. 社会化培训

从组织的立场来看，领导力开发计划的一个基本类型是强调社会化——适应并接受组织的愿景和价值。高层领导者在这些培训中是主要演讲者，他们被视作角色模型，完全理解组织的愿景和价值，希望参与者永远铭记在心。许多培训计划都包含社会化的内容，特别是内训计划。

6. 行动学习计划

领导力开发的直接的练习方法是，领导者在他们日常职权范围之外的群体里共同解决组织问题。领导力的开发与问题解决、创新密切相关，与新群体的合作不仅可以提高领导者解决问题的能力，还可以增强人际技能。

领导力开发是一个持续的过程。塑造竞争优势的学习类别不限于时空或媒介。经常访问自己企业的网站、远程学习、虚拟课堂等都是当代领导力开发的渠道。无论哪种形式，只要能够增强领导者的领导力，都是有效的领导力开发计划选择。

四、领导力开发效果的评价

重点提示

> 领导力开发效果的评价方法是本章学习的重点。

完整的领导力开发过程应当包括对领导力开发结果的评价。评价信息是领导力开发项目不断改进的着力点。

(一) 评价的传统方法

对领导力开发计划进行评价的传统方法是，测量和评价计划目标的达成度。首先，评价参与者对开发计划中新技能的掌握程度。其次，评价获得新的技能后组织是否变得更有效率。例如，领导者的支持性反馈是否改善了下属工作的质量，是否为组织带来了利润增长。

评价领导力开发效果的一种更加严格的方法是进行实验对比。实验组由开发计划的参与者组成，对开发之前、之后的技能水平分别进行测量，以此确定改善是否发生。实验组测量的结果与另外两个控制组（对照组）的结果进行比较。三个组都由在教育水平、智力、职位、工作经历等方面近似的人员组成。第一个控制组的人员不接受特别的开发培训，第二个控制组的人员接受一种不同类型的开发培训，他们可能接受商业沟通的培训，而不是基于支持性反馈的培训。设立第二个控制组的目的是确定支持性反馈的培训是否比其他的培训计划更具优势（见表 12-2）。

表 12-2　通过实验对比评价领导力开发效果

	培训前的测量	培训	培训后的测量
实验组	是	支持性反馈	是
控制组Ⅰ	是	无	是
控制组Ⅱ	是	商业沟通	是

（二）通过影响范围进行评价

传统评价方法适合评价结构化的、定义明确的技能，比如运行软件、进行损益分析等。然而，领导力培训和开发计划中结构化行为较少，许多内容是非结构化的，如鼓舞他人、明确问题等。这就需要探索新的评价工具。

区分学习类型分别进行测量，是评价领导力开发结果的可行方法。这一方法将可能的改变区域看作影响范围，图 12-2 呈现了五个这样的影响范围：知识获取、自我觉察建立、观念改变、技能开发和行为改变。观念改变与增强个人觉察近似，它是态度的变化而不是行为的改变。改善了观念的领导者会把更多的注意力放到对人员、环境的理解之上。典型的例子是领导者突然意识到：一位有效的领导者不必让每个人都满意。技能开发、行为改变则是一个从简单到复杂的过程，需要经过长期和多个事件的历练才能有所提升。

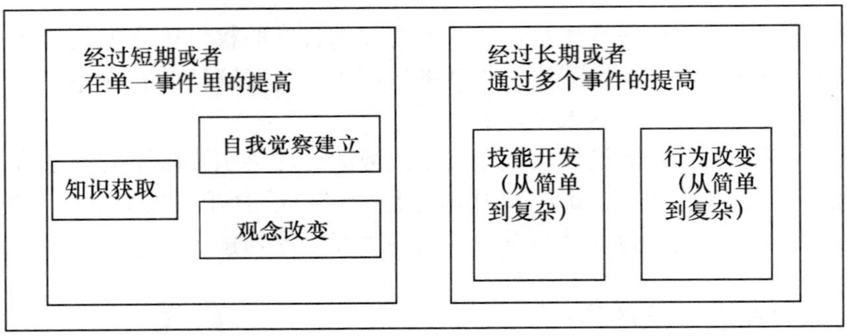

图 12-2　影响范围模型

影响范围的区分实质上是对领导力开发计划作用本质的划分，可以使领导层对开发计划的评价更具针对性、更客观，而不是单从组织生产力和利润的角度来评价开发计划。

内容提要

1. 领导者寻求自己的定位，首先要思考自己在组织中的位置。领导者的定位过程实际上是人生发展路径的选择过程。领导者的自我发展定位不仅是在自我分析基础上的发展设计，而且更为重要的是在对外部环境结构的分析基础上所形成的发展设计。

2. 领导者在思考个人战略定位的时候也应从外部和内部两个角度出发，分析四种关键因素：机会与威胁、强项与弱项、广泛的社会期望、个人价值观。

3. 每一位领导者所面临的定位形势是千差万别的，要想在多样化的形势下做到合理定位，就必须认真体会和遵循定位的关键理念。

4. “自我超越”是指突破极限的自我实现或技巧的精熟。一个具有高度自我超越的人，在学习和发展技能的过程中首先会确立追求的目标和愿景，建立“以自我为目标”的理念，不断否定“原我”（原来的目标和愿景）。

5. 领导力开发具有自我开发、从经验中学习、通过教育和培训进行开发、基于职业导师的领导力开发等多种形式。

6. 在实践中，领导力开发计划的课程设计经常相互重叠，但侧重点不同。培训课程可以分为六类：深度反馈培训、技能培训、概念知识学习、个人成长计划、社会化培训和行动学习计划。

7. 领导力开发的全过程也包括对开发效果的评价，评价的方法包括传统的评价方法和通过影响范围进行评价。

活动拓展

学习完本章之后，你认为什么是领导定位的本质？你对定位的影响因素有怎样的理解呢？你如何看待领导者的自我超越？除文中所述之外，领导力的开发还有没有其他形式？两种领导力开发效果的评价方法各有什么优点和缺点呢？请登录学校数字图书馆，以领导定位和领导力开发为主题，查找相关的论文，然后比较、分析、总结这些论文的观点，给出你自己的理解，并就这一主题跟其他同学一起讨论。

课后作业

1. 领导定位的影响因素有哪些？

____

2. 试述领导力开发的几种不同形式。

答：______________________________

参考文献

1. 丁煌. 西方行政学说史. 3版. 武汉：武汉大学出版社，2017.

2. 祁光华. 平衡：构筑和谐领导力. 北京：人民出版社，2007.

3. 祁光华. 胜任能力：公共部门人力资源管理新聚焦. 北京：新华出版社，2010.

4. 吴芳. 领导激励. 北京：企业管理出版社，2009.

5. 曾仕强，刘君政. 领导与激励. 北京：清华大学出版社，2016.

6. 饶征，彭青峰，彭建茹. 任职资格与职业化. 北京：中国人民大学出版社，2004.

7. 孙柏瑛，祁凡骅. 公共部门人力资源开发与管理. 4版. 北京：中国人民大学出版社，2016.

8. 兰图. 提升领导力的68个关键. 北京：当代世界出版社，2009.

9. ［美］切斯特·巴纳德. 经理人员的职能. 王永贵，译. 北京：机械工业出版社，2013.

10. ［美］安德鲁·J 杜柏林. 领导力. 王垒，译. 北京：中国市场出版社，2011.

11. ［美］加里·尤克尔. 组织领导学. 丰俊功，译. 北京：中国人民大学出版社，2015.

12. ［美］米歇尔·海克曼，克雷格·约翰逊. 领导学. 王瑞华，译. 上海：上海人民出版社，2004.

13. ［美］爱德华·霍尔. 超越文化. 何道宽，译. 北京：北京大学出版社，2010.

14. ［美］约瑟夫·E 尚普. 组织行为学. 宋巍巍，张微，译. 北京：清华大学出版社，2004.

15. ［美］安弗莎妮·纳哈雯蒂. 领导学. 北京：中国人民大学出版社，2017.

16. ［美］沃伦·本尼斯. 领导的轨迹. 姜文波，译. 北京：中国人民大学出版社，2008.

17. ［美］沃伦·本尼斯，罗伯特·托马斯. 极客与怪杰. 杨斌，译. 北京：机械工业出版社，2013.

18. ［美］吉姆·柯林斯. 从优秀到卓越. 5版. 北京：中信出版社，2019.

19. ［美］玛格丽特·惠特利. 领导力与新科学. 简学，译. 北京：中国人民大学出版社，2008.

20. ［美］史蒂芬·柯维. 高效能人士的七个习惯. 2 版. 高新勇，译. 北京：中国青年出版社，2016.

21. ［美］理查德·L 哈格斯，罗伯特·C 吉纳特，戈登·J 柯菲. 领导学：在实践中提升领导力. 朱舟，译. 北京：机械工业出版社，2016.

22. ［美］理查德·L 达夫特. 领导学：原理与实践. 杨斌，译. 北京：电子工业出版社，2011.

23. ［美］大卫·D 迪布瓦. 胜任力：组织成功的核心源动力. 杨传华，译. 北京：北京大学出版社，2005.

24. ［美］罗伯特·戈费，加雷斯·琼斯. 凭什么别人接受你的领导. 哈佛商业评论，2000-09-10.

25. ［美］艾德里安·高斯蒂克，切斯特·埃尔顿. 胡萝卜原则. 王成慧，林静，译. 北京：北京师范大学出版社，2007.

26. ［美］加里·德斯勒. 人力资源管理. 刘昕，译. 北京：中国人民大学出版社，2017.

27. ［美］彼得·德鲁克. 卓有成效的管理者. 王雷，译. 北京：机械工业出版社，2020.

28. ［英］约翰·阿代尔，尼尔·托马斯. 领导力. 李盾，译. 北京：机械工业出版社，2006.

29. ［英］约翰·阿戴尔. 有效领导力开发. 翁文艳，吴敏，译. 上海：上海人民出版社，2011.

30. ［英］安德鲁·海伍德. 政治学核心概念. 吴勇，译. 北京：中国人民大学出版社，2014.

31. 思铭. 领导. 北京：中国人民大学出版社，2004.

32. JAMES C MCCROSKY，VIRGINIA P RICHMOND. Willingness to communicate：the construct and its measurement. Communications Orientations，1985.

33. KENNETH W THOMAS. Conflict and conflict management：reflection and update. Organizational Behavior，1992.

34. STEPHEN P ROBBINS. Essentials of organizational behavior. Upper Saddle Revier：Prentice Hall，2002.

35. BERTRAM H RAVEN. Interdependence and group problem solving in the triad. Personality Psychology，1970（6）.

36. AMINUR RAHIM. The political economy of English education in Muslim Bengal：1871—1892. Comparative Education Review，1992（8）.

37. MICHAEL D MUMFORD，STEPHEN J ZACCARO，FRANCIS D HARDING，et al. Leadership skills for a changing world：solving complex social problems. The Leadership Quarterly，2000，11（1）.

38. MARSHALL SASHKIN，MOLLY G SASHKIN. Leadership that matters. Berrett-Koehler Publisher，Inc.，2003.

39. PTER G NORTHOUSE. Leadership. SAGE Publications Inc.，2007.

40. TOM RATH, BARRY CONCHIE. Strengths based leadership. Gallup Press, 2008.

41. PATRICK LENCIONI. The four obsessions of an extraordinary executive. Hoboken: John Wiley & Sons, Inc., 2000.

42. VAN WART MONTGOMERY. Leadership in public organizations. Armonk, NY: M. E. Sharp, Inc., 2008.

43. JOHN P KOTTER. A force for change. New York: Simon & Schuster Inc., 1990.

44. WARREN BENNIS, BURT NANUS. Leaders: strategies for taking change. New York: Harper Collins Publisher, 2003.

45. ERIC SCHMIDT, JONATHAN ROSENBERG. How google works. New York: Grand Central Publishing, 2014.

46. DAVID L DOTLICH, PETER C CAIRO. Why CEOs fall. San Francisco: Jossey-Bass Publisher, 2003.

47. RAY DALIO. Principles. New York: Simon & Schuster Inc., 2017.

48. JIM COLLINS, MORTEN T HANSEN. Great by choice. New York: Harper Collins Publisher, 2011.

49. KIM SCOTT. Radical candor. New York: St. Martin's Press, 2017.

图书在版编目（CIP）数据

领导力/祁凡骅编著. --2版. --北京：中国人民大学出版社，2021.4

新编21世纪远程教育精品教材．经济与管理系列

ISBN 978-7-300-29230-4

Ⅰ.①领… Ⅱ.①祁… Ⅲ.①领导学-远程教育-教材 Ⅳ.①C933

中国版本图书馆CIP数据核字（2021）第060963号

新编21世纪远程教育精品教材·经济与管理系列

领导力（第二版）

祁凡骅　编著

Lingdaoli

出版发行	中国人民大学出版社		
社　　址	北京中关村大街31号	**邮政编码**	100080
电　　话	010－62511242（总编室）		010－62511770（质管部）
	010－82501766（邮购部）		010－62514148（门市部）
	010－62515195（发行公司）		010－62515275（盗版举报）
网　　址	http://www.crup.com.cn		
经　　销	新华书店		
印　　刷	北京溢漾印刷有限公司	**版　　次**	2012年3月第1版
开　　本	787 mm×1092 mm　1/16		2021年4月第2版
印　　张	16.25	**印　　次**	2025年1月第8次印刷
字　　数	385 000	**定　　价**	42.00元